U0802295

CRH 高速动车组技术原理与趣谈

Basic Principles and Interesting Discussions of CRH High Speed Trains

陈振虹　著

中国铁道出版社有限公司

2022年·北　京

内 容 简 介

本书以科普趣味的写法，循序渐进地引导读者成体系地掌握CRH高速动车组各系统最重要的基础原理，对现场具有较强的针对性及指导意义。

本书可作为大中专院校毕业生入路培训教材，可供动车组相关设计生产单位、运营维护单位特别是动车组运用及高级修相关部门的技术和管理人员参考，对机务、电务、供电等各专业的相关人员也有一定的参考价值，同时也非常适合于对高速动车组感兴趣的人员阅读。

图书在版编目(CIP)数据

CRH高速动车组技术原理与趣谈/陈振虹著. —北京：中国铁道出版社，2013.4（2022.1重印）
ISBN 978-7-113-16291-7

Ⅰ.①C… Ⅱ.①陈… Ⅲ.①高速列车—动车 Ⅳ.①U266

中国版本图书馆CIP数据核字(2013)第057319号

书　　名：CRH高速动车组技术原理与趣谈
作　　者：陈振虹

责任编辑：许士杰　　**编辑部电话：**(010)51873204　　**电子信箱：**syxu99@163.com
编辑助理：宋　薇
版式设计：邓　洁
责任印制：赵星辰

出版发行：中国铁道出版社有限公司（100054，北京市西城区右安门西街8号）
网　　址：http://www.tdpress.com
印　　刷：国铁印务有限公司
版　　本：2013年6月第1版　　2022年1月第3次印刷
开　　本：720 mm×1 000 mm　1/16　**印张：**17.5　**字数：**320千
书　　号：ISBN 978-7-113-16291-7
定　　价：68.00元

出版寄语

读完它我们发现高速动车组技术并没有想象的那么难。不过是个门槛，跨过去，世界在里面。

愿此书点燃更多人钻研技术的热情。

许晓峰（广铁集团公司广州动车段广州东运用所所长、高级工程师）

这是一本介绍动车组技术基本知识的好教材，我在阅读的同时，想起了另一本书，那就是北京交通大学杨中平编写的《漫话高速列车》。这二本书的侧重点不一样，杨教授的书，从理论方面，用一种通俗易懂的表达方式，介绍了高速列车的一些基本知识。而振虹的这本教材，则更多地从他个人对动车组理解角度，来说明动车组技术上的一点难点。特别是在介绍变流技术这种比较复杂的技术上，使用"陈氏理论"的风格更明显，对于一般刚接触这方面知识的人，在理解上更容易接受些。

整本书的内容相当丰富，从轨道交通机理，到交直交技术，从动车组各大系统，到动车组检修维护。对于刚刚从事动车组检修运用工作的新同志，这本教材是一个很好的入门级读物，虽然某些知识点比较深，还需要一些辅助的参考教程。

这本教材里面倾注了振虹太多的心得和体会，也处处体现了振虹是一个有心人。在第三章为了更加简洁地介绍交直交技术，居然用了他在2009年担当随车机械师期间在深北公寓卫生间拍到的照片，来诠释他想要表达的电源品质的控制技术。与此同时，还用了许多他自己搜集的图片，让人一看就明白，如对动车组安全回路的介绍，相当简明扼要。

我想，从事动车组检修运用的同志很多很多，可是像振虹这样专注的，真的不多。希望通过这本小教材，让更多的同志，参与到独立思考上来，只有这样，我们的动车事业，才会蓬勃发展。

叶丹（上海铁路局车辆处副处长）

本书深入浅出、化繁为简、层层递进，让人不知不觉中掌握动车组的专业知识。本书降低了动车组知识的进入门槛，为以后动车组知识的提高提供了夯实的基础。本人推荐此书。

温凯华(广铁集团公司调度所车辆调度室调度)

书中既有大量的动车组设计理念，又有详细的动车组系统描述，由点及面，重点突出。愿本书真正成为引领动车组技术攻关、启迪动车组设计创新、发掘真正“动车人”的一块极具分量的敲门砖。

伍高飞(广铁集团公司车辆处动车科工程师)

动车组凭什么跑这么快，安全不？制动系统的图纸，总是串联不起来，两股战战几欲先走？交—直—交变流系统中支撑电容暗藏的玄机竟然就躲在洗澡和冲厕的过程中！友情提示：读本书之前，请做好大腿防护，茅塞顿开时会红肿。

该书能在现场实践的第一手资料基础上，成体系地诠释动车组，做动车组维护6年，第一次发现动车组体系如此通透，非常幸运能拜读此书，感谢作者的辛勤思考和付出！

何东(上海铁路局动车客车段技术科工程师)

This book required a lot of work and I can see that you have done this book with enthusiasm and attention to details.

For all new colleagues and for all experienced colleagues who work today or in the future with the high-speed trains, this book will be helpful and informative.

I'm enthusiastic and full of respect for the service rendered by you.

Nico Pooch(西门子 CRH3 售后服务专家)

通读此书，有一种犹如在现场听教师讲学的感觉。没有高深莫测的理论，没有矫揉造作的辞藻，一切均是那么自然贴切。深入浅出、通俗易懂，贴近现场实际是本书最大的特点。

丁阳春(广铁集团公司广州动车段设备车间主任、高级工程师)

此书对我国 CRH 高速动车组进行了全方位的剖析，针对动车组的技术疑点、难点给予了正面的解读并阐述了其基本原理，是一本动车初学者及对动车组感兴趣读者的必备材料。

邵振东（西门子中国售后工程师）

作者通过从事动车组检修、乘务及动车组技术管理工作，在学习了大量动车组及相关技术资料的基础上，从运用角度通俗概述了 CRH1、2、3、5 型动车组基本原理、功能，还涉及到了铁路供电、轨道电路、通信信号等方面；对了解我国高速列车的发展概况及各车型特点，提供了一个窗口。

于延尊（南车四方股份高级主任工艺师）

很高興有本闡述 CRH 動車組技術方面的書籍，此書由淺而深的剖述，很適合入行或在職或愛好 CRH 的人士參考。

個人非常喜歡這一本書，值得推薦。

翁国树（中国台湾、西门子中国售后工程师）

我从来没有想到介绍动车组科学的书籍可以如此生动有趣，是一本很好的科普读物。

付瑞瑜（泉州师范学院数学讲师）

此书对我国 CRH 高速动车组的机械结构共通点以及转向架等重要部位进行详细且深入的阐述。同时，重点介绍了 CRH 高速动车组的驱动技术，以及车内重要设备的基本原理。对初学者以及想进一步了解动车技术的读者有重要的指导意义。

林均华（西门子中国售后工程师）

2011 年下半年，振虹聊天时谈起，在写一本关于高速动车组技术入门的书，大家很惊讶，但又觉得理应如此，因为新入职从事动车组运用检修工作人员在迅速增加，但大多数人对动车组整体系统缺乏全面了解，现有的教材要么太学院，要么太单一，在现场工作的人员学习起来往往事倍功半。如果有一本涉及动车组各系统与接口关系的通俗易懂的教材，无疑对基层人员对技术的全面掌握有着极大的好处。振虹能在繁忙的工作之余静下心来，总结经验，并花费大量的个人精力写这样一本书，让人十分敬佩，如果没有对动车技术的热爱和服务现场的精神，一般人恐怕是无法做到这一点的。2012 年振虹出了初稿后请大家提意见，我只想说这本书正是我原先想象的样子，振虹正是做了很多人想到但是却没有做到的事情，如果在我 2003 年开始学习动车技术的时候，就有这样一本书，无疑是一件让人感到幸福的事情。

罗果（广铁集团公司调度所车辆调度主任）

本书图文并茂、言简意赅，是深入了解动车组的好书。用心去畅读，你可以有很大的收获。

陈美宪（广铁集团公司广州动车段检修车间主任、高级工程师）

该书是一位内心酷爱动车组的年轻技术人员，梳理他 5 年来动车组运营维护工作的专业思考与心得，内容涉及初学动车组可能遇到的难以理解的名词概念、系统结构、工作原理与维护理念等，图文并茂、例子生动、疑问引导、层层深入、科普易懂、荐与共享。

（应要求不标注评书人信息）

用时下流行的说法，这是一本“接地气儿”的作品。振虹把六年来一线工作的心血凝结成一本描述我国主流动车组的较为综合并紧密联系实际的著作。此书站在一线人员的角度，把整车各系统的设计概念、基本原理以及应用情况连贯有机地结合在一起。对一线人员、高校、科研院所以及铁路迷们全面系统地了解动车提供一扇窗口。更重要的是，作为与作者同龄同行的挚友，每每翻开此书，我读到的还有振虹夜以继日在一线的奉献，还有我们这一代铁路人的智慧与志气。强烈推荐，并向作者致敬！

赵春光（铁道科学研究院机车车辆研究所助理研究员）

注：以上按时间顺序排列。

前　言

随着我国高速铁路事业的迅猛发展，CRH 动车组以风一般的速度飞入了我们的生活。对于这种先进的高速列车，你是否和我一样都充满了好奇，想要多了解一下它们呢？那么这本书是一个很好的选择。

虽然讨论的是动车组比较专业的问题，但是在讲解思路、技术概念图的设计方面有独到之处，高中文化水平就能够看懂里面绝大多数的内容了。作为例子，读者可以先看看本书中大家比较熟悉的空调制冷原理的讲解方式。让非专业的读者也能够看得懂基础的专业问题，这样读者才能真正体会高速动车组的一些东西。书中对动车组各系统基本原理的讨论除了可以扩展到地铁等其他轨道交通系统外，有的内容还可以迁移到其他行业中去。希望跟一般的科普图书相比，本书能留给读者的东西更多一些。

从我走出校门从事动车组运用检修工作到现在，各种动车组相关的书已有很多了，但从新人的角度来编写，循序渐进地引导读者知其然知其所以然的书、框架上满足运用检修现场基本需求的书真的太少了。所以当年我们学习动车组技术时难度很大，各种杂乱的中外文资料又不容易看懂，当时特别渴望有这样的入门书。

本书从萌芽到定稿，历时 5 年。我从动车组空调滤网更换、电气柜除尘作业开始，到厕所真空膜更换；从库内检修到线上随车机械师工作；从一线作业到技术管理；从跑腿领料到带队包车检修；从应急指挥到重大运用故障调查分析，经历了很多个通宵达旦的工作与思考，研读了大量中外文资料和图纸，积累下来一点一滴有用的东西。在经历了多种不同技术体系车型，熟悉了各个系统的整体情况以后，以一个全局的角度俯视动车组各个系统，再把这些东西写出来，会有一些有趣的东西出现。所以书中内容对我国后续设计生产的 CRH380C、CRH380D、CRH6A/F、CRH3A 等新型动车组也有一定的参考价值。

动车组所涉及的知识面非常广，本书专注于我国 CRH 高速动车组技术，着重阐述物理概念与设备的动作机理，不侧重工艺和设计计算。我们讨论各系统是如何动作的，最后系统间如何连成一片的，基本上形成整个大系统的骨架，其他的细节知识比如上千页的电路图则在此基础上结合实践学，水到渠成。写入书中的内容都是那些系统分析诊断最基础、最重要的知识，现场动手处理过动车组故障的人们一定对此感触很深。培养独立思考的精神比单纯的说教重要，本书讨论大量的“为什么”，让读者真正思考一些东西，力争能使读者对于动车组大部分的问题，具有一定的独立分析判断能力。此外，书中还融入了与外方专家接触过程中体会到的一些新东西。

所以对有志于投身高铁工作的新人们来说，这是一本应该先看的书。可能还有一些朋友已有很高的理论功底或者已在从事动车组某个系统的设计了，书中来自现场的一些东西仍然有很多地方值得一看。我们经常会碰到有很多老动车人有很丰富的经验，但对个别系统又掌握得特别差，本书对理顺这些系统可起到立竿见影的效果。了解各系统的基本原理，才能减少故障处理和故障应急指挥的盲目性。

为了让更多的读者看懂书中的内容，我下了很大的力气制作技术概念图，整本书相对第一稿已“面目全非”。尽管写书的工作非常辛苦，令人欣慰的是本书草稿本在现场一连两起动车组疑难故障的分析中已被研读、引用，这些使得我不敢怠慢，因为这是一件有意义的工作，能够对实际工作起到一点帮助作用。

在成书过程中，深感探讨越多，我们的认识越肤浅。随着对动车组研究的深入，书中一定会有些认识不够甚至是错的，欢迎大家批评指正，邮箱 deardogpp@126. com。

尽管是科普图书，但里面饱含着满满的思考，还是需要读者下一番功夫。我在书籍版式设计中引入了高铁站台的创意，希望大家旅途愉快，一览沿途风光，不虚此行，必要时可再乘一个往返。

陈振虹
2013. 3. 16 于广州动车段

目　　录

第 1 章
轨道交通系统整体机械运动原理

看到呼啸而过的高速列车，我们感觉它的整体结构就是每节车厢下面有两个支撑的行走部分。今天我们的介绍想往下深入一点点，讨论一下行走机构各部件的“来龙去脉”。

图 1—1

1.1 轨道交通系统的引入

如果我们天天坐汽车上班，会有这样的感觉，司机每次到了相同的地方几乎做的是相同的动作。那为什么不改进一下，减少人工乏味的重复动作，把运输量需求大的线路固定下来做成轨道，把车直接限制在轨道上。不用司机转弯，只管开到终点便是，只在那些灵活性要求高的地方再使用汽车不更好。

这种想法的结果就是我们要讨论的系统了。从简化列车操纵的角度，轨道交通系统必须由轨道自动进行列车导向，导向力必须通过承载部分作用到列车上。

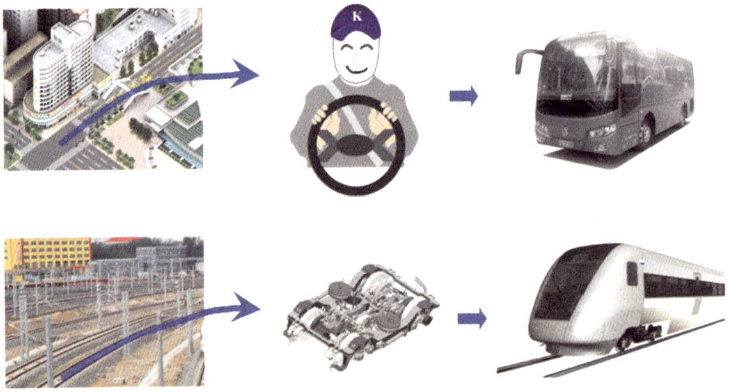

图 1—2　汽车与轨道车的导向机制

轨道对车进行导向的特征在道岔上体现最明显，走哪个岔路通过轨道的移动来实现，路在动而车不动，车随路而动，这种模式与汽车很不一样。

图 1—3　轮轨与磁悬浮列车道岔

这种导向机制也决定了轨道交通系统的安全性要比汽车高，而且系统适宜的运行速度也相应要高一个档次。汽车导向需要人的参与，就需要人的反应时间。速度越高人越反应不过来，危险性越大。

既然各式各样的轨道交通车辆都由轨道进行导向，它们的机械结构必然会有一些相通的地方。

1.2　轨道交通车辆结构对轨道的自动适应性

假设由我们自己来设计轨道车，我们从简单的做起，把车轮直接固定在车体的底架上，举例如图1—4所示，这种结构的车在轨道比较平直时可以使用。

图1—4　轮子直接固定式

但是一旦轨道有曲线，因轮子与车体固定，轨道与车子没有办法匹配，过弯道时轮子与轨道将相互挤压，强迫两者的匹配。设备容易损坏，原理上有缺陷。

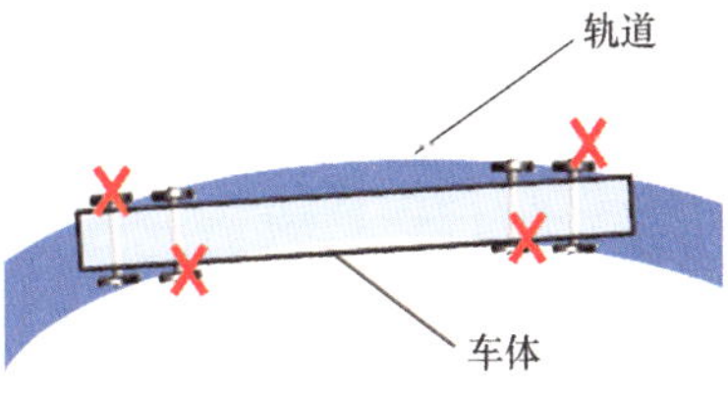

图 1—5

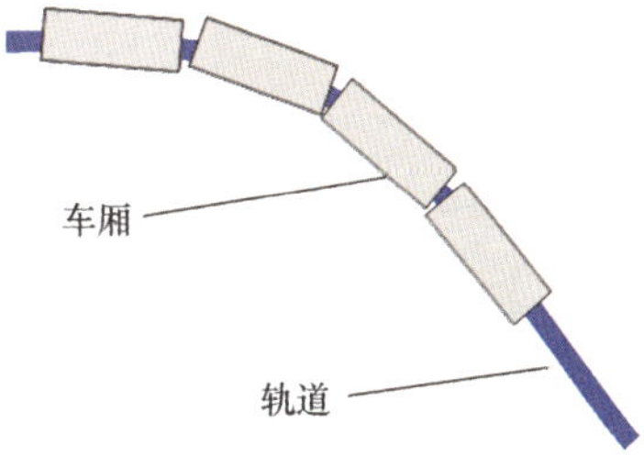

图 1—6

所以人们想了很多办法，比如第一招，如果车很长，将列车分成多节相互间可以略微错位的车厢，就可以让车体与轨道匹配度初步提高，这种结构类似于蛇的结构。所以，单节车辆长度影响曲线通过能力，如图1—6和图1—7所示。

第二招，把轮子的安装部位设计成具有一定灵活度的结构，不要固定死。当轨道强迫轮子改变运行方向的时候，轮子可以根据不同需要展示不同形态。但一开始直接在轮子与安装座之间形成可动连接实现起来比较困难，所以考虑先将轮子及其

图 1—7

安装座合成一体，再利用其安装座与车体适当脱离开来。把两者的连接改造成一种可以略微相互错动，但又不能相互随便分离的关系。这个轮子与其安装座的组合体称为转向架，如图 1—8 所示。

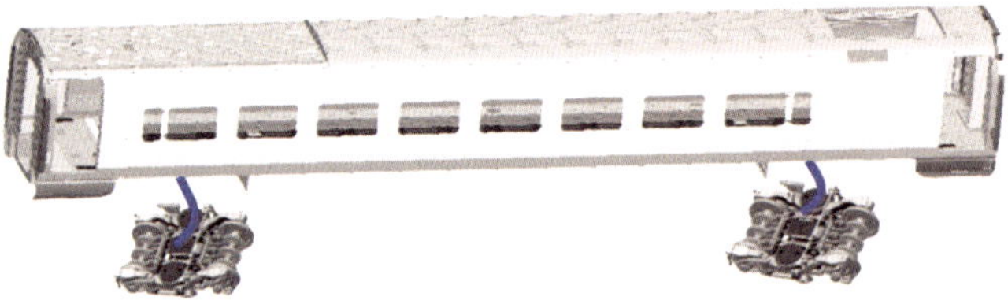

图 1—8

车体与转向架之间的这种"解耦"在很多方向上都有，本质都是类似的。转向架与车体之间的自由错位，使得我们能在车体不变形的基础上，自动与轨道匹配，这种自动适应性是车辆的整体机械结构的精华。

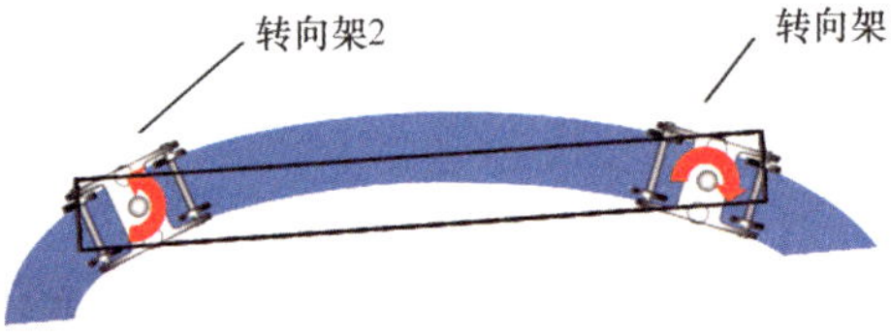

图 1—9

随着设计水平的提高，再来实现第三招，将轮对与其安装座——转向架构架间也进行类似的处理。这样轮对、构架及车体三者分开，如图 1—10 所示。

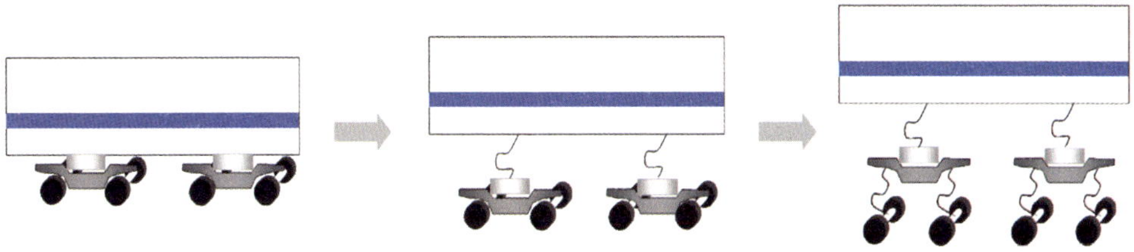

图 1—10

为了进行区分，一般将轮对与构架之间的连接称为一系悬挂（Primary Suspension），构架与车体之间的连接称为二系（Secondary Suspension）。（注：悬挂是轨道交通行业的术语，实际上 Suspension 翻译为支撑会更容易理解一些。）

如果我们在现场看转向架，这个部位给人留下的印象主要是承载和牵引制动，但转向架这个名称像是某种专门用于转向的架子，所以一开始听到这个名称时很多人经常都不太理解。从前面的讨论来说，确实有转向的含义。我们在可动动车组模型中可以看到其转向功能最原始的表达。

图 1—11　可动动车组模型转向架

1.3　范围限定式解耦的具体实现

我们来考究一下轮对与构架、构架与车体的这种既相互限制，又有一定独立性的特殊关系的实现。在讨论之前，先介绍一下转向架的部件概况。

1.3.1　CRH 动车组转向架概况及其部件

我国 CRH 系列动车组转向架如图 1—12、图 1—13、图 1—14、图 1—15 所示。

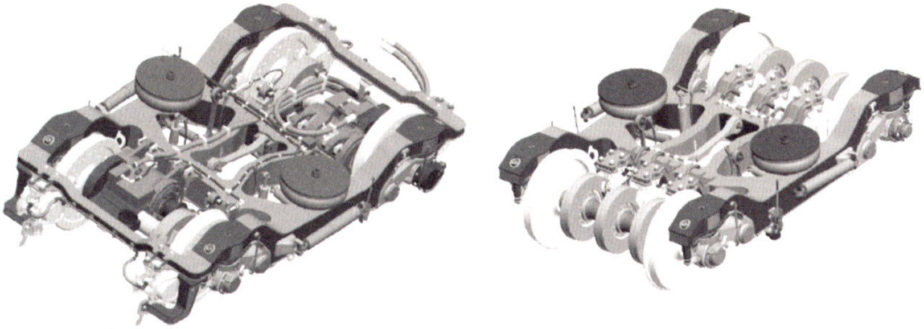

图 1—12　CRH1A 型动车组转向架

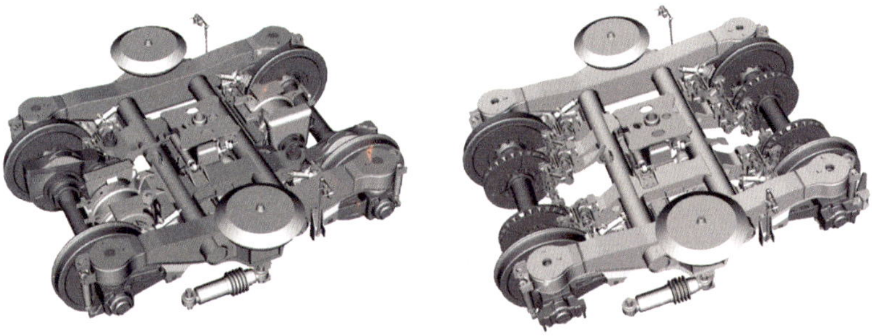

图 1—13　CRH2A 型动车组转向架

图 1—14　CRH3C 型动车组转向架

图 1—15　CRH5A 型动车组转向架

这里以结构比较直观的 CRH1A 型动车组转向架为例简述。首先是构架，构架是安装各种设备的母体结构，如图 1—16 所示。

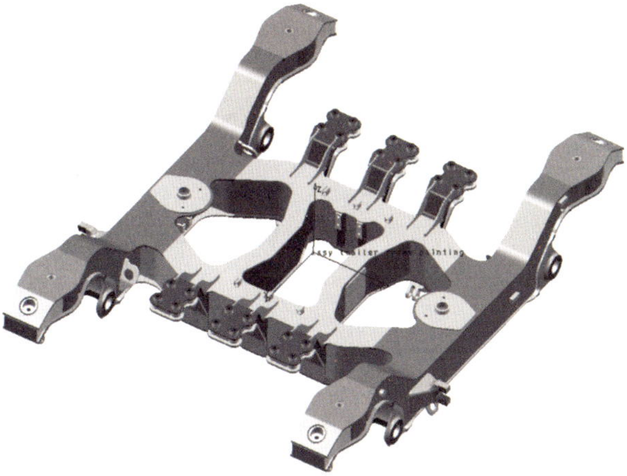

图 1—16　拖车构架

构架与车体之间的二系悬挂一般包含有这样一些部件，空气弹簧及高度调整阀，横向、垂向、纵向减振器，安全提吊，止挡、牵引拉杆及抗侧滚扭杆等，见图 1—17。

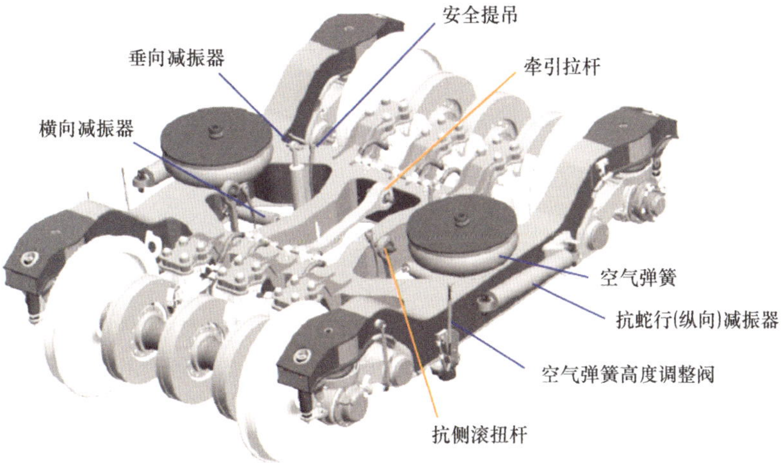

图 1—17

构架与轮对之间的一系悬挂则设置有一系转臂、弹簧、止挡、减振器等，如图 1—18 所示。

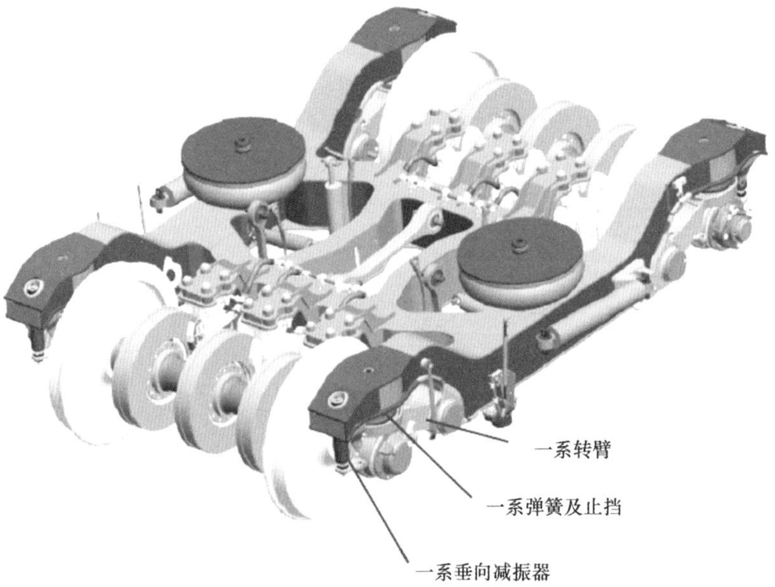

图 1—18

同时，除都设置有制动夹钳机构外，动车的转向架还设置了牵引电机、联轴节、齿轮箱等，如图 1—19 所示。

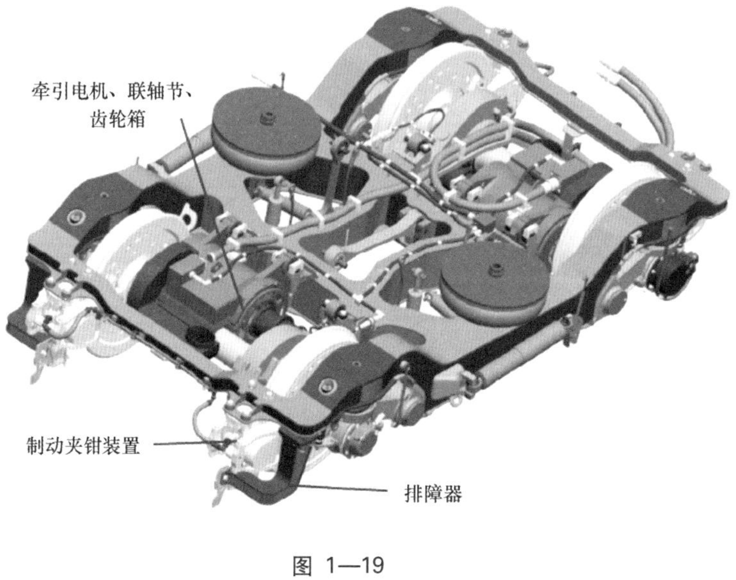

图 1—19

此外，根据需要，转向架上还安装有管路、电路以及撒沙设备、传感器等。

1.3.2　垂向弹簧和减振的引入

将轮对、构架、车体适当的分开，首先引入弹簧，弹簧机构将各个部件适当分开。同时，在它们相互靠近时提供一个抵抗力。

图 1—20　一系悬挂

弹簧主要用于缓冲。对于二系悬挂来说，使用的是空气弹簧，如图 1—21 所示。空气弹簧是一个充满压缩空气的气囊，乍一看像“备用轮胎”。

我们面临的实际问题就是如果只有弹簧，这种结构的车在运动中会不停地振动，由于它不怎么消耗能量，缓冲但并不衰减振动，车还是会不停地振动，进一步考虑舒适度的问题，加入吸收能量的减振器。

图 1—21　二系悬挂

图 1—22　减振器

顺便提起，减振在需要的各个维度设置或者有一个等效分量。一种典型的减振器设计如图 1—23 所示，整个悬挂系统可以看成是一个机械式滤波器，过滤掉那些我们不想要的振动。

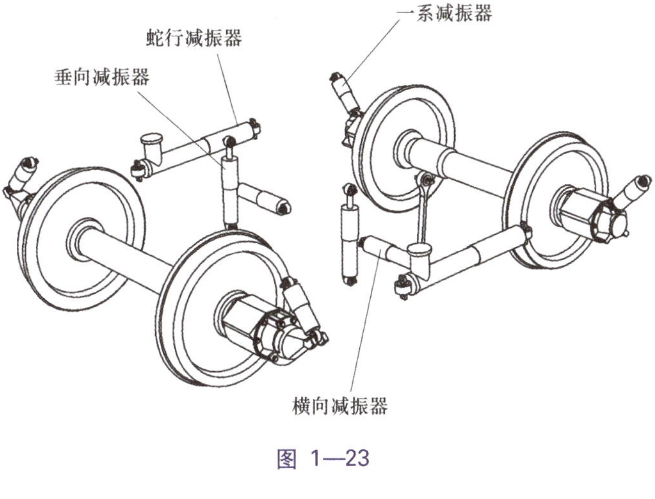

图 1—23

减振目前可以有几种方案。主动有源的减振可选择的减振范围宽，性能好，通过主动施加一个近乎反相的振动，叠加后，可以把振动限制在一个更小的范围内，但结构复杂。还有一种半主动减振器，它根据运动情况改变减振器参数，比有源减振器更为简单实用，我国 CRH2 系列动车组中运行速度较高的车型使用了这种方案。

1.3.3 防撞击与脱离

三者解耦以后，为了防止相互的撞击与脱离，一般用机械连接来限制其范围。

对于三者之间压紧的情况比较好理解，使用橡胶止挡来做最后的控制。但是对于三者分离的情况，大家觉得不太可能发生，为什么也要设置防止分离的机制呢？这个主要是考虑严重事故救援起吊时的行业，这样可以只架起车体就能够把转向架整个吊起来，而不必再使用其它附加设备。

1.3.3.1 二系

CRH3C 型动车组转向架与车体横向运动在未分离时，使用橡胶块止挡向车体提供附加的横向刚度并留有横向自由间隙，横向间隙用来解耦。但一旦间隙用完，止档橡胶元件的横向刚度就开始起作用，它能使横向的位移限制在一个最大的允许值内，如图 1—24 所示。

而它的垂向则使用图 1—25 所示的机构来防止转向架构架与车体脱离。

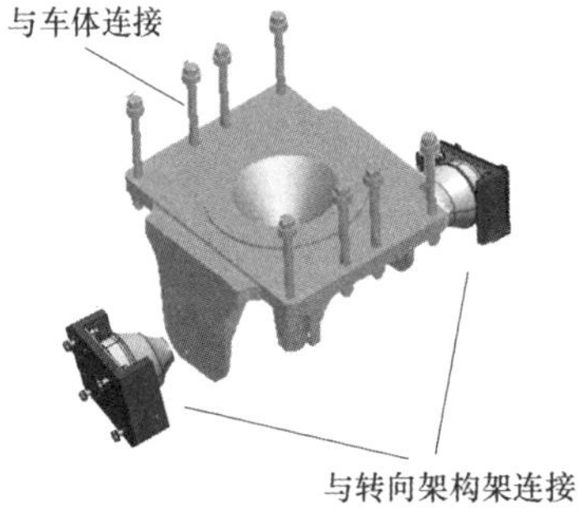

图 1—24

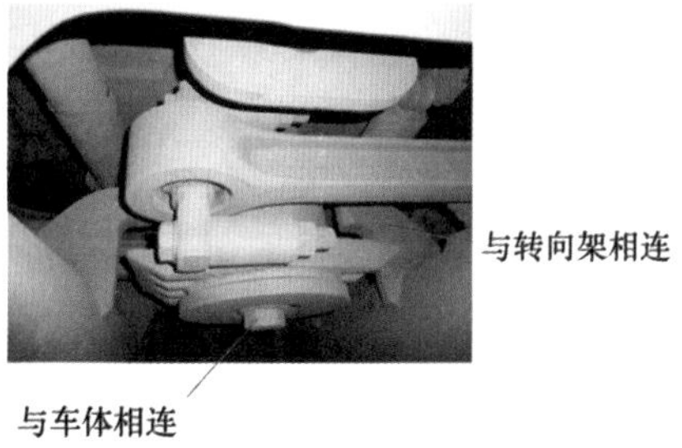

图 1—25

CRH1A、CRH5A 型动车组在二系起吊结构上设计使用安全吊缆，装在转向架横梁和车体之间，如图 1—26 所示。

CRH2 系列动车组则直接使用牵引拉杆的特殊形状来实现，它的牵引拉杆设计得比构架长，且位于构架下方，架起车体后就把构架顶起来了，如图 1—27 所示。

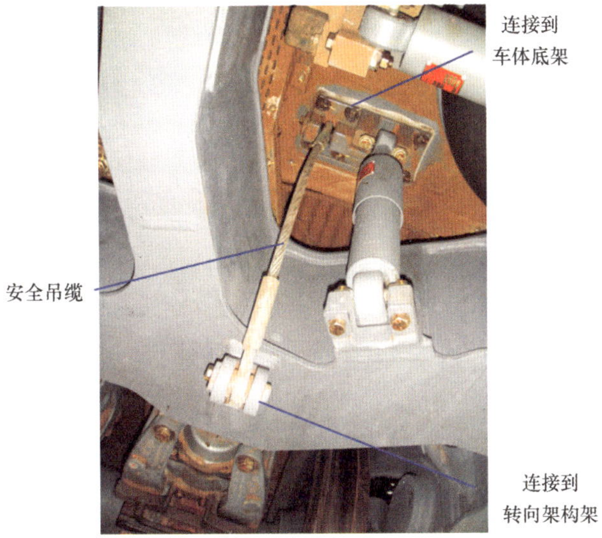

图 1—26

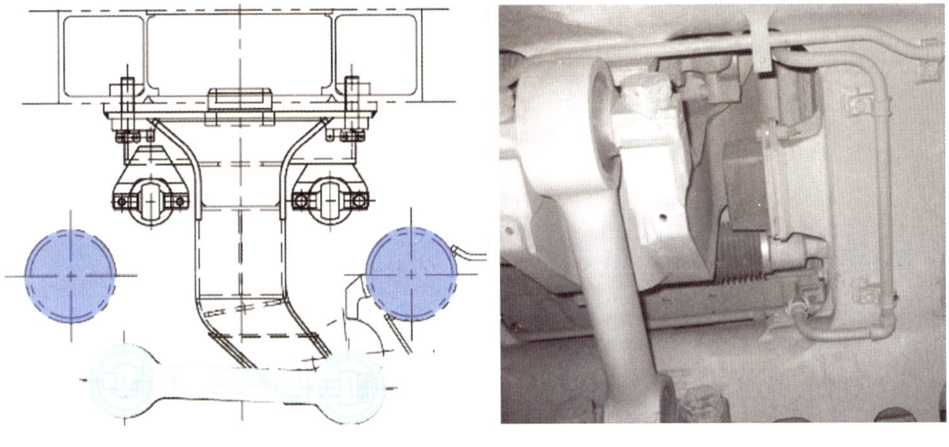

图 1—27

1.3.3.2　一系

各型动车组通过一系转臂为轮对提供一个基本的定位，限制轮对活动的范围。一系转臂与侧架通过一个弹性衬套安装，这种橡胶元件允许轮对具有一定的活动自由，解耦。

当构架与轮对压紧时通过一系弹簧内的橡胶止挡防撞击，示例如图 1—29 所示。

图 1—28　CRH1A 型动车组一系转臂橡胶节点及其分解

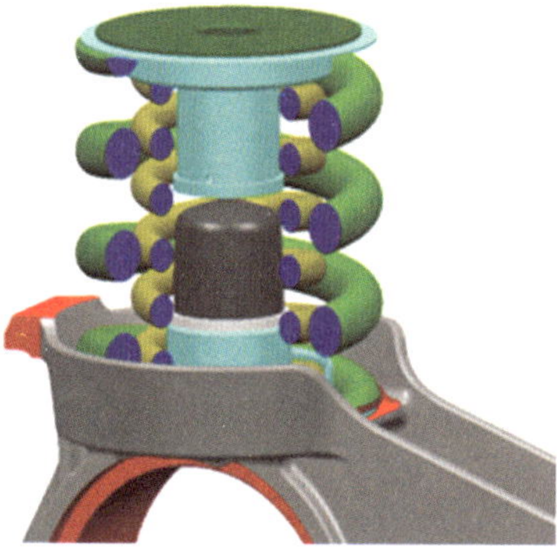

图 1—29　CRH1A 动车组一系止挡

而在防止两者的分离方面，各型动车组也是异曲同工。以 CRH3 系列动车组为例，一系转臂处设置有一个安全挡块，该挡块还略微留下一点空间，允许轮对的自由运动，但当车体及构架被抬起时，轮对将通过该挡块挂在构架上被一并抬起，如图 1—30 所示。

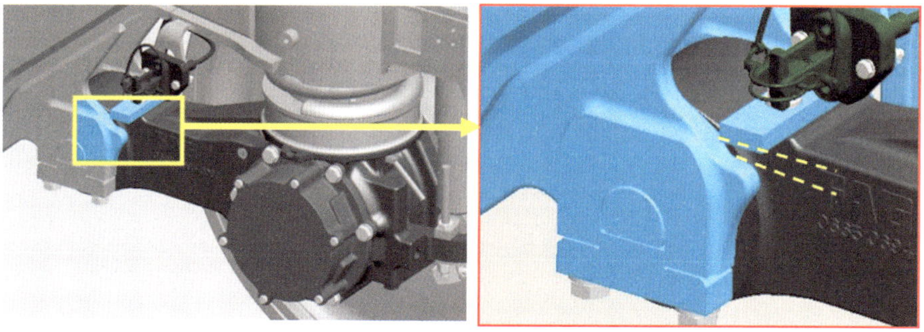

图 1—30

所以一系、二系称为悬挂，既可悬起又可倒挂住。

1.3.4 解耦以后带来的问题

1.3.4.1 牵引与制动

解耦后，设计专门的牵引拉杆在车体和转向架之间传递牵引力和制动力。

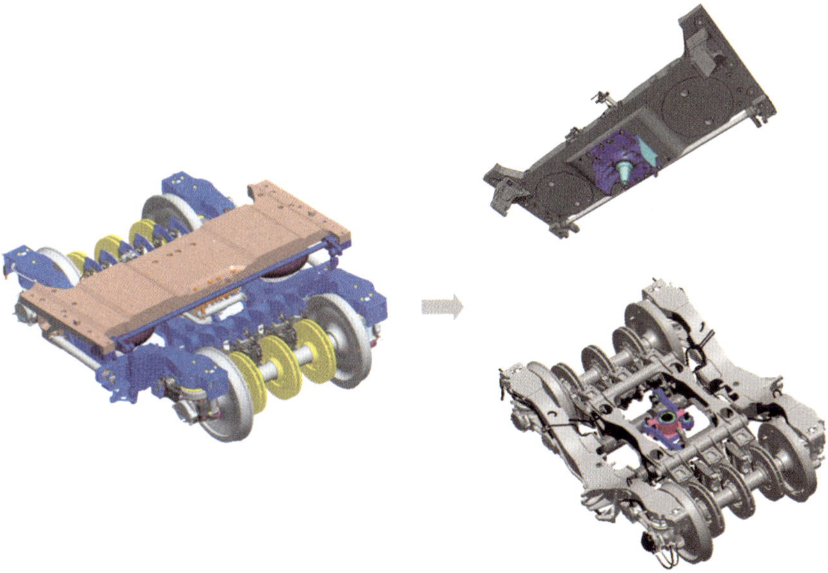

图 1—31 CRH3C 型动车组的牵引拉杆

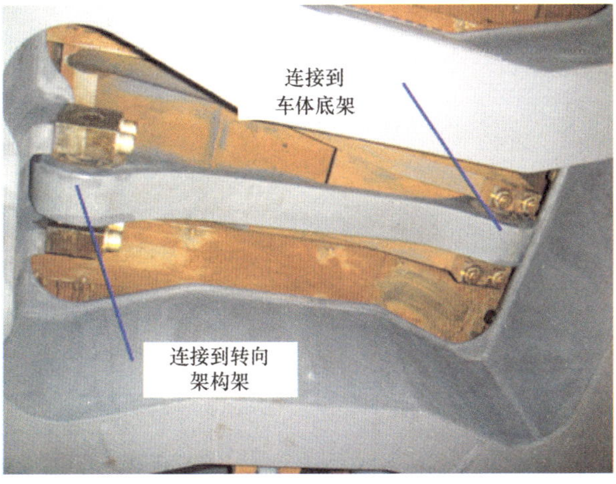

图 1—32 CRH1A 型动车组的牵引拉杆

1.3.4.2 联轴节与制动夹钳单元

为了使轮对能够相对于转向架构架有一定的活动自由度，还必须作一些特殊处理。如果电机固定于构架上，而齿轮箱与轮对是一体的，两者的传动就不能使用刚性的连接，而是需要通过允许有一定错位性能的联轴节在电机和齿轮箱之间传递力，如图 1—33 所示。

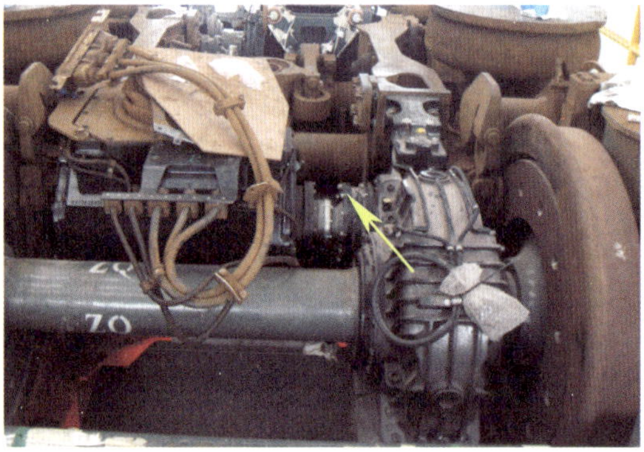

图 1—33 联轴节

对于制动夹钳单元，制动时也要允许车轮有一定的活动范围，不能干扰车轮相对于转向架构架的各向自由度，否则当车轮向着一个方向导向时，制动夹钳对它的夹紧力可能将轮对抱偏，导致导向失常。制动单元的灵活度不够性能反而是不好的。

图 1—34 CRH1A 型动车组的制动夹钳的各种形态

1.3.4.3 抗侧滚

脱离可能要带来侧滚的问题，所以每个转向架都设置抗侧滚扭杆。

如图 1—35 和图 1—36 所示，以 CRH3C 型动车组为例，将扭杆通过橡胶套管经由枕梁连接到车体上，但是扭杆本身相对于安装座可以转动。在转向架的两侧，扭杆再通过扭转轴杠杆连接到转向架构架。

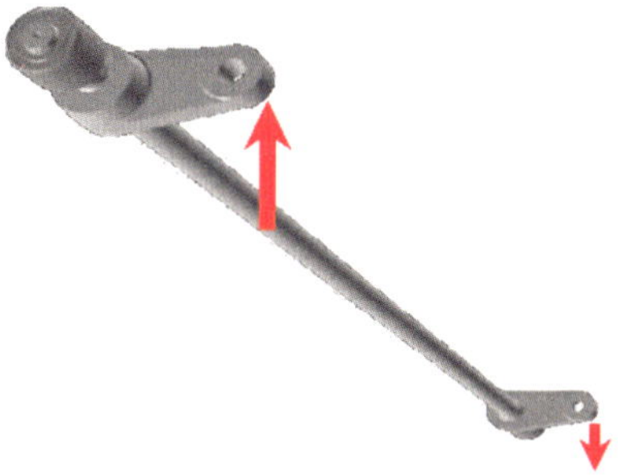

图 1—35　抗侧滚扭杆

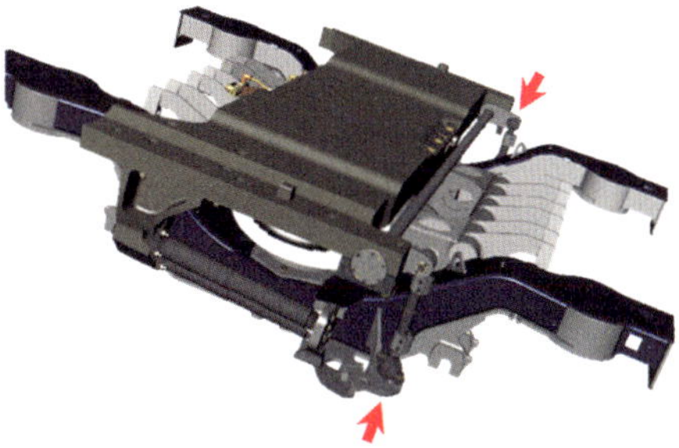

图 1—36

当车体发生侧滚时，带动扭转轴杠杆一边升高，另一边降低，抗侧滚扭杆必然产生扭转，但同时它也产生反扭矩抵抗车体的进一步侧滚。因为车体压在转向架上，转向架此时可以抵抗因侧滚带来的影响而很好地保持平衡状态。当然，车组本身就有一定的抗侧滚的能力。如果增加二系跨距，增大了这种能力到一定的程度，可以不增设抗侧滚扭杆。侧滚等列车各维度及其相应的运动的习惯表示可参考图 1—37。

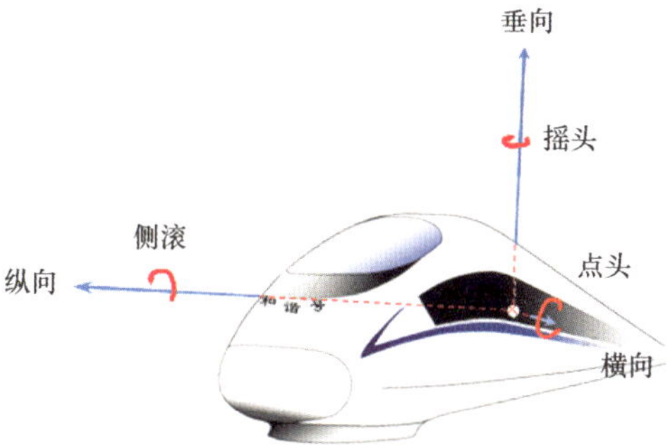

图 1—37

1.3.5　小　　结

可以看到，引入两系悬挂与没有悬挂的刚性结构相比时，多出了自动适应性、缓冲与减振的功能。

这样，我们就可以把多个设备统一到一个逻辑体系：为了自动适应性，引入有限制的解耦，同时以外加一些的设备为代价，如图 1—38 所示。

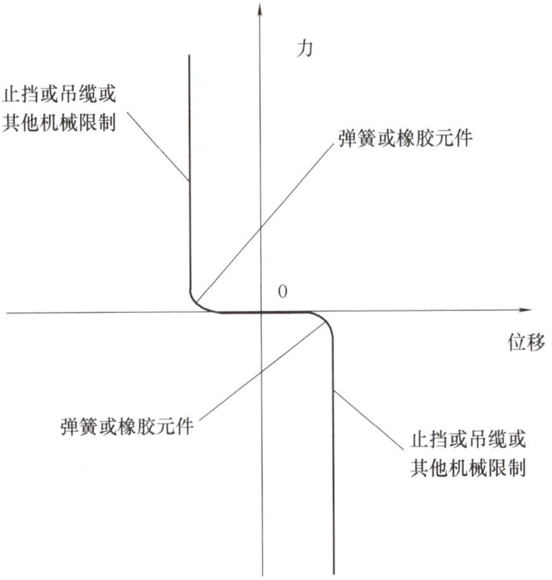

图 1—38

一个成熟的转向架必然满足这样的特性，学习一个新车型的转向架时，顺着这个特性寻找相应的部件就可以了，找到了相应部件说明正常，没有找到时要么需要继续找，要么说明有问题，需要进行进一步的研究。

这样，我们改变了以前仅仅把转向架看成是一个与车体紧密相连的承载体的习惯，而把两者的分离看得更清楚了。

这里使用夸张的图来给读者留下一个印象，高速列车是一种刚柔相济的结构，这里强调它的“柔”。这是一个特殊的角度来考究转向架，看似很直观的转向架却有挺丰富的内容。

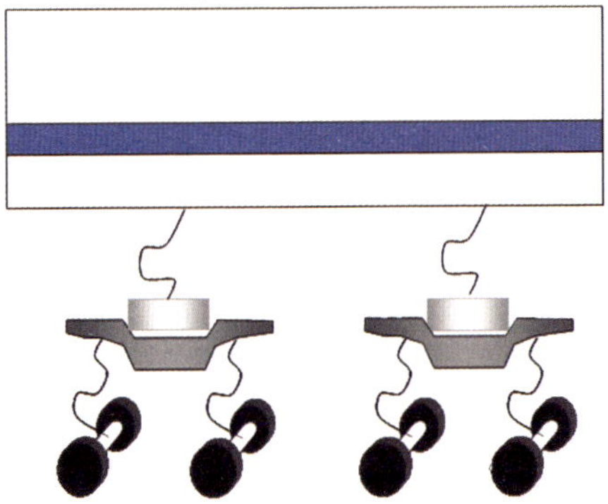

图 1—39

这种解耦带来的自动适应实际上是很重要的。有趣的是，如果我们问及一个没有铁路基础的人关于火车过曲线的原理时，他们往往会想到前述的转向架与车体的相互错动，说明这才是最自然的思考方向。反而很多学过铁路基础的人讲到列车过曲线的原理时，往往只有想到有关超高及轮对锥形踏面的问题。我们去看可动火车模型的圆形轨道，完全没有超高，但是模型依然能够运行，这种情况容易把人搞糊涂。超高只是一种补偿方式，让系统运行得更好，但不是全部，提供向心力的不只是超高。

以上讲述的主要是基本思想，在各种磁浮列车上也沿用了部分类似的概念。只是从轨道到行走部分到车体的力的实现和传递方式有差别而已。以高速常导磁浮车的悬浮架为例，有了前面的讨论，我们去看它的等效模型时不会感觉很模糊。

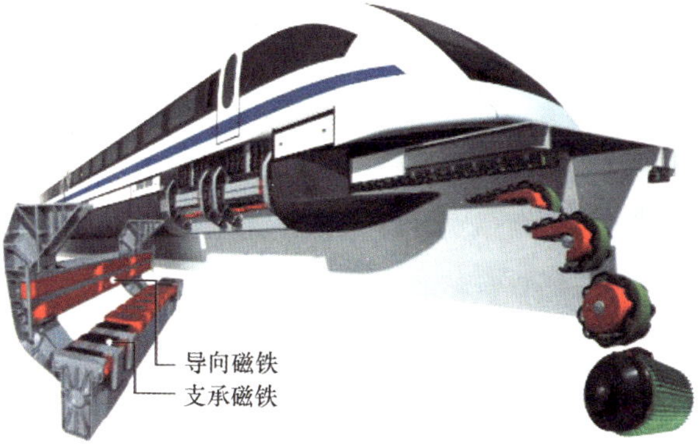

图 1—40　高速常导磁浮车结构图

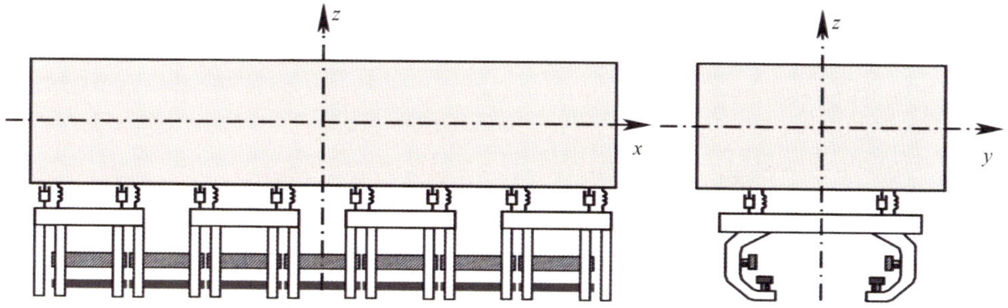

图 1—41　高速常导磁浮车建模

很多概论类教材里面讲的列车转弯原理，实际上仅仅讨论了转弯时的向心力是如何提供的，至于车辆结构在这个向心力的作用下如何与轨道自动匹配以朝着轨道延伸的方向运行则少有讲述。我们前面这一部分重点讨论了以往被落下的这个问题，下面我们再来讨论一下经典的超高与锥形踏面的问题。

1.4 过曲线向心力的提供与蛇行运动

1.4.1 超高与锥形踏面的引入

列车过曲线时，如果内外轨一样高，由于惯性的作用，列车要保持原来的运动方向，车轮的轮缘必然会挤压外轨，使外轨发生形变，外轨对轮缘的反作用力就是列车过曲线的向心力。靠这种办法得到向心力，由于列车的质量很大，作用力很大，铁轨容易受损。

如果在转弯处使得外轨略高于内轨，则可以利用地面对列车的支持力和重力的合力来提供一部分向心力，如图 1—42 所示，合理选择超高的程度，就可以大大减少轮缘与外轨的挤压，这个可以看成是提高曲线通过性能的第四招。

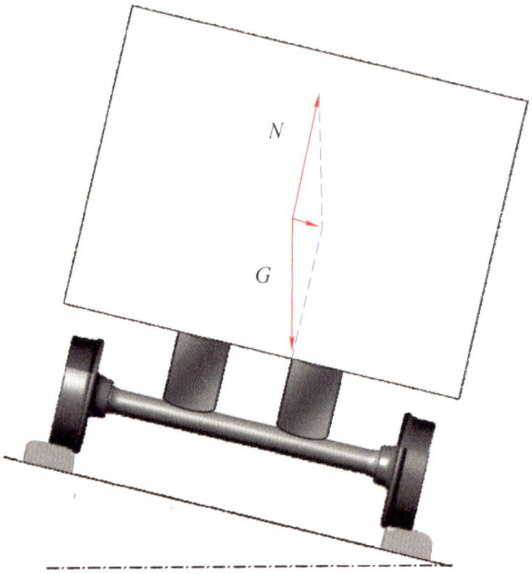

图 1—42　超高

与此同时，轨道有曲线时必然有外轨长内轨短的情况。但是轮对两轮子之间是刚性连接，转过的圈数是一样的，按道理走行的距离也是一样的，这样就无法与外轨长内轨短的情况相匹配了，运行状态必然不良。为了解决这个问题，工程师们将轮对的踏面设计成了锥形踏面。

图 1—43

在曲线上运行时由于惯性的作用，轮对偏向外轨。此种车辆在外轨上滚动的车轮与钢轨实际接触部分的直径较大，而沿内轨滚动的车轮与钢轨接触的部分直径较小。同样转动圈数时，沿着外轨行走的路程长，沿着内轨行走的路程短，这就可以进一步和外轨长内轨短的情况相适应了，尽管很难达到非常理想的程度。这种踏面设计可以看成是提高曲线通过性能的第五招。

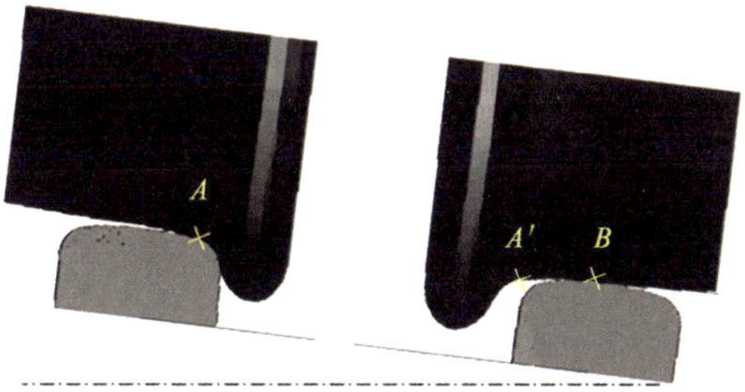

图 1—44

但这种超高的优化在道岔侧线是无法实现的，列车过道岔侧线也是在转弯，但是道岔区没有办法设置超高，所以向心力靠轮轨挤压来实现。在过道岔时往往发出很大的声响，机械作用不是那么良好，必须进行限速，防止冲击。所以我们进出站时会感觉晃得厉害，这种晃动与汽车转弯时的情况是类似的。此时恰恰进站前旅客又需要提前站起来收拾东西，这是轨道交通系统原理上的一点瑕疵。

正是因为这样的导向原理，列车首先要满足落在轨道上，所以希望车身重，但又想要它导向灵活，所以又希望车子轻。这种系统的导向灵活性与脱轨安全性成为一组矛盾，使得列车轻量化变成一个有争议的问题，轻量化不能做得很彻底，相比之下磁浮列车则没有这样的矛盾。

1.4.2　锥形踏面引起的蛇行运动

锥形踏面解决了上面的匹配问题，但是也带来了蛇行运动的问题。

如果由于某种原因，如列车过弯道、承受某种干扰或轨道局部略有不平顺等，使得轮对与轨道的关系没有处于理想状态，如图 1—45 所示轮对所在的状态 1。列车运行时，轮对就会往外偏移，偏到已经到达受力的理想状态点时，由于惯性，车轮还没有来得及调回来，继续往外偏移，一直到重力的分力把偏移速度全部吸收掉后，往外偏移才停止，如状态 2 所示的位置。这种运动过程横向特性类似于单摆，在最低点速度不为零。接着反向运动，情况类似。整体呈现 S 形的运动情况，故称为蛇行运动。

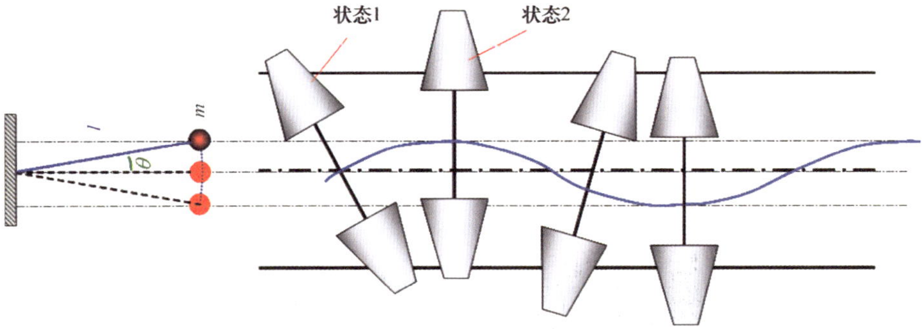

图 1—45

1.4.3 抗蛇行减振

因为车体质量大，转向架的不规则运动对它的干扰导致的振动幅度不大。这样，如果我们以车体为参考，转向架相对于车体的蛇行运动是近乎摆头的运动，一种旋转运动，可以使用左右和前后分量来进行大致的处理。由于横向减振器已有，只需加入纵向减振器，纵向减振器作用过程如图 1—46 所示。

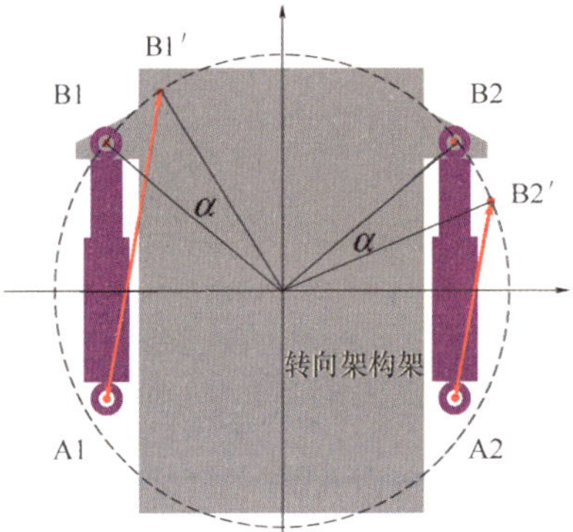

图 1—46

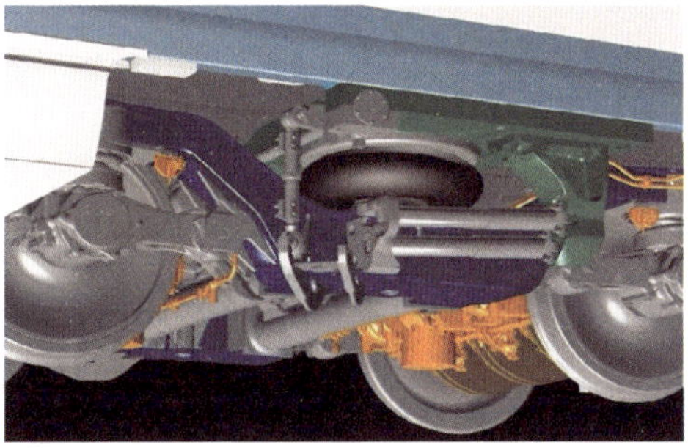

图 1—47　CRH3C 型动车组抗蛇行减振器

转向架向右摆动 α 角时，左侧抗蛇行减振器的长度由 A1B1 变为 A1B1′，增长了。右侧 A2B2 变为 A2B2′，减短了。反过来也一样。在其长度变化的过程中，将这些不希望它们存在的能量吸收掉。合理选择减振器的特性，使其阻尼作用对列车过曲线性能的影响可以控制在容忍的范围内。同时由于锥形踏面等的影响，左右运动伴随有上下振动，可以由垂向减振器来解决。

由于抗蛇行减振器沿纵向安装，也称之为纵向减振器。

运行速度越高的动车组，越重视蛇行运动的稳定性，越重视抗蛇行减振器以及对转向架失稳的检测。

1.5 总　　述

对于转向架上述讨论，均为机械工程师关心的内容。但是电气工程师还要关心更多东西，这是因为转向架还要承担大负载电流的导通工作，这与电动车组特殊的供电方式是分不开的，具体我们下一章讨论。

对于一个高速跑的健将来说，脚是非常重要的。一旦脚略有受伤还参加比赛的话，跑快了以后可能会导致脚伤的进一步扩大，可能进一步出现摔倒断筋等情况。转向架与此是非常类似的，转向架既要高速运动又必须与轨道接触，是关系到行车安全的最重要的部位之一，随着车组速度的不断提高，对转向架的要求也越来越高，实际生产运营中必须予以高度的重视。动车组中还有一个部位与转向架这一点十分类似，那就是受电弓，我们也在第二章中讨论到。

讨　　论

1. 动车组转向架的功能是什么？是否为承载？

2. 牵引电机与齿轮箱之间的联轴节的功能是什么？是否是为了补偿轮对的振动？

3. 如下图所示，CRH5A 型动车组一系转臂处设置有如下结构，试讨论其功能以及为什么还略微留下一点间隙。

第 2 章

动车组动力能量来源

要让动车组这样四五百吨的庞然大物动起来自然需要大量的能量，本章讨论这些能量是如何提供给动车组的。

传统的火车使用过各种各样的能源，比如跑起来气喘吁吁已基本退休的蒸汽机车是烧煤的，浑身带着散热栅格的内燃机车烧的是柴油。

图 2—1　蒸汽机车

图 2—2　内燃机车

我们这里讲的我国 CRH 动车组使用的是高压电。

2.1　动车组的供电途径

我们去看电气化铁路线路，线路上方的供电网即为接触网，如图 2—3 所示。电压高达 25 kV，远远高于我们家用的 220 V。

图 2—3　接触网

这个电压标准在我国各地是统一的，是当年西南交通大学制定的，现在看来非常适合我国国情。在欧洲，不同的地方有很多种不同的电压标准，给列车高压牵引系统的设计带来很多的麻烦，车载高压系统需要同时满足各种不同制式的高压电。

通过接触网供电的电力驱动列车的基本特征是车顶设有一个可以升起来压在车顶高压线上的集电设备，这个设备称为受电弓，如图 2—4 所示。

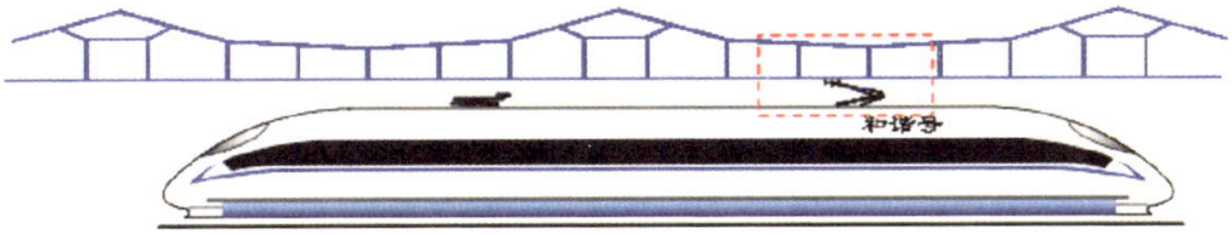

图 2—4

动车组的这种受流方式与传统电力机车以及我们常见的地铁是一样的。有些轨道交通车辆则在轨道旁边再设置一个导电轨，利用第三轨来供电，也会有一个功能类似的“导电爪”，本书不详细讨论。

图 2—5　电力机车上的受电弓

从基本物理常识我们知道，正常的供电线路应当有两条，一来一回才能构成电流通路，我们看到的电力公共汽车，也要有两个受电臂，如图 2—6 所示。铁路接触网立柱上是设有几条线，但是确实与动车组直接接触的只有一条，这又是怎么回事呢？

只有一条供电线路是假象，实际上利用了钢轨作为另外一条供电线路。这要见 1840 年英国的 Pincus 利用轨道传输机车电流的发明专利。由于钢轨也由导体做成，直接用钢轨做供电线路，如图 2—7 所示。我们知道为了提高驱动能力，必须提高接触网的电压，电压高到一定程度，设置两条接触线的方式有很大的局限性，绝缘

图 2—6

间距不好保证，尤其是在动态运行的情况下，意外短路的风险加大。使用轨道回流的方式减少了一套车顶受电机构，极大地降低了高速受流实现的难度，对于列车的提速具有极为重要的意义。

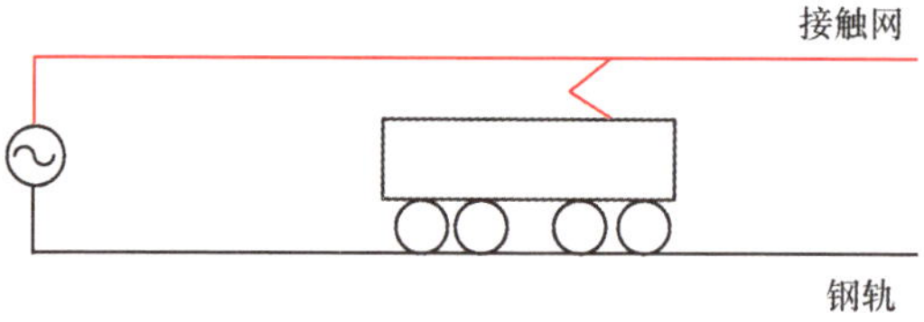

图 2—7

这样特别的供电方式我们乍一看会觉得很奇怪。很多铁路周边的人员，看了一辈子的火车，都没有明白是如何供电的。

当然，实际的回流路径比图 2—7 复杂些，通过钢轨回流有些电流会泄露到大地形成地回流。现代的高速铁路还设有一条回流线，也架在接触网立柱外侧，与钢轨相连，提高了回流性能。

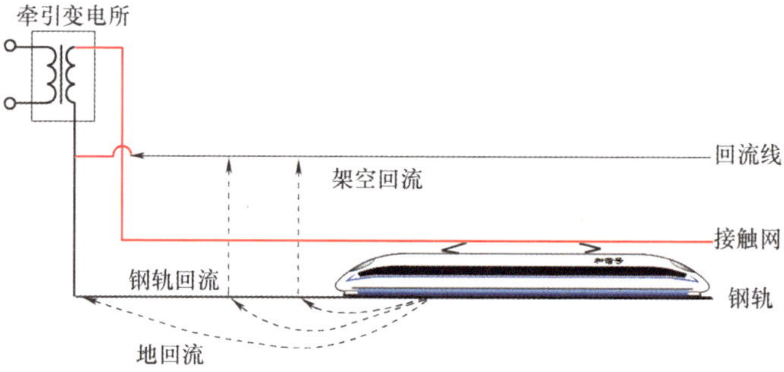

图 2—8

一种典型的接触网的结构如图 2—9 所示。上方一条为承力线，与下方的接触网是连通的，外侧即为前文提到的接触网立柱上安装的回流线。

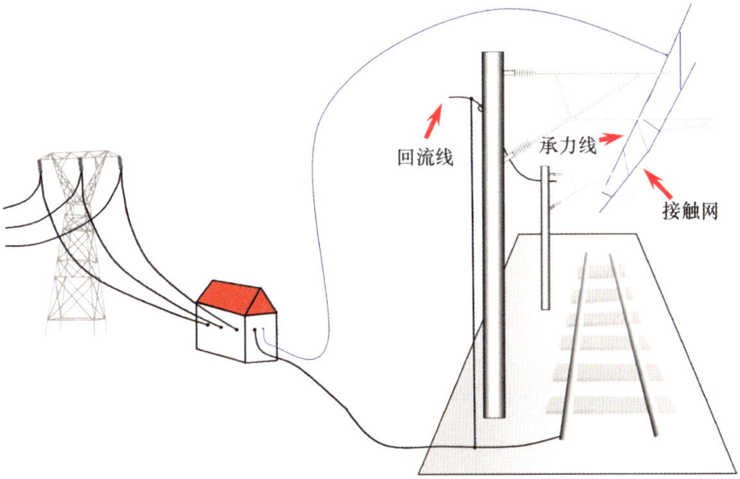

图 2—9

2.1.1　受电弓与碳滑板

受电弓压在高压线上，边摩擦还要边流过很大的电流，这个工作是由弓头部的碳滑板来完成的，见图 2—10。

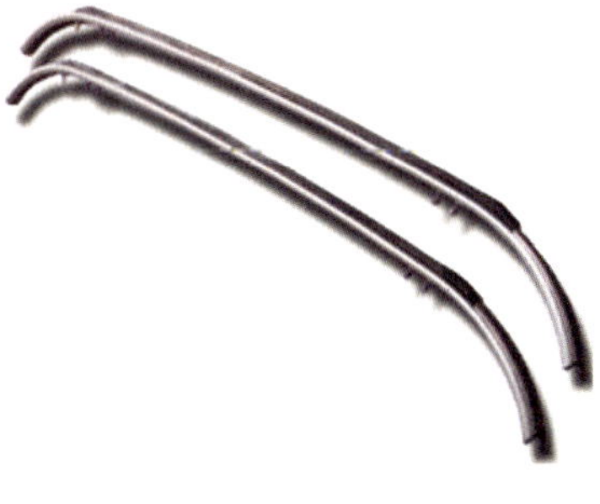

图 2—10　受电弓碳滑板

那么，你可能要问，车顶高压线老是在中间点摩擦碳滑板，接触部位不是很快就磨穿了？对，为了延长碳滑板的寿命，人们进行了专项优化，使接触网走线按 Z 字形布置，不是同列车严格平行的线。这样扩大了摩擦面，减少集中摩擦的情况，如图 2—11 所示。

动车组的这种电力驱动与小汽车的电力驱动是有很大区别的，它的电不是由蓄

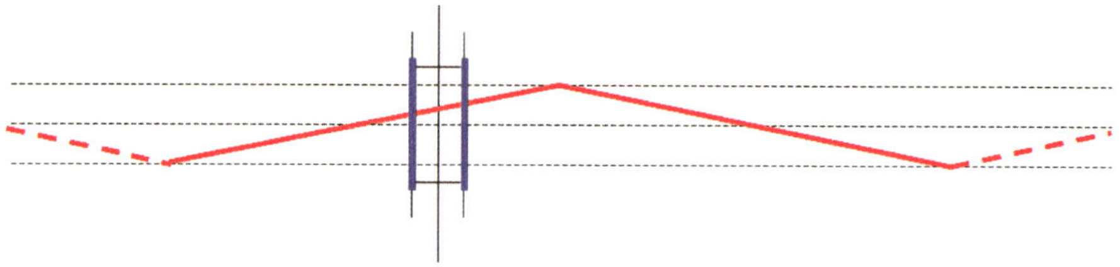

图 2—11 接触网 Z 字形布线与受电弓碳滑板(俯视图)

电池供给的,而是这里讨论的接触式供电,技术成熟,没有目前电动汽车存在的能力不足的问题。它所能提供的牵引能力是很强的,铁路上高速、重载列车往往是使用电力驱动的。

图 2—12 重载列车 HX_{D2}

尽管电力驱动具有如此大的优势,但是内燃动力列车并不会被完全淘汰,因为它灵活性高,在供电系统故障或暴风雪等特殊气候条件下可以对电力驱动列车起到补充的作用,可以执行拖动旅客列车的任务,或者救援故障电力驱动列车。

2. 1. 2 轴承与碳刷

高压供电线路一条接触网,一条钢轨,动车组上接入高压电的降压变压器原边必须接到这两个地方。接触网上使用受电弓进行受流,但是钢轨这边怎么连接呢?

通过钢轨来回流,说是简单,想想其实挺复杂的,动车组是移动设备,要相对钢轨运动,边运动还要边通过电流,这不是很难实现吗? 这么大的电流怎么流到钢轨上的?

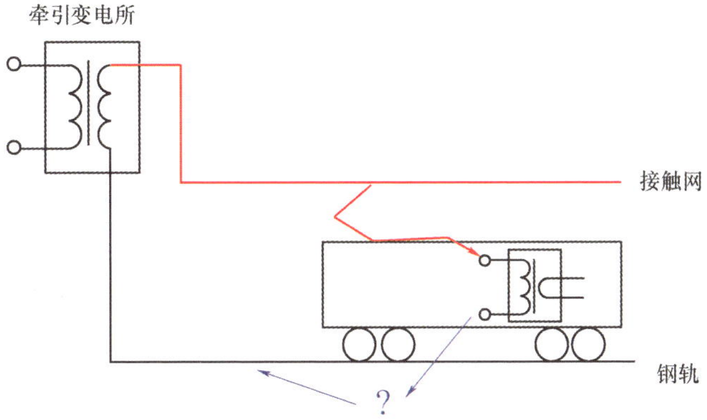

图 2—13　主变压器高压侧接线

因为没有其他部位与钢轨接触了,答案肯定是通过轮对进行回流。这个接到轮对上的线路是很有讲究的。

我们知道,动车组沿着轨道运动而车轮是转动的,车轮与其安装座之间必然安装有轴承。现在有大电流从车上来,又需要通过轮子。但是轮子与车相衔接的地方——轴承有剧烈的机械相对运动,电流无法通过这一关。因为如果大电流通过轴承会产生电腐蚀。即便可以使用轴承作为电流路径,从电路的角度看,导电性能也不好,必须寻找其他电流流通路径。

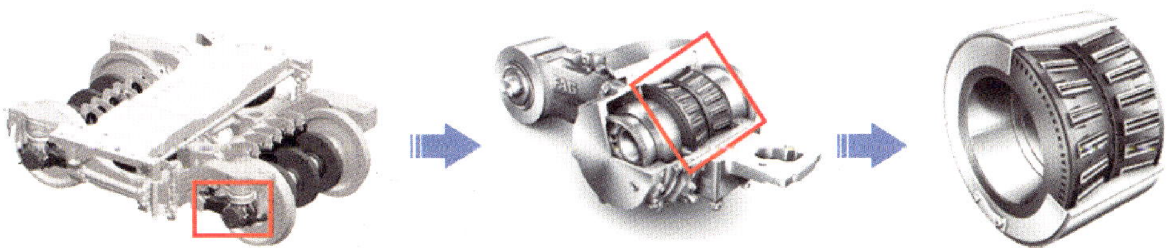

图 2—14　轴承

所以需再创造一条导电的途径将电流引到轮对上。首先在车轴端部增加一个摩擦盘,然后将回流线仔细地包好从外侧使用碳刷压到这个摩擦盘上,电流直接从轴承中心孔穿过,导入轮对流到钢轨上,如图 2—15 所示,这样就绕过了轴承。

这样剧烈的相对运动同时又导电的功能由碳刷完成,这与很多人小时候经常玩的小电动机换相电刷是类似的。

这里的碳刷与工业上其他地方用的碳刷材料是类似的,运用中碳刷会不断磨

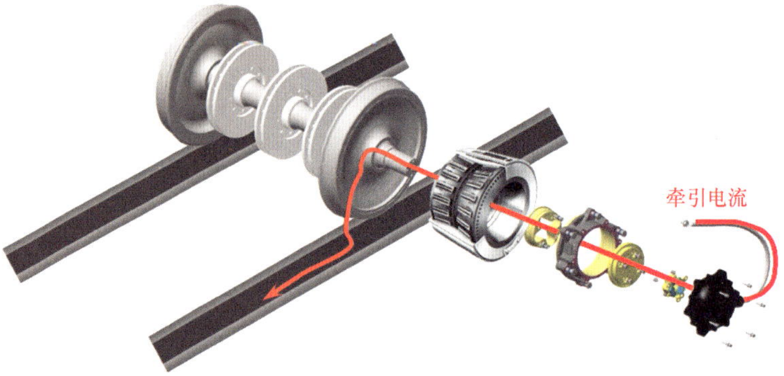

图 2—15

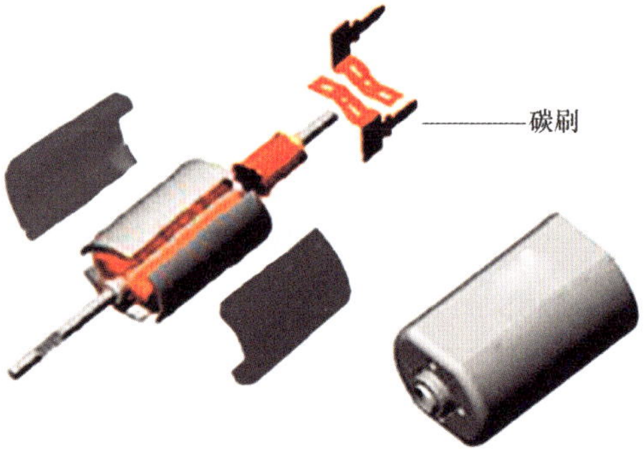

图 2—16　小直流电机分解图

图 2—17　轴端安装的摩擦盘接地碳刷实物图

损，需要定期检查其长度。

碳刷与前面讲到的受电弓碳滑板其实是一回事。动车组在运动，又要在钢轨和接触网之间形成回路，必然有两个既要摩擦又要流过电流的点，只不过两个点的运动形式不一样而已，运用原理类似。这两样东西材质都非常类似，由于含碳，用手去摸，全是黑的，都是磨耗件。

图 2—18　天车用的电刷

图 2—19　碳滑板与碳刷本来是一家

注意，如果在碳刷全部被拆除的情况下直接将受电弓刀起，导入高压电，此时变压器上原边没有了回流线，取不出电来，变压器次边没有电流，原边也就几乎没有压降，接触网的 25 kV 高压将直接导到碳刷上，存在极大的安全隐患，一般会直接对车体放电。故严禁在拆卸碳刷的工况下升起受电弓。

CRH2 系列动车组则将碳刷安装在轴身而不是轴端，如图 2—20 所示。这样需要空心轴探伤时无需拆卸碳刷，非常方便。

讲到这里，整车的电流就有一个完整的通路了。

采用钢轨进行回流，会导致转向架的结构复杂化，因为其他列车的牵引回流在流经本车下方钢轨时，可能会通过本车的转向架流入车体，这是我们不想要的。所以必须对传感器等各部件进行相应的绝缘设计，同时转向架很多部件与部件的衔接部位也要绝缘。

图 2—20　CRH2 系列动车组安装在轴身的碳刷

也有些车组，变压器的高压侧的低压端先接到车体上，以车体做中转，再引线到碳刷上。这种设计，车体与一系转臂之间一样要绝缘，保护轴承。它的优点是在钢轨导电不良时，可以利用车体平衡电位，某种程度上充当了钢轨的回流功能。但是这样，正常运行时钢轨的牵引回流也会通过车体流动，电磁干扰大些。

2. 1. 3　钢轨的触电问题

根据这样的设计，我们来估算下钢轨的电流，CRH3C 型动车组总功率是 8 800 kW（俗称每小时 8 800 度电），假设有一列 CRH3C 型动车组半功率启动，接触网电压为 25 kV，由此计算牵引电流将达到 4 400 kW/25 kV，约为 200 A。我们知道安培已经是很大的单位，30 mA 的电流足以将人击毙。平常看似平静无事的轨道，可能正流着上百安培的电流！

讲到这里很多人可能想想就觉得有点不对劲了，流过这么大电流的钢轨我们踩过的时候怎么从来没有把人电倒？

这里我们要先澄清两个概念，净流经人体的电流与总电流是不一样的。尽管导体上电流很大，但是导体和人并联，导体的电阻远远小于人体电阻，把人短路了，把大部分的电流导开，所以纯粹流经人体的电流是极小的，故人不会触电。

从实际分配电压的角度来理解，尽管接触网和钢轨之间有 25 kV 高压电，不考虑高压感应触电的情况，必须同时接触两根线，才能把电压作用在人身上。钢轨与地相连，一只脚踩钢轨一只脚踩地也只相当于接触一根电源线，没有电压分配到人身上。与家用电路相类比的话，接触网是火线，钢轨是零线。零线接地，只碰零线是不会触电的。

这与小鸟站在高压线上不触电的道理是一致的，实际分配到小鸟身上的电压与电源总电压是不一样的。高压线的电压是很高，但是这个是总电源的电压，小鸟身上实际分得的电压是很低的。因为它也只接触一根电源线，没有电压分配。同时导线把小鸟短路了，电流只会从导线经过。但是，如果是只大鸟，一只脚在A相，一只脚在B相或者一只脚踩着接触网，一只脚踩着钢轨，立即可以把它烤熟，因为它确实分到了电压，要产生大电流。

图2—21　高压线上的爱情故事

所以我们站在钢轨上一般不会触电，就是这个道理。在动车组检修库内，铁轨是没有触电问题的，换句话说，如果这样都会触电，那从安全管理的角度来说，早就把铁轨区域封闭了。

当然，系统设计时从原理的角度确保基本的安全性，但是不排除偶尔故障时的意外情况，毕竟接触网的电压很高，还会感应触电。接触网安全距离一般要求为2 m。实际工作中碰到雨天空气湿度大时，打伞在室外通过接触网的下方，电流有可能沿着空气、伞柄往下泄露。尽管一般电流也不大，出于安全考虑，也要求不要打伞通过。

所以如果没有必要，我们也尽量不去接触这些设备。接触网在未能确定是否带电的情况下，安全防护上应严格按有电看待。

2.2　受电弓的机械动作原理

受电弓的机械结构五花八门，我国CRH各型动车组上目前使用的几种受电弓，结构比较统一，如图2—22所示。长得都很像，基本原理类似。

图 2—22

2.2.1 基本升弓原理与嵌套四连杆结构

受电弓的结构看似有点复杂，实际上不是这样，我们来理一理。受电弓为气动设备，由一个气阀控制板进行控制。升弓时，受控电磁阀接通压缩空气，给升弓气囊充气。

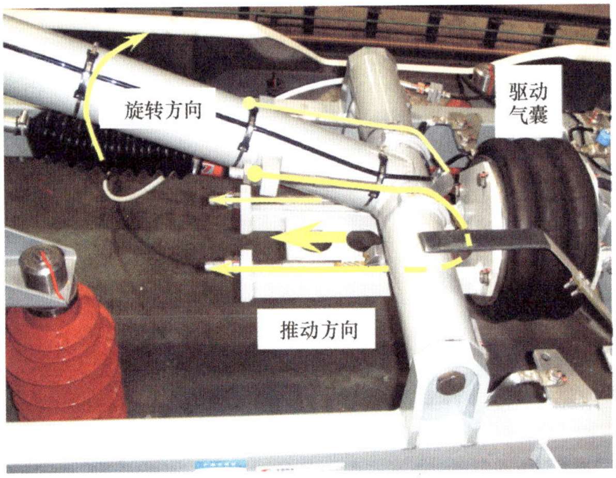

图 2—23

气囊推动钢丝绳，而钢丝绳另一端绕过转轴固定在下臂上，这样钢丝绳会拉动下臂顺时针旋转，如图 2—23 所示。

在受电弓气囊上部的杆件机构中使用了机械上非常经典的四连杆机构，如图 2—24 所示。不过它用的不是一套，而是两套四连杆嵌套起来。

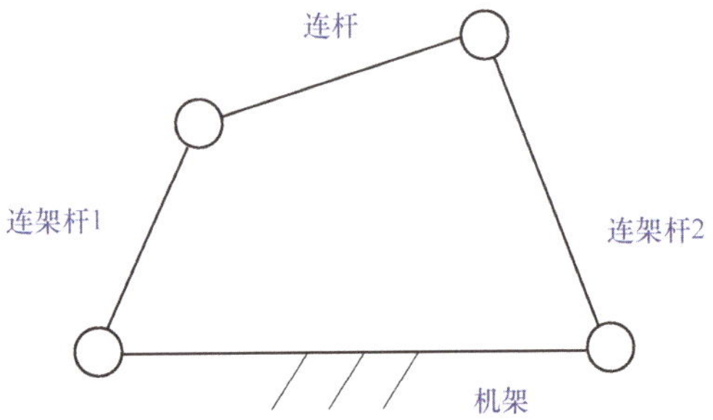

图 2—24　四连杆结构

我们把它们按位置分为上四连杆和下四连杆。两套四连杆在下面的图示中以点画线表示出来。

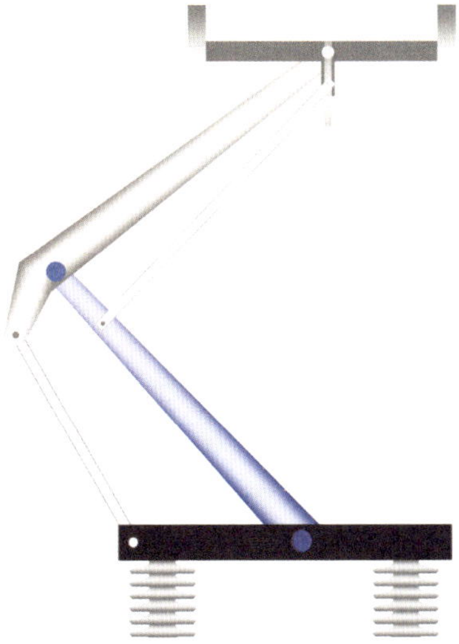

图 2—25　两套嵌套的四连杆

对于下部的四连杆结构，当粗壮的下臂在气囊推动下顺时针转动时，受下臂旁边下导杆的牵制，受电弓的上臂带着上部整体做逆时针转动，受电弓弓头升起，如下图所示。这是第一套四连杆的功能。

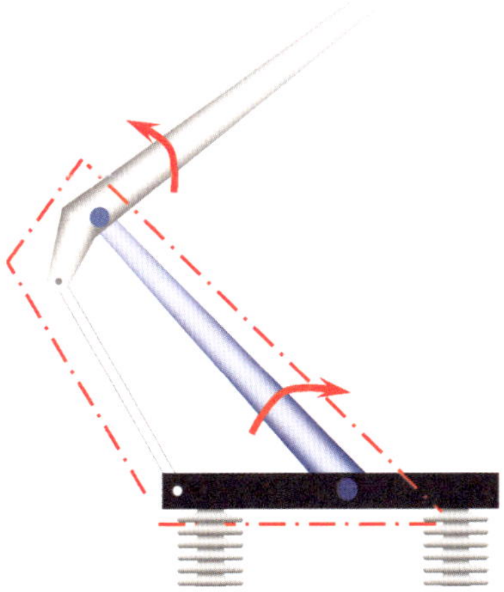

图 2—26　下部四连杆

靠近碳滑板的上方第二套四连杆除了上臂逆时针转动，有提升弓头的功能外，还有一个特殊要求。因不同线路，不同区段接触网的高低不一致，为了提高受流质量,要求头部的碳滑板在不同升弓高度下需保持水平状态,以确保最大面积同接触网的接触。

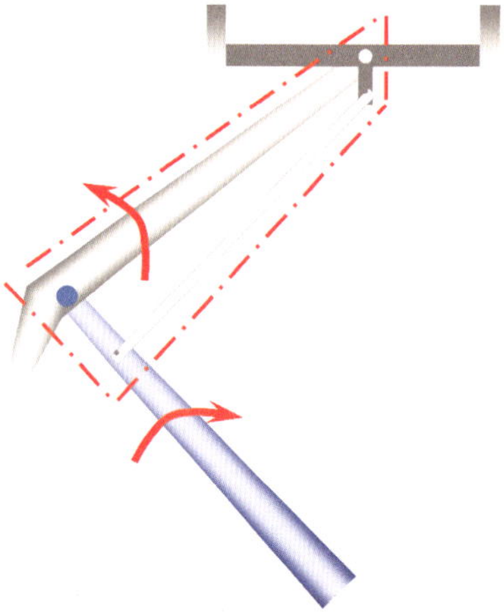

图 2—27　上部四连杆

所以设计时先计算出来一个特殊的四连杆配合尺寸,使得这套四连杆在任何角度的情况下,弓头都是水平的。

除了对几何尺寸有要求外,还对受电弓顶住接触网的力的大小有严格要求。首先不同高度时要求这个力要基本一致。此外速度越高,与接触网的接触力要求越大,防止受电弓高速运行时的跳动,以满足受流品质。高档次的受电弓带有控制器,会根据运行速度自动调整大小。

掌握这些东西以后,我们可以很好地应用到日常工作中,比如受电弓两个碳滑板之间有偏磨时,不一定是碳滑板的问题,仅仅更换碳滑板是治标不治本,有可能是四连杆机构尺寸问题,可能需要通过调节上导杆长度来处理。

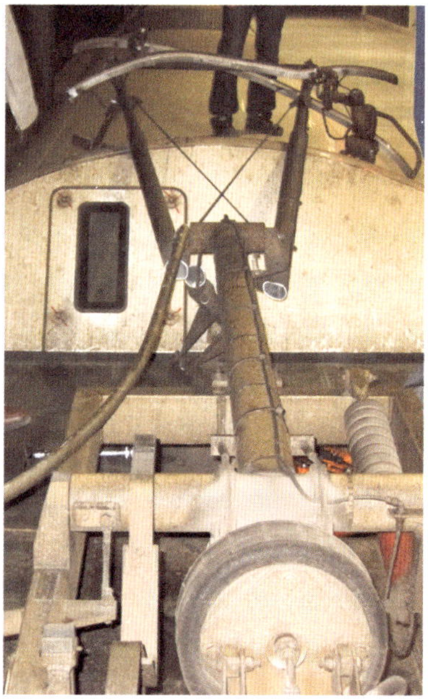

图 2—28

2.2.2　自动降弓装置与弓网事故

受电弓是比较敏感的部件,一旦与接触网发生一些异常情况,往往都会产生严重损坏。

所以检测到异常情况后必须立刻降弓,避免升着故障弓往前硬冲,把接触网全部扯下来,导致故障范围的急剧扩大。

为了实现快速降弓，工程师们把受电弓与接触网直接接触的碳滑板做成中空的结构，然后导入压缩空气，如图 2—29 所示。并把这一路压缩空气与驱动气囊的压缩空气同时导入一个利用压差工作的气动排风阀。一旦发生弓网故障，碳滑板刮破后内通的压缩空气溢出，气动排风阀因压差打开，立即把升弓气囊中的气体排出，快速降弓。这个装置叫 ADD（Automatic Dropping Device）。

图 2—29　碳滑板内部设置的风路

为了提高安全性和可靠性，还对此路设置监控压力开关。前面我们讨论过必须先断主断后降弓，开关被同时触发后通过硬线回路紧急断开主断。同时它还会启动受电弓电控的紧急排风阀，这是第二路排风途径。

当然，在列车网络上还会同时产生一个降弓信号，停止给受电弓供风，并启动我们正常降弓时所用的排气通道。

2.2.3　接触式受流系统的局限性

受电弓与接触网之间的接触，表面上很好，实际上是有很多问题的，如果我们晚上去看运行的动车组，可以看到接触点不断冒出的电火花，如图 2—30 所示。

随着速度的提高，人们花了很大的精力研究受电弓的受流，受电弓必须保持与接触网的良好接触，而接触网实际上是一个曲线，受电弓随着接触网上下运动必然略有滞后。速度越高，滞后带来的问题会越来越大。在空气动力学等各种复杂因素的综合扰动下，受电弓不断地撞击接触网，受流情况恶化。为保证受流质量，需要的接触力越大，磨耗也越大，对受电弓的要求越高，技术上越难以实现。原创造世界速度记录的法国 TGV-V150 动车组所用的受电弓，试验后“精疲力竭”，有待进一步研究，这是一个必然结果。

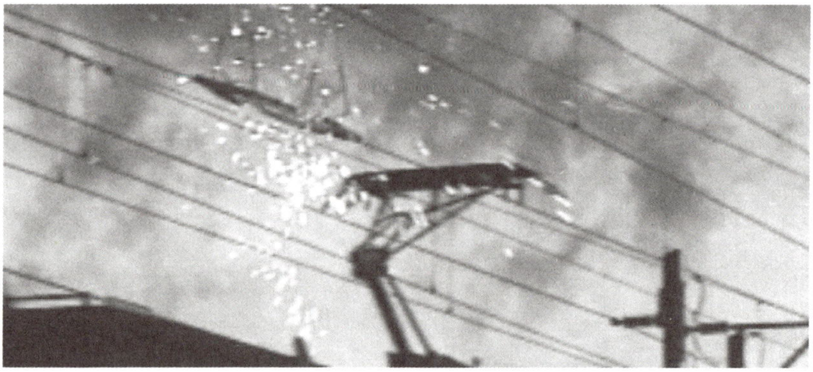

图 2—30　受电弓的电弧现象

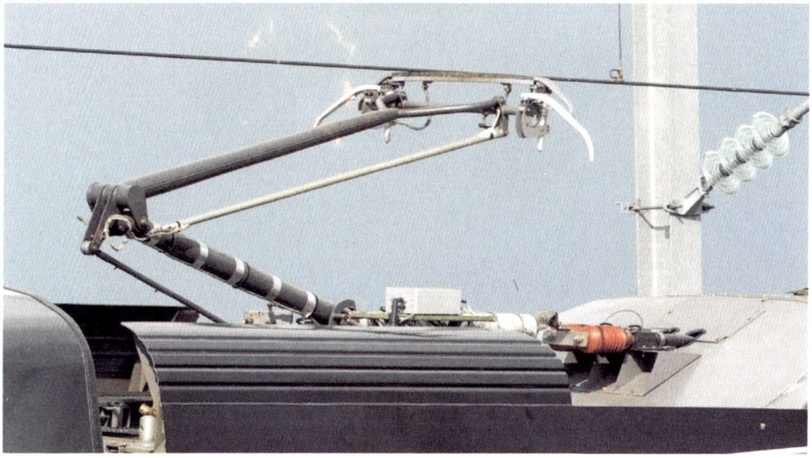

图 2—31　TGV-V150 所用受电弓

每种技术都有其适用的范围，超出该范围又要强行使用该技术，用一种原理上有缺陷的系统来实现特定的功能，必然造成技术难度很大，代价很大。这犹如每小时想跑 160 km 又强烈地要使用自行车来实现。对现有的自行车进行各种各样的改造，可能也能跑到这个速度，不过已面目全非，而且代价远远高于直接买部小汽车的费用。所以不同技术系统有自己的适用范围，没有必要在一棵树上吊着。

这种接触式供电系统在目前 300 km/h 的高速列车上是适用的，未来的高速列车如果想再上升一个大的速度区段，受电弓可能要取消，采用完全非接触式供电技术，这在高速磁悬浮列车上已有例子。可以看到，高速受流技术是动车组的一个关键技术。

在动车组的受流上，还有一个很重要的问题，就是过分相，因为它对动车组的设计有影响。我们需要进一步讨论接触网供电的连续性问题。

2.3　接触网是否是连续的

接触网看似一整条，实际上在供电上不是连续的。

2.3.1　分相的由来

高速铁路从国家电力系统接入的电是三相交流电。整个国家电网运行是建立在三相基本平衡假设的基础上。但接触网向动车组提供的只有一根线即单相交流电，这种只取其中一相的用电方式，会造成电网三相不对称，导致电网整体供电质量下降，干扰其他系统用电。电力部门对负载性能不良的用户都要加收额外的费用。

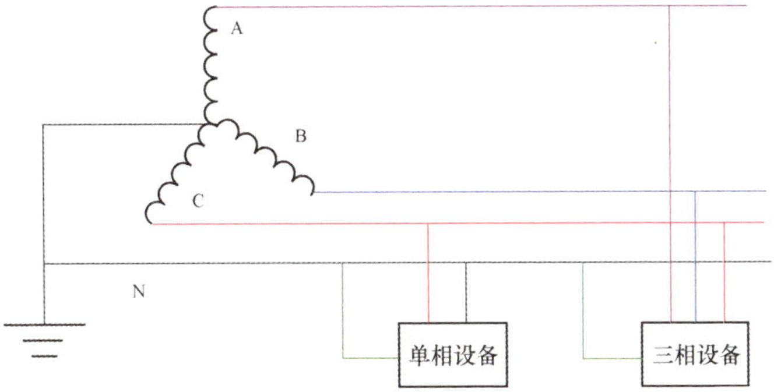

图2—32　单相与三相设备

所以降低铁路对电网的"污染"是很大的研究课题。为了尽量降低这种不对称度，接触网采取分段分相取得电流的方法来逼近。一段用A相，一段用B相，一段用C相。这样当各相都有车在跑时，尽管依然不是很理想的负载，但还是比原来要"对称"一些。

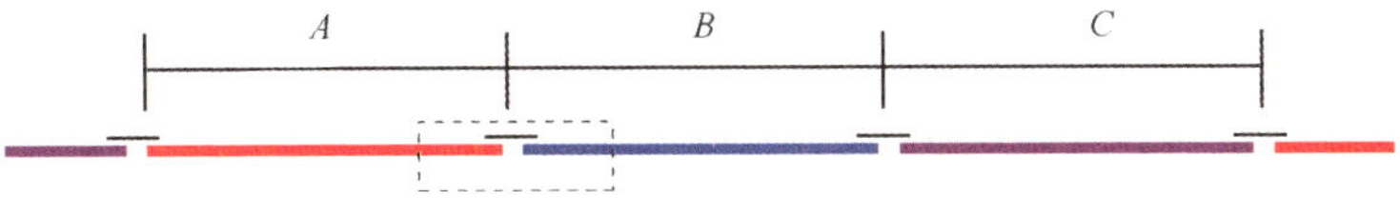

图 2—33

所以，真正的接触网是划分为一个个不同的区段，相邻的区段由不同的两相供电，在交界处设置绝缘过渡区（否则相与相之间就直接短路了），高速铁路上分相区间的距离约为20 km。

这样接触网从一个相到另外一个相间会有一段无电区，称为分相区，动车组经过分相区时，高压电会经历一个有电、无电、再到有电的过程。

所以，实际系统中，接触网在供电方面并不是连续的。动车组在频繁经历有电无电的过程会有哪些问题呢？

2.3.2 高压开关的特殊要求与过分相

我们知道，高压设备断电是有很高要求的，电压过高，极容易把空气击穿，产生电弧烧坏设备。为了防止电弧的产生，需设计专门的开关，把闸刀放在一个真空包中，几乎没有空气分子，这样就不会像一般的开关那样因空气分子在电磁场作用下产生电弧。这种开关称为真空断路器VCB（Vacuum Circuit Breaker），具备带负载断电的能力。这种高压断路器体型都比较大，如图2—34所示。

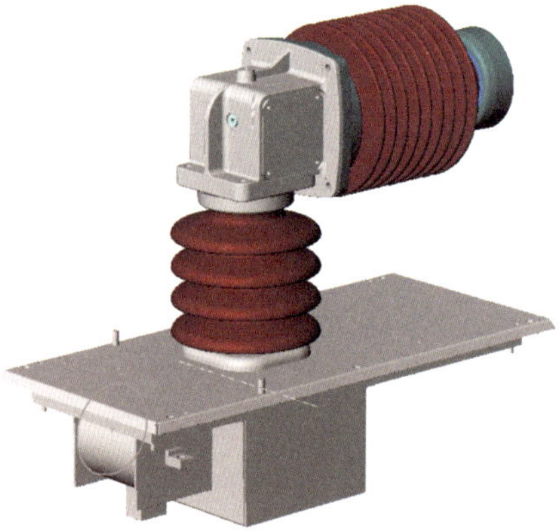

图2—34 真空断路器

前面讲了受电弓是从接触网上将电流引下来的设备。升弓有电，降弓就无电。我们可能要问，这种升降本身就是一个开关啊，能不能直接把它当做开关用？

不能，高压设备的断电必须在所设计的真空开关中进行，不可以通过设计以外的途径强行断开负载，否则必然有一个部件不幸充当了高压开关的功能而损坏。如果我们负载没有断，而直接升弓来电，把受电弓真的当成开关，受电弓将立马被烧坏。所以所有的动车组受电弓后面的电路都设有一些真空断路器，并且要求先升弓后合主断，先断主断后降弓。

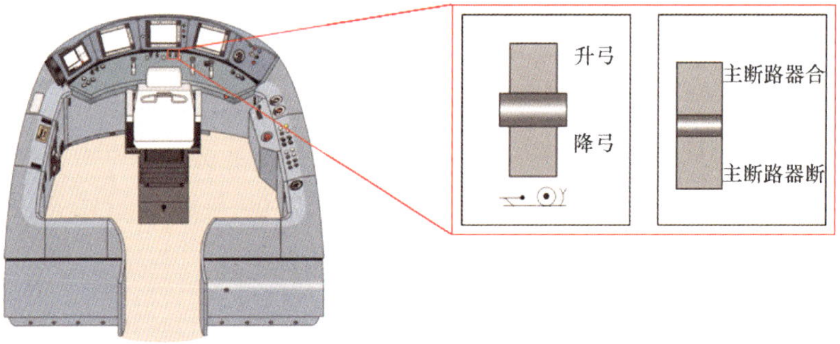

图 2—35

你可能要问，如果有人在司机室误操作，先合主断后升弓，岂不是很危险，一个不小心就出问题了。实际上动车组通过各种办法对此项进行了安全互锁，系统会自动保护，即使能强行先合主断，操作了升弓按钮，也升不起弓。

主断技术要求较高，当然不便宜。在动车组上，还有一种很简单的高压隔离开关，没有真空包，如图 2—36 所示。这种开关动作时必须要先确认已经没有设备在用电，否则分开时一样会出现严重拉弧的情况。这个与前文对受电弓的讨论其实是一样的。

图 2—36　简单的高压开关

动车组检修库及存车场相关股道上接触网的断电隔离开关也使用了这类开关，所以要求车组断电降弓以后，方能申请对股道的接触网进行断电。

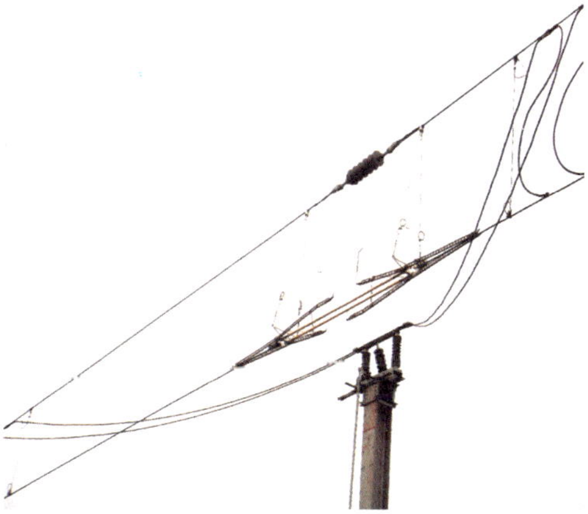

图 2—37

动车组在过分相时，要经历一个无电过程。必须在过分相前先将负载通过真空断路器断开，等到车组过完分相以后再合上。否则车组带负载冲入无电区，这种情况如前文所述，接触网的末端将不幸成为高压断路器，造成设备严重拉弧损坏。

2.3.3　过分相对动车组受电弓的要求

动车组过分相时单车是禁止升双弓的。因为对于同一个车组，车顶两架受电弓还是有一定可能通过高压连线直接连在一起的，升双弓会把两个不同的相短路，如图2—38所示。这样的要求看起来还是比较容易理解的。

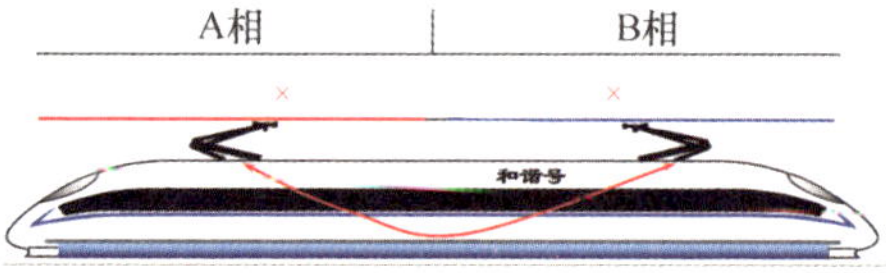

图2—38　通过动车组自身的高压母线短接接触网的两相

但是两组动车组重联在一起运行时，要求禁止采用前车升后弓，后车升前弓的模式运行，见图2—39。这就怪了，因为两车组之间的高压线是完全独立的，并没有连接，为什么要禁止呢？

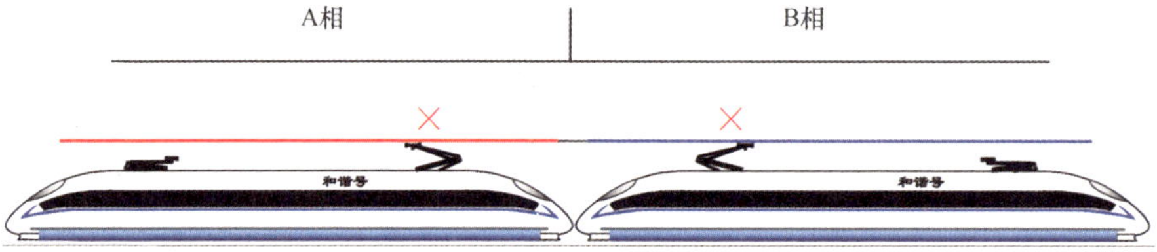

图2—39　升中间两个弓

在CRH3C型动车组中甚至重联时前车升前弓后车升后弓的模式也不允许，如图2—40所示，这又是为什么？

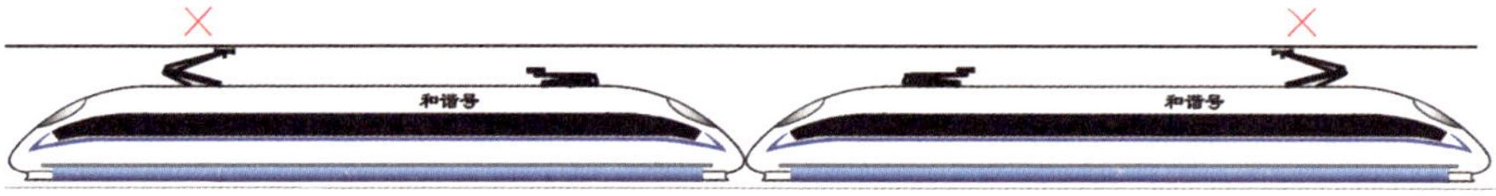

图2—40　升外侧两个弓

这样的涉及到部门之间接口的问题很多资料都讲不清楚，这些问题涉及到接触网分相区的结构设置。

2.3.4　相与相间过渡的实现

分相区在分断点通常使用两种方式来实现绝缘。低速铁路使用的是分断绝缘器，如图2—41所示。

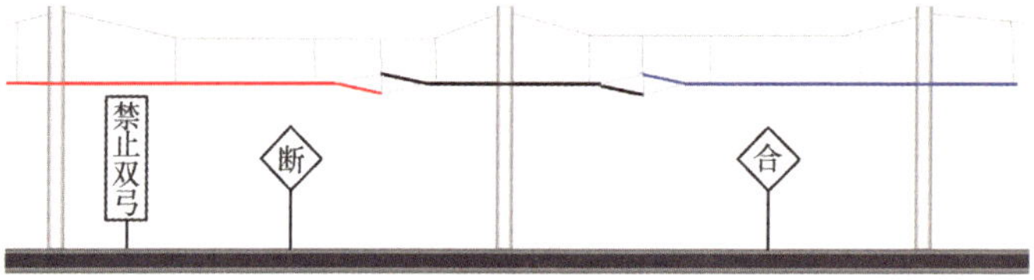

图 2—41

高速铁路使用的结构不同，如图 2—42 所示。在分相区增设了一条与原接触网平行等高的无电接触网区段来过渡，注意到，受电弓在过渡区能够同时接触到这两根接触网。分相区前后需要设立标志牌。

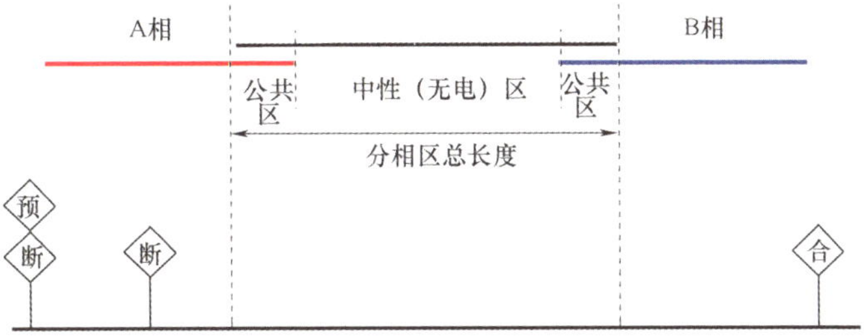

图 2—42

按照分相区长度与动车组两个受电弓距离的对比关系，高速铁路的分相区可以划分为短分相和长分相两种类型。

根据分相区这样的结构，我们就可以找到问题的答案了，挺简单。两相间的短路还有可能来源于分相区两端的这种过渡区段重叠结构。受电弓在经过公共区时，受电弓碳滑板会同时接触供电线路与中性线路，按从左往右的顺序讲述，会先将 A 相的电导入中性线上，使得整条中性线上电，直至车组受电弓越过公共区。

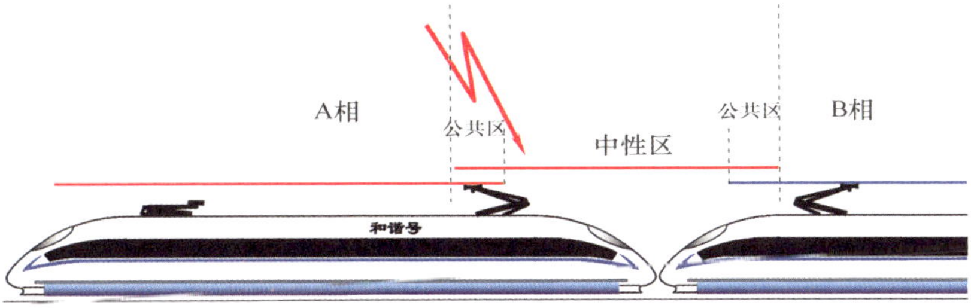

图 2—43

如果车组升的是两个弓，两个弓又刚好落在两个公共区，两个相都与中性线相连，这样，便会通过中性线产生短路。实际情况比此还要复杂些，比如过了公共区，但是略微拉弧也一样可能产生短接的情况，为确保安全，我们需要尽量避开敏感长度，并留有一定的余量。

注意到，这种短路情况与车组主断是否断开没有关系，只要升着弓，有碳滑板短接就可以发生。

对于升外侧两个弓的情况，并不是因为这样会通过类似的方式短路，因为两个弓的距离超过 300 m，只是 CRH3C 型动车组的设计工程师认为这样同时取了两个不同相的高压电使用，在车组故障的情况下还是存在一定的隐患。其他车型则未有此项要求。

所以在高速铁路设计阶段，非常关心动车组弓与弓之间的距离参数。回过头去看，我们需要修正单车升双弓问题的看法，相间电路一样有可能被分相区中性线短路，通过车组高压线短路的可能反而小得多。

我国后期对短编组动车组进行16辆编组升级，如CRH1E型动车组，为了提高受电弓的可用性，并不是原短编动车组的简单拼接。原短编的CRH1A型动车组在2车、7车设置受电弓。如果是简单的两列拼接，应在2、7、10、15车设置受电弓。实际设计取消了中间的7车、10车的受电弓，而在2车、15车各设置两个受电弓。这样，原来重联车组禁用中间两个弓的模式现在可以用了，因为弓与弓之间的距离满足过分相的要求。这种改进增加了受电弓的可用组合数，CRH380AL型动车组也有类似的处理。

2.3.5 频繁断电怎么办

根据前面的讲述，接触网供电不是连续的，那么不是会出现一会儿有电，一会儿没电的情况。那过分相前主断路器一断开，岂不是有很多设备都要停止工作。而且停完还要再起机，按照25 km一个分相来算，5 min就要关机开机一次，这样设备岂不是要折寿。但是在实际乘坐动车组时好像没有设备不断启停的感觉啊？这是怎么回事？预知情况如何，我们后续章节分解。

讨　论

1. 为什么动车组供电用的接触网只有一条而不是两条？
2. 钢轨常态下可流过上百安的电流，为什么我们站在上面没有触电？
3. 牵引电流是怎样流到钢轨上的？
4. 受电弓ADD装置的功能是什么？
5. 过分相是什么意思？重联动车组两车组之间的高压线部分并没有联系，为什么禁止采用前车升后弓、后车升前弓的模式运行？

第 3 章
动车组电力牵引——“交直交”传动系统

讲完动车组如何获取高压电后，本章我们来谈谈动车组的牵引系统。

3.1 “交直交”是什么意思

我国 CRH 各型动车组，不管是哪个厂家设计生产，牵引系统全部用的是“交直交”式的整体结构，如图 3—1 所示。

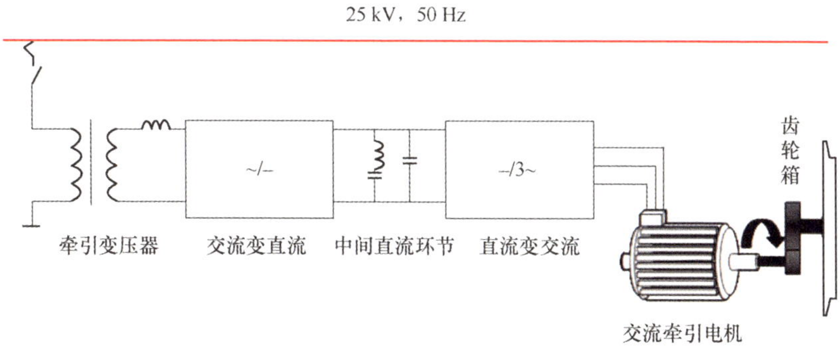

图 3—1

"交直交"指的是利用设备先将交流电变为直流电,然后再变为交流电。几乎所有的厂家都这样设计,这是一种巧合吗?"交直交"的问题属于变流技术的范畴,电类的问题同机械类的问题相比,不直观,比较抽象不好理解。讲到变流技术的书基本上都已使用微积分作为基本的数学工具来讲解,再加上无功、谐波分析等等内容,对于很多没有学过微积分的人而言,看了这些书,往往不能很明了。数学是很好的工具,但是也有起反作用的一面。

3.1.1 从一个场景说起

我们来举一个常常遇到的事情:

到高校里面参加动车组技术培训,问老师:"交直交是什么意思?"

老师答:"先把接触网得来的交流电转化为直流电,再把直流电转化为驱动电机的交流电。"

听完这样的回答,学生总感觉意犹未尽,老师自己也觉得似乎有什么东西没有回答完。

若从纯粹的字面上抠,老师确实没有答错啊。那又是为什么会感觉这么怪呢?

问题实际上是我们没有问到点上,他其实想知道的是"交直交"传动系统是如何设计出来的,或者说,初始设计者为什么选择了这样的方案而没有选择其他方案。因为在某种程度上他们两者已经意识到了这一点,所以才感觉有点怪。

去查找有关的书籍,讲"交直交"传动系统的"中间电容"有什么作用,教科书中会讲很多的功能,比如:

在理想情况下,特别是当负载纯粹是一个电阻时,并不需要另外一个储能器的。因为反应漏感和四象限整流器之间无功功率变换的二次谐波电流从串联谐振电路上流过,而流到负载上去的是一个纯直流分量。但是实际上,由于以下原因,在脉冲整流器的输出端,或者说在中间回路中,由电容器构成的另一个储能器是必不可少的,这是因为:

(1)与脉冲整流器、逆变器交换无功功率和谐波功率。它们是在脉宽调制过程中产生的。

(2)与异步电动机交换无功功率。

(3)由于串联谐振回路中实际存在的电阻,二次谐波电流并非全部通过串联谐振电路,而是由串联谐振电路和支撑电容器分流。所以,从这个角度出发来说,支撑电容器也部分地起着与变压器漏感交换无功功率的作用。

(4)支撑中间回路电压,使其保持稳定。如果这个电容器太小,变流器的控制将变得相当困难。因为控制稍有一点误差,中间回路的电压就会出现很大的波动。

这样的书太难了，大家一看确实有书中所讲的这些功能，但老是觉得不是很明白。

书里写得非常专业，但是对于大部分人而言反而不好看懂，应当把最重要的先举出来。真正设计一个系统的时候，各个系统之间是相互联系的，并不能一下子考虑完所有的优缺点，而是采用抓重点的方法，往往是因为某一点比较重要，影响了整个方案的选择，并非是那些小优点，小优点只是在方案选择结束后附带提及的。

3.1.2 如何解决“冲厕”问题

假设读者住在楼房的顶层，自来水供水压力不是很足，而又有好几个用水口，有冲厕用的，洗衣及洗澡用的龙头。当你在洗澡时，如果突然有人冲厕，由于冲厕龙头安装位远比洗澡喷头低，则洗澡喷头里的冷水突减，热水不变，洗澡水会突然变得很热。

2009 年春运我担当广州到深圳线动车组随车机械师期间，在深北行车公寓的厕所中发现如图所示标语，喜出望外！请看这个标语表达得如此清楚，于是找机会拍下，这个即是我在这里所要讲述的场景。

图 3—2

怎么改进呢？有人可能会说我们可以搞一个水流速检测系统，一旦检测到冷水流速减少，或检测有人按动冲厕阀门，自动控制热水流速。这样洗澡的时候就可以不被烫到。这样的方案原理可以实现，但是成本很高。因为系统过于复杂，故障率高，对原有系统进行这样的改造并不易，可以说“工程”上很难实现。

实际上何需如此麻烦，有一个极为简单的解决办法。洗澡时拿一桶，先把水和好，然后边用水边进水，这样即使冷水出现断流的情况，由于有桶中余水缓冲，中和出来的大量的热水，依然不会很烫。可调节的范围比上面的方案还宽，断水也能调。洗澡水（输出）温度满足我们的特定要求，稳定在某一范围。我们可以称它为系统输出品质比较好。

图 3—3

不用进行细致的比较，比第一个方案不知好多少。当然你要说桶也有其不好，如必须先和水，且洗完澡桶中还有水可能造成浪费，这些小毛病也确实存在。但是整体评价，我们以很低的物理设备上的要求，实现了较高的出水温度品质控制。

三峡工程调节的原理与此是类似的，干旱季节进行放水灌溉，洪涝时蓄洪。这样，下游的水流量满足我们的需要，比较均衡，稳定在某一范围，系统输出品质比较好，如图3—4所示，三峡不过是个大水桶。

图 3—4

水桶、大坝都是通过预存，利用中和作用来缓冲某个物理量过于剧烈的变化。

工业上对于一些已经利用极端的物理条件进行生产的设备，很难再把参数进行进一步调整，类似上方的处理就显得很重要。这就不是选择的问题，而是在当前技术条件下设计出最好产品的必然选择。例如，当我们处于一个电子自动控制系统还没有诞生的年代，使用水桶，就已经提前做到了使用电子自动控制系统所能达到的输出品质，这样就非常有意义了。

这就是为什么现在的工程技术无法满足交流直接变交流“交交变频”的即时性，而对直交逆变的变频变压控制做得很好的原因。

当然，性能好也是有范围的，“断水”断到一定程度也不行。

3.1.3 应用到动车上

我们知道，电机的调速对给电机供电电源的品质有特殊的要求，但是电网电压是波动的。为了在当前技术条件下尽量提高电机供给电源的品质，必须设立一个“水桶”，用于缓冲电压的剧烈变化。

我们知道，直流电比交流电较容易存储，故设立一个中间电容做为“水桶”，相当于一个电荷库，预存一部分能量，用于缓冲。这样就出现了前面的“交直”过程。电机交流变频调速性能优越，这样又出现转化为交流的“直交”部分，复合起来就是“交直交”。

加上考虑大容量的输变电，为了降低损耗，必须提高输电电压，这样在动车组上必须使用变压器先降压然后才能使用，于是再外加牵引变压器。这样整个主电路形式就定下了，如图 3—5 所示。

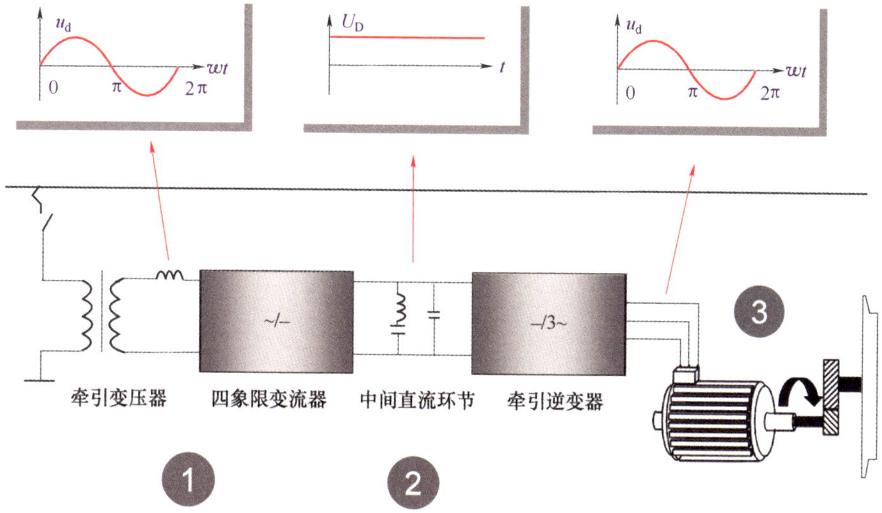

图 3—5

此时再看主电路的结构，觉得是如此的明确与必要。

这样的“交直交”方案，输出品质就比直接的“交交”变换好多了。当然也会带来一些问题。类似前面，中间直流环节需要预充电、维修前需要很小心地进行放电处理。

3.1.4　无功与谐波

有了前面的讨论，我们再回过头来看交直交电路中两个重要的电学概念“无功”与“谐波”。

很多课程以数学构造的方式引入无功，物理意义上比较模糊，即使是电学专业的同学也学得很糊涂。我们想讨论一下无功到底是什么意思。无功度量的是一种往复交换的能量。以简单的阻感电路为例，由于电感（线圈）不消耗能量，它只是把电能转换为磁能，然后再倒回来，不断地存储和释放能量，电感与电源间往复交换的这些能量，就用无功来描述。我们强调，无功并不仅是一种数学上的构造量，而是能够找到物理上的对应量。举具体例子，纯阻感电路在交流稳态时，算出来即为$1/2*LI^2$（L 为电感值，I 为电流有效值），如果大家记得物理中电感储能表达式，会觉得这个结果有点意思。既然是往复交换的,他描述的必然是一个波动量。

我们将电传输中的无功与铁路运输做类比,无功想描述的是这样一种情况:我们利用货车来运输货物,结果必然出现这样的结果,即每次运输货物的时候,也要运输车辆自身。每次都要把车辆运过去,再运过来,往往复复。对于客户来说,如此往复运输的车皮部分的质量是没有意义的,而他们却要为此买单。这样是另一种形式的浪费,故设计者必须对车辆本身的各种参数进行优化,尽量减少浪费。如同用水桶打水,要尽量减轻水桶自重一样。

这种情况在电传输的时候也是一样存在的。无功也是往往复复地进行无用能量的传递,浪费系统传输电能的能力。所以电力系统对负载的无功的比重有严格限制,如果太大则不允许接入电网。

由于我们非常关心物理量是否稳定,故进一步细化去研究我们对电参数在进行缓冲处理后依然存在的一些比较小的波动分量的细节,先对该物理量去除其直流稳定的分量后,将波动分量分解出来。物理中任何运动形式可以分解为平动加上多个简谐振动的合成,类似于此,电路分析中有任何波形可以分解成一个横直波加上几种形式比较简单的正弦波的结论,这种正弦波基本单元称为谐波。所以,谐波是进一步研究波动细节的理论。提出它的目的依然是力争让这些波动变得更小而已,骨子里还是为了稳定。

如上,无功与谐波,都是描述某个物理量不稳定情况的一个侧面。因此,我们可以说,对于主干原理来讲,可以不管它,它们只是波动问题的一个侧面而已。所以这些东西相对不重要,最为重要的是缓冲与稳定。

3.1.5 其　他

读者可能感觉本章好像没有讲什么东西,几乎所有的观点技术资料上早就有了。其实并非如此,我们是把其中的一个点相对其他点提高到一个相当重要的位置上了。把这个点的功能“放大”了,指出那些让人困惑的东西的物理背景可能是非常简单的。

牵引变流器是高速列车的一项关键技术。CRH3C 型动车组牵引变流器的实物如图 3—6 所示(未包含其冷却单元),个头很大,尺寸有 2 978 mm ×2 900 mm × 697 mm那么大,图中展示了与一张双人床的大致对比。本图是想给读者留下真实变流器的一个具体的印象。

如果这些内容能够使得处于任何阶段的人都能看懂,觉得很明确,不头晕,同时觉得这种思考有点意思,那么本文的目的就算达到了。

图 3—6　变流器实体大小对比图

根据本章的讨论，下次再碰到有人每次洗澡时都要大喊洗澡水很热，则可推断明显此人是没有学过交直交，或者学了但没有去体会其中的妙处！

3.2　动车组与牵引传动系统

在动车组上“交直交”牵引系统是关键技术，涉及到的设备很多，前面讲的变压器，变流器，还有相关联的辅助变流器、充电机等等，个头大，又沉。牵引单元的布置对整个车组其他系统的设计有着重要影响。我们讨论一下这方面的内容。

3.2.1　动车组的概念

动车组原意是驱动单元的组合（Powered Car Train-set），由于我国高速铁路采用的动车组全部为电动车组，我们通常讲的动车组 EMU 实际上是狭义的电动车组（Electrical Mutiple Unit）。

为什么这么强调动车组的“组”，这与传统铁路采用的带动力的火车头拖动无动力车辆的模式有很大关系，要与之形成鲜明的对比。

如图 3—7 所示，传统列车由火车头拉动，中间车厢不带动力，到站时经常需要

图 3—7　火车头牵引

将火车头与中间车厢解编，在返回方向重新连挂火车头，导致整备时间长，限制了运输能力的进一步提高。

动车组对这种模式进行了特定改进，它取消了传统机车与车辆间的频繁摘挂，把动力单元固定的组合在一起了。终到站后不再需要对列车进行任何摘挂作业，可双向运行，为了达到这个目标，设置两个司机室，如图 3—8 所示。

图 3—8　尾端显红灯的司机室

动车组的特征是固定编组，自带动力，可双向运行。

所以，动车组强调的“组”，此名称与传统的机车车辆形成一个鲜明的对比。所以动车组强调的“组”与高速列车强调的是“高速”两者完全是两个独立的概念。下图所示的“货车组”展示了劳动人民无限的创造力，按照动车组的定义也是一种“动车组”，但它不是高速列车。地铁列车一般也是动车组，也不是高速列车。

图 3—9　速度 20 km/h 的货运内燃动车组(网友铁侠客作品)

只是我国的高速列车均采用了动车组的模式，一般也没有必要区分得很清楚。

3.2.2 牵引力分散与制动力分散

3.2.2.1 动力集中与动力分散的概念

把车辆编组固定也有不同的模式,分为动力集中与动力分散两种。

轮轨列车利用的是轮和轨之间的摩擦力来进行牵引的,所以有最大可用黏着的问题,设计得不好容易产生空转。动力集中的方式把动力集中在头车,牵引的时候如果头车不够重会空转,所以头车个头需要设计得很沉。但是这样各部分荷载不均匀,如果又要跑高速的话,头车会给轨道造成较大冲击。单单考虑这一点,最好是把动力和制动力平均分配在每一个车上。动力集中方式放到一个机头上,车内都是设备,机头是无法载客的,如图3—10所示。

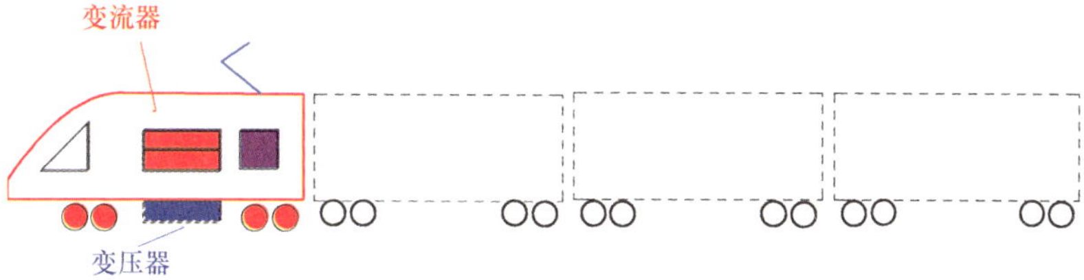

图 3—10

动力分散式把设备放到各个车厢的底架上去,突破了黏着和空间的限制,整列牵引功率可以进一步提高。除了最重要的黏着不容易出问题外,头车车内的空间被释放可以载客了,见图3—11。

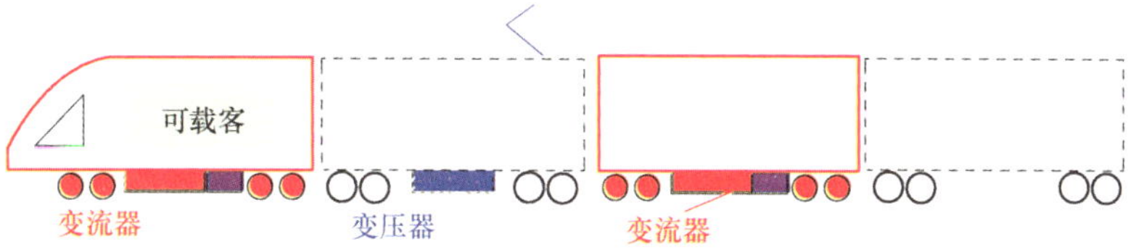

图 3—11

这种分散的模式也有不好的地方,比如这是造成了我们需要和各个车厢的设备打很多交道的根源,在检修上带来一定的不便。

3.2.2.2 制动力分散与牵引力分散

传统列车的制动系统也是通过轮子与轨道之间的摩擦来制动,一样有一个最大可用制动力的问题,制动力过大会导致轮子抱死,沿着轨道滑行,造成轮子与轨道的擦伤。所以从原理上说,制动力与牵引力类似,核心是轮轨黏着的利用问题。

为了合理利用黏着，制动力分散这样的理念我们在制动系统早就应用了，但是为什么牵引力的分散是后来才提上日程的呢？因为一般列车通过风管来实现制动控制，而在网络传输技术还不能满足整列车的年代，牵引力分散贯穿全列的模式则很难实现。

3.2.3　强势的高压牵引系统

高压牵引系统在动车组中非常强势，主要是因为其技术难度要求较高。高速列车中控制技术要求最高的是牵引变流器技术，20 世纪 70 年代末至 80 年代初，车载微机的雏形分别在西门子公司和 BBC 公司出现，开始仅仅是用于牵引系统的控制，后逐渐扩展到列车网络。所以在各型动车组上，我们经常可以看到，网络、牵引以及辅助供电系统往往是由同一个供应商提供，而且一般也是车辆整体集成商。

制动系统设置、控制系统设置也要与牵引单元的结构相匹配。这些也就是为什么动车组传统教材中，把动力单元的构成列入最前面讲述，因为动力单元基本上确定了列车的骨架。

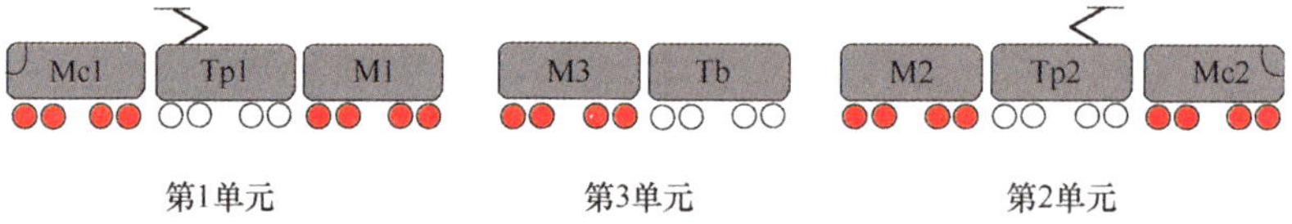

图 3—12　CRH1A 型动车组的牵引单元设置

这一章讨论了牵引系统的整体框架，下一章我们讨论一下变流技术具体是怎么实现的。

讨　　论

1. 什么叫“交直交”？
2. 中间直流环节的电容用来做什么？
3. 牵引系统在动车组中居于一个什么地位？

第 4 章 电源变换技术——半导体电子开关

前面讲到动车组牵引系统从交流变成直流，再变成交流的整体过程。现在我们谈谈物理上这种变换具体是怎么实现的。

由于动车组上除了牵引系统、辅助供电系统外，还有很多的系统都设计有电源变换相关设备，甚至连有些照明灯都有自己的电源模块，所以很有必要抽一章来建立变流技术的概念。

本章讲述的电源变换技术指的就是电力电子行业里讲的“变流技术”，只是“变流技术”这样的字眼容易让人混淆，我们换了一种指代对象比较清晰的叫法。

4.1 变流技术

4.1.1 变流技术变的是什么

“电流”这个词有两种意思，一是描述电荷流动快慢的物理量(单位时间内通过的电荷量)，另外一个是对电的泛指。所以我们经常听到“变流器”居于字面上的干扰，让人感觉好像这个设备想要变换的是负载上的电流，设备的工作目标是产出特定的电流。实际上这个理解不准确，电流也会变，但终极目标不一定是电流，也可能是电压。

变流器中的“变流”指的是电源参数的变换，变的是电的参量，可以是电压，可以是电流，可以是大小，也可以是频率、相位等等，还可以在交流直流、单相三相间变换。

变流技术研究的就是已知一种电源，需要变换成为另外一种电源的技术。比如我们只有220 V的交流电，又不得不给110 V直流设备供电，那需要加装一个电源转换设备，这个设备就是变流设备。大家看，这里的变流器其实想变的是电压。变流技术是一个比较新的技术，但是对于交流变压器，历史悠久又比较简单，一般就直称变压器，没有列入变流设备的行列。

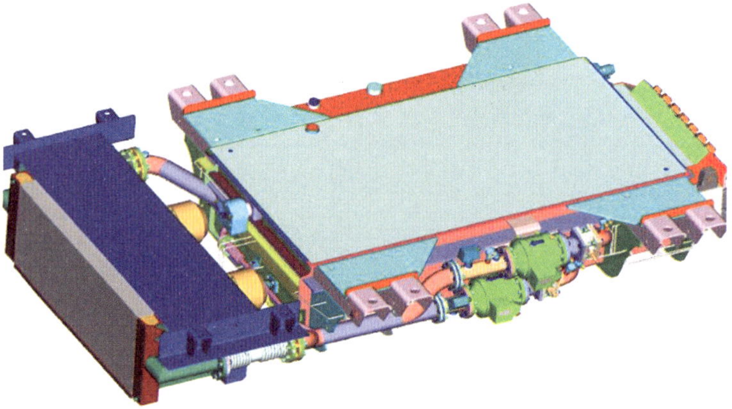

图4—1　CRH5A型动车组上使用的牵引变压器

所以现在一般是把含有电力电子器件的变换设备叫变流器，范围进一步缩小了。当然电压变了，电流也会变。但是对控制目标而言，还是有明显的分别的，哪个是被用来直接控制的对象，哪个是属于被动跟随量区分得很开。

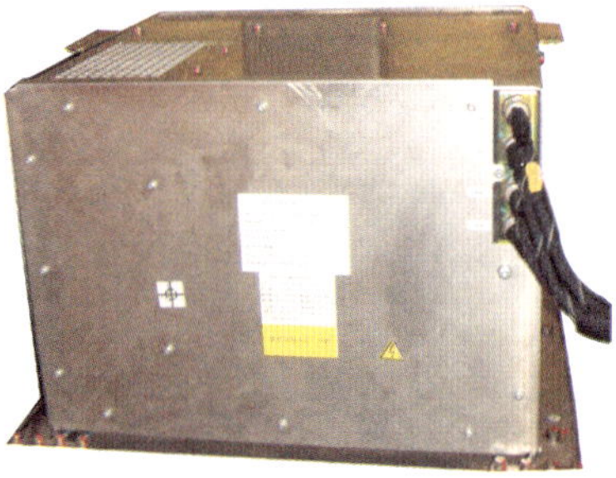

图4—2　动车组上使用的DC110V转AC230V逆变器

我们给各种设备提供的电源有交流的，有直流的，直流有电压的高低，交流的还多出电压的频率、相位、相数。只要是电流的基本物理参量，人们在变流技术中都研究对其变换的方法。对交流幅值变换的变压器大家都已经非常熟悉了，我们重点讨论的是交流和直流之间相互转换的技术。研究两者的转换，首先必须讨论下两者有什么区别。

4.1.2　从交流和直流的区别说起

什么是交流，什么是直流呢？通常情况下，我们有如下定义，波形如图 4—3 所示。

直流：大小和方向不随时间变化的电流。

交流：是指大小和方向随时间作周期性变化的电流，一般用到的为正弦电流。

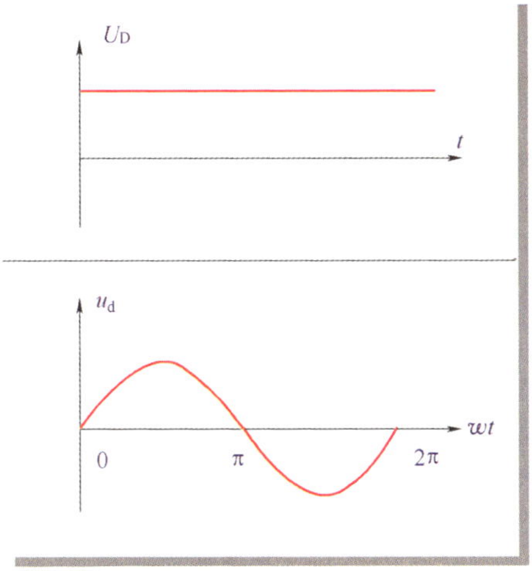

图 4—3

我们知道，真实的物理量总是有偏差的，不可能很理想。比如直流电，它的电压不可能是理想的恒值，一定会随时间有一定的起伏，如图 4—4 所示，但我们也称为直流。

这样就有一个问题，到底直流波动大到多大以后我们才开始不再称其为直流？尽管我们在教科书中还可以找到这样一个判据"对于周期电流，电压平均值大于零的电流称为直流，为零的则为交流"，但是研究这个判据没有很大意义，因为"是否能被称为直流"这样的问题仅仅是涉及到人如何对物质世界做分类，研究电源参数变了以后作用于设备会产生什么实际效果才更重要。

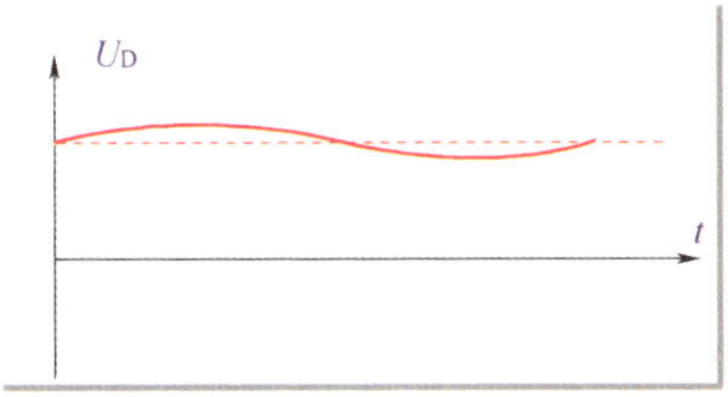

图 4—4

所以前面的判据值涉及到怎么称呼的问题，按照这样的判据裁决可称为直流的电源并不代表着作用于任何一个直流设备都能使得设备正常工作。对于具体的系统，对电源的质量要求是不一样的，如果变形过大，系统是不能正常工作的。

在实际设备中，交流直流的界线是有一定的模糊性的，这一点打破了我们原来对交流和直流过于理想的概念，但这样可以让我们更好地理解下面的变流技术。

作为一种“新”的技术，根据原有的判断标准，第一步只要基本上变过去就是了，细节部分没有必要要求很高，后面随着技术的发展再来逐步完善，优化输出波形到一种比较理想的程度。

那么第一步我们先变什么呢？我们先把电流的方向变过来。

4.2 交直流之间的相互转换

4.2.1 交流变直流的物理本质

我们把交流变换成直流的过程叫整流。

如图 4—5 所示，u_2 是一个标准的正弦交流电源，给一个电阻负载供电。

当 u_2 处于正半周时，1 端为正，2 端为负，如图 4—5 所示，此时我们在负载上得到的电压 u_d 就是上正下负。

当变化的 u_2 处于负半周时，为了在负载上依然得到上正下负的电压，我们很快地交叉负载与电源间的接线，将负载的正端 1 接到此时电源的正端 2，将负载的 2 端接到此时电源的负端 1，如图 4—6 所示。

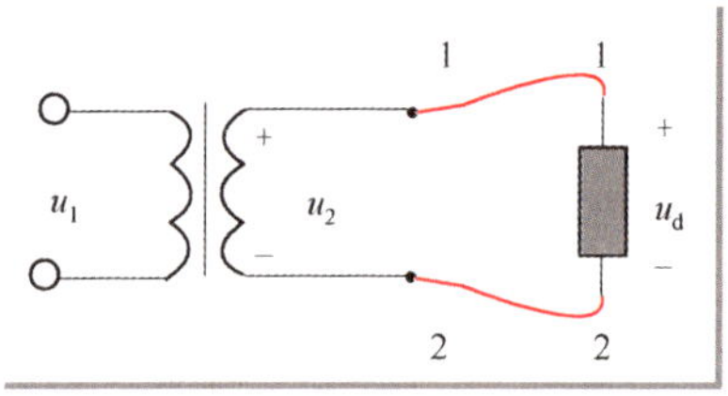

图 4—5

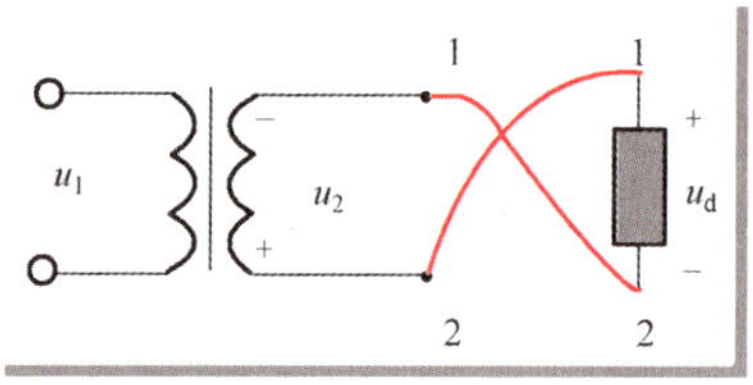

图 4—6

对于负载而言，它没有必要知道外面的世界发生了什么，而只是感觉到自己两端的电压在任何时候都大于零，方向没改变，基本上是直流电。

这样电源提供的是交流，负载上得到的是直流。所以，我们所附加的这种交换接线的操作，就是一个整流过程，我们就是一个“整流器”。具体连接可以使用两组开关来实现。由于电源的每个极都要能连接到负载的每个极，所以任两接线柱之间都应该设有开关，如图 4—7 所示，使用两组开关 K_1K_3 和 K_2K_4 配合来完成这样的变换过程。

当 u_2 为正时，K_1K_3 闭合，K_2K_4 断开，U_d 为正。

当 u_2 为负时，断开 K_1K_3，闭合 K_2K_4，U_d 依然为正。

尽管电压大小不够恒定，但是方向已经被调过来了，向直流靠近了一大步。

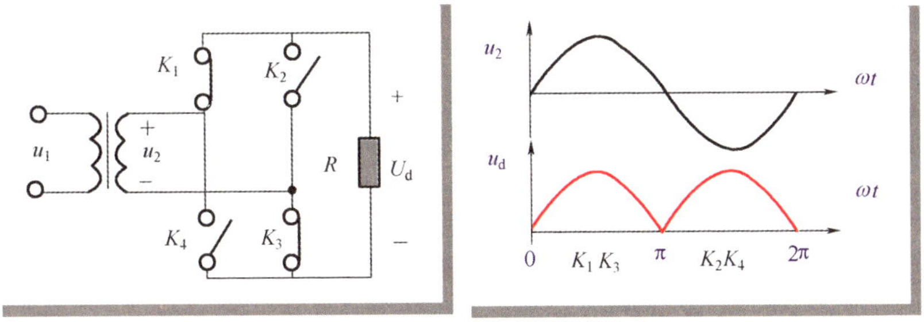

图 4—7

有的手机充电器中就使用了在此基础上简化的电路，利用二级管来做开关。二级管具有单向导电的特性，是一个在电压正向时会自动打开的开关。这种整流电路经常被画成图 4—8 右边所示的样子，基本原理还是我们前面所讨论的那样。

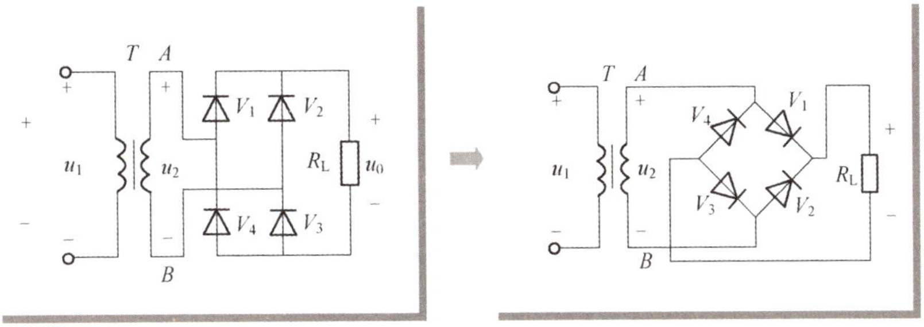

图 4—8

用此方法将交流变换成直流电压，我们得到的基本上是直流，只不过质量差了点，但毕竟已经是直流了。后文我们会讨论如何利用电容、电感以及有规律的开关控制把波形调整得再完美一点。

4.2.2 逆变——直流变交流

习惯上把交流变成直流看成是正方向的，故与整流相反的把直流变成交流的过程称之为逆变。研究的就是我们只有直流电源，但是我们想要在一个负载上得到一个时正时负的交流电，怎么办呢？

你可能已经想到了，和整流使用的方法一样，通过切换开关改变接线。当我们在负载侧需要交流正电压的时候，就把直流电源与负载正向相连。过段时间，当我们需要一个负电压的时候，就对换一下连接端子，周而复始。

当然这里连接的变换也是用某种开关来实现。

将逆变与整流放在一起，我们看到实际上两者是一个电路的两种能量流动方向而已。只是把电源和负载在电路中放置的位置换一换，控制规则都差不多，这里不进行详细的比较了，物理实质是一样的。

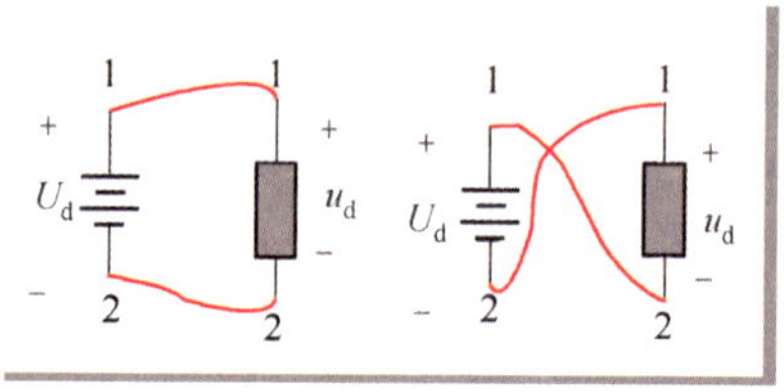

图 4—9

图 4—10 中为了便于比较，我们这里画成了与整流电路一样的电路布置，一般情况下都不这样画，而是画成电源在左，负载在右的形式(电流由左往右流)。

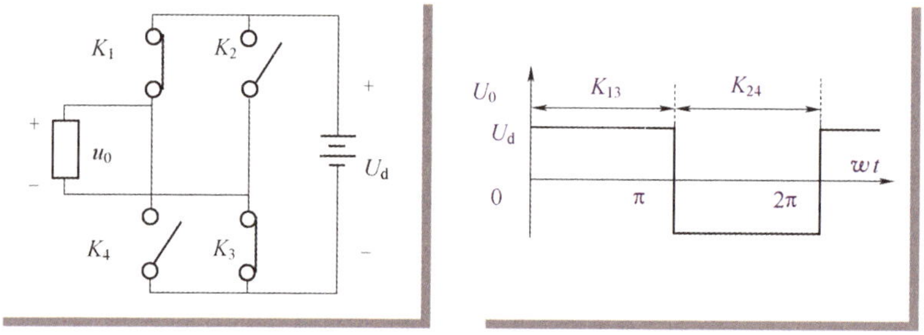

图 4—10

如果我们把前述的整流电路的负载 R 换成一直流电源，u_2 现在换成一个负载。用与整流同样的周期切换开关，得到就是逆变电路，电路连接规则一模一样。一边交流一边直流，根据具体能量流动方向区别是整流还是逆变。

一样可以看到，这种逆变出来的是一个方波，与我们理想的正弦波还是有距离的，马马虎虎过得去。

我们在整流逆变电路中讨论的开关是一个理念上面的开关，前面讲到用二极管来做，其实还有很多种不同的器件可以选择。

交流电路还有一个相数的问题，如果我们需要三相电，怎么办呢？以逆变电路为例，在交流侧使用三组开关，各自产生一个相的电压信号(相当于三个逆变电路)，然后控制他们的波形，使得三者之间与三相电规律同步就可以了。

4.2.3 直直变换与交交变换

使用开关来变换接线，是交直流相互转换的基本原理。对于直直变换，交交变换则最开始是通过开关减低平均值的方式来实现的。

对于直流变直流变换如图 4—11 所示。让开关交替地通断，我们就在负载上得到一方波，其平均值为：

$$U_o=\frac{t_{on}}{T}U_S=\alpha U_S$$

其中 T 叫斩波周期，α 为导通比。我们改变 α 可改变输出电压的平均值。改变了直流电的参量平均值。

你可能要问，中间有一段没有电压的，而不是把直流电压大小均匀地减小，可能有些负载无法使用这种电源。确实如此，我们可以再利用储能元件来解决这个问题，后文讨论。

对于交流变交流，原理与直流斩波变换相类似，如图 4—12 所示。

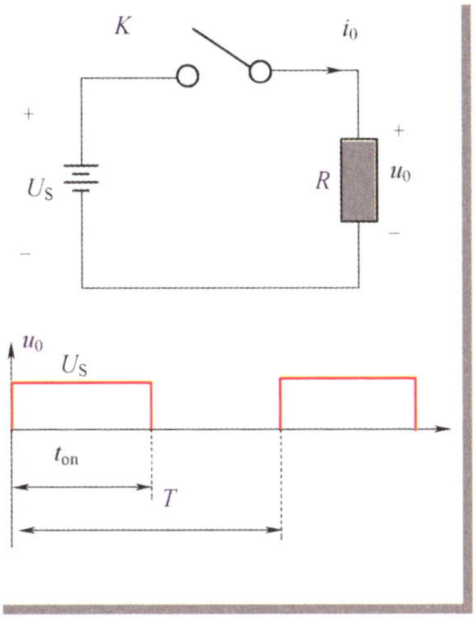

图 4—11

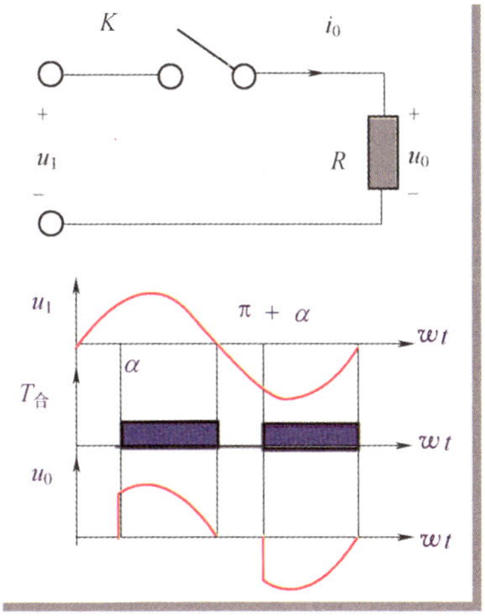

图 4—12

这些是变流技术里面最底层的东西，也只是第一步，上面列出的是最简单的变流电路，波形可以进一步再“整容”成较为理想的波形。

4.2.4　电容和电感元件的应用

我们通过前面的变换，出来的电压波形是很差的，如何进一步提高呢？其实我们在上一章讲到一点点，就是谐波分析方面的内容。物理中我们有任何运动形式可以分解为平动加上多个简谐振动的合成，类似于此，电路分析中有任何波形可以分解成一个横直波加上几种形式比较简单的正弦波的结论。

我们分解成几个不同频率的正弦波后，将不想要的那些高频率的正弦波滤掉，就可以进行优化。这种过滤往往通过电容和电感元件进行，这两个元件都有存储能量的功能，有缓冲的作用。

4.2.4.1 电感

我们都知道，电感由螺线圈组成，有些中间还带铁芯。当我们通入电流，产生磁场后，可以存储能量。同一个电感存储能量的多少是用电流来衡量的，电流大，产生的磁场强，存储的能量也多。

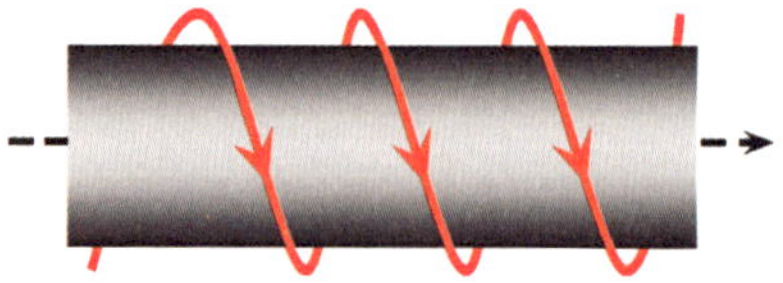

图 4—13

直流电可以直接通过电感，但对于交流电，根据洛伦茨定律，电感会感生出反抗电流变化的电压，电流变化越激烈，反抗电压越大。交流电频率越高，意味着交流电电流变换得越快，电感的反抗越厉害。

所以串入电路的电感会起到隔交流、通直流的作用。

电感的这种性质，使得电感电流的变化具有一个过程，电感的值越大，电流越不容易改变，可以起到稳定电流的作用。

4.2.4.2 电容

电容器由两个金属极板组成，中间隔着一层绝缘材料。当我们把正电荷和负电荷分别灌入这两块极板时，由于中间绝缘材料的阻碍，正负电荷不能中和，但正负电荷互相吸引，所以可以保持住，不会到处跑。这样，可用来存储电能。

那么从外面看来，正极板和负极板就存在一定的电压，像一个蓄电池，如图 4—14 所示。

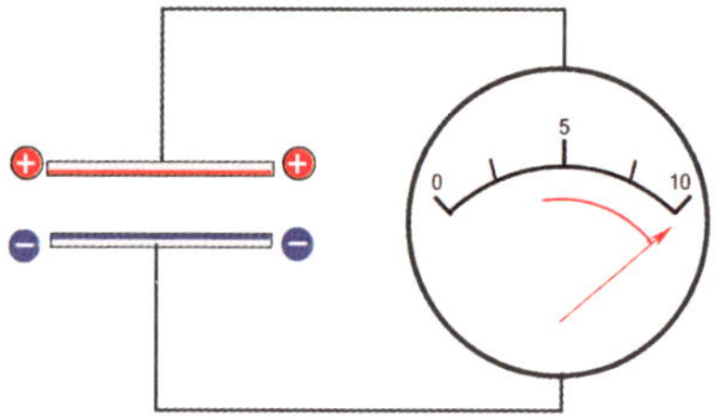

图 4—14

电容上的电压与存储在极板上的电荷数是成正比。存储的电量越多，电压越高。可以用电压来衡量同一个电容存储电能的多少。

电容的这种性质，使得电容电压的变化具有一个过程，电容容量越大，电压越不容易改变，可以起到稳定直流的作用。这类似于脸盆加水，同是加入一瓢水，脸盘面越大，平均了以后水面越不容易上升。

电容电压的变化也具有一个过程，所以将电容并联到设备两端，可以进行直流的稳压。我们在“交直交”电路中谈到了动车组中电容的一点功能，本章后面会对具体的电路进行一下分析。

串入电路的电容会起到隔直通交的作用，我们来分析一下。

图 4—15

电容由于中间绝缘材料的分隔，无法持续通过直流电。电容被充满电以后电路中就无法再有电流了，所以图 4—16 所示电路是无法持续形成电流。

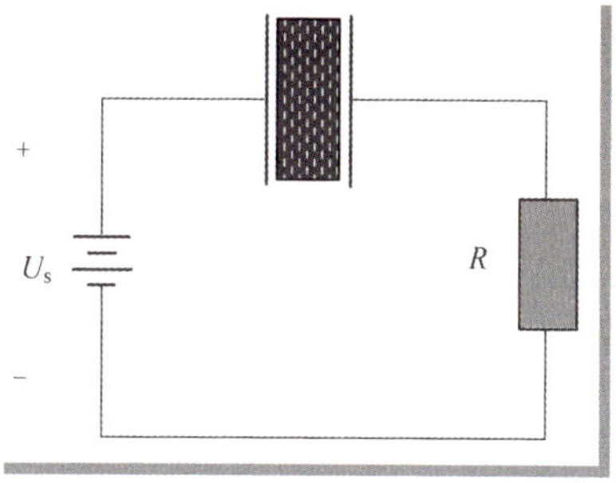

图 4—16

但对交流电又是什么情况呢？交流电电流的方向一会儿正，一会儿负。我们知道电流方向可以等效为正电荷移动的方向，如图 4—17所示。结合前面我们讲述的电容的原理，正向的时候给电容正向充电，当电流反向流动的时候，也可以流入电容的负极，和第一轮中产生的负电荷中和。到下一个周期电流再反过来，反反复复地进行，这样从整体上看来，交流电流没有中断过，在任何时刻都可以“通过”电容，不会出现像直流电那样的情况。所以电容串入电路的时候具有隔断直流通过交流的作用。

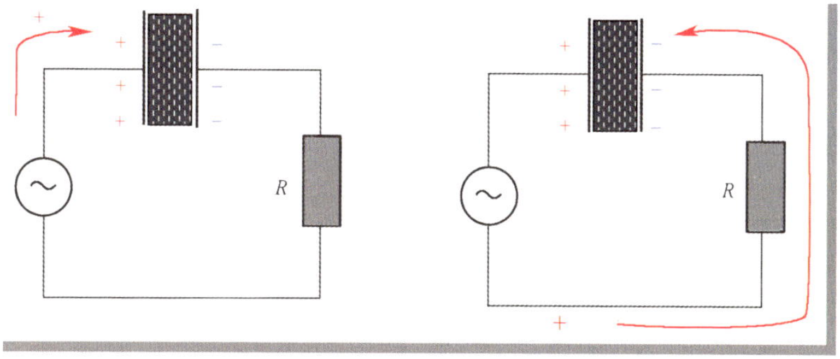

图 4—17

与电感对偶，交流电的频率越高，电容通过交流电的性能越好。

4.3　半导体技术的发展与电子开关的实现

4.3.1　理想的电子开关

我们前面讲述的是最基本的概念。变流电路需要一些开关的作用，开关的动作规律受我们的控制，一般利用计算机来发令。

那么，这些开关需要具有这样的特性，首先有两个控制极，两个被控制极。在控制极上施加弱电信号即可控制被控制极两个强电引脚之间的通断，是一个弱电控制强电的接口元件，如图 4—18 所示。

这个东西与我们的传统的接触器功能是一样的，只不过一般半导体开关的开关

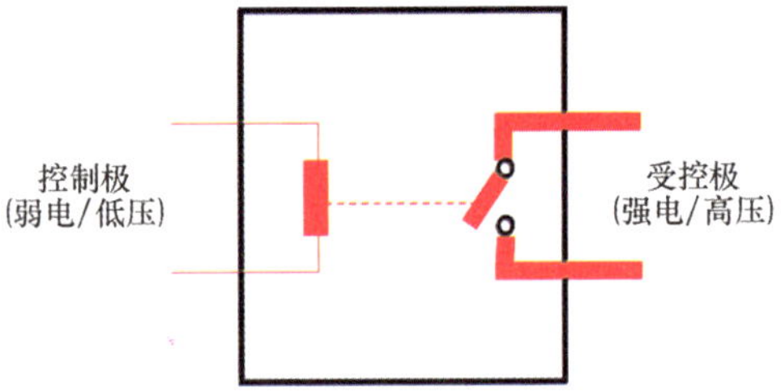

图 4—18　理想开关

速度比接触器要大很多倍。随随便便家用电路频率都是 50 Hz，1 s 内电流方向变化了 50 次，如果我们的电子开关要与它同步，那么在 0.02 s 就要动作一次，接触器根本达不到这个要求。

这种开关一般都使用半导体来做，往半导体上面掺杂，然后通过组合，可以制作出满足上面要求的半导体开关来。这种开关从外观上看只有引脚，内部根本看不到有传统意义上的动作触点，被称为无触点开关。

4.3.2　无触点开关的发展概况

历史发展总是一个从不理想到理想的过程。实际的半导体开关并非是一个理想的开关，有很多不能让人满意的地方。一开始的无触点开关比如最早的晶闸管是很难用的，只能控制它导通，不能控制它关断，只有在电流为零时才能自己关断。

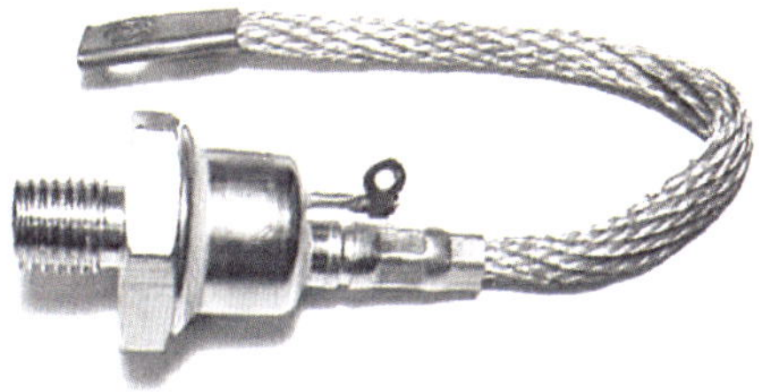

图 4—19　晶闸管

器件不理想，但是设备又需要达到某些性能指标，只好采用创造性的方法，绞尽脑汁，使尽各种伎俩，凑出某些电路来，而无法使用一些我们看起来很直观、很简单的电路来实现。同时对它们的控制也要进行一些特殊的处理。所以很多晶闸管的电路看起来挺奇怪。

由于晶闸管这样半控型器件的局限性，产生了全控型晶闸管的派生器件 GTO，即可关断晶闸管，如图 4—20所示。

图 4—20　GTO

同时出现了另外一种双极型器件功率晶体管(与微电子技术中的三级管相对应)。双极型晶体管的通态压降低,可阻断高电压,电流容量大,适合大中容量的变流设备。但属于电流控制型器件,控制性能较差,功耗大,工作频率不高。

单极型器件如功率场效应管 MOSFET(即 MOS 场效应管),SIT 静电感应晶体管(即节型场效应管)与双极型器件性能刚好相反,输入阻抗很高,是压控型器件,开关时间短,反应速度快,驱动功率小,但却没有双极型器件的优点。

整合上述两类器件的优点,出现了复合型器件 IGBT,现在的应用非常广泛,在我国新引进的四种动车中全部使用了 IGBT,GTO 仅出现在极个别的高压保护放电电路中。

从前面的讨论中我们可以看出,GTO 基本上属于第二代的开关器件,IGBT 属于第三代,故 GTO 大部分的性能都比不上 IGBT, GTO 目前正在被淘汰。IGBT 的驱动电路简单,驱动器的门极控制功率不到 GTO 的千分之一。

我们自然希望开关的可控性高好些,但是一些不可控的器件往往价格便宜,而且老一代产品往往也比最新产品便宜,所以在某些可以进行替代的地方,人们会混合使用各种开关的。

根据实用方便的需要,出现了集成化、模块化、智能化的趋势,出现了很多功率集成电路,包括了将 IGBT 及其辅助器件与保护驱动电路单片集成的智能功率模块 IPM,如图4—21所示。

图 4—21　IGBT 与智能功率模块 IPM

查看有关文献,目前的半导体开关基本上是 Silicon(硅)基器件,目前研究的方向是用 SiC(碳化硅)取代 Silicon(硅)基器件。SiC 可制作出性能更加优异的高温(300 ℃~500 ℃)、高频、高功率、高速度、抗辐射器件,将使无触点开关朝着理想的开关再进一步。

4.3.3 电力电子器件使用的两个注意点

4.3.3.1 单向导电性

利用半导体来制造的开关元件具有一个重要的特点，就是单向导电性。最早的二极管是单向导电的，所以其符号里面带有一个箭头，如图4—22所示。

现在广泛使用的IGBT也是如此，如图4—23所示，电流也只能按照图中的箭头方向，由上至下流过。

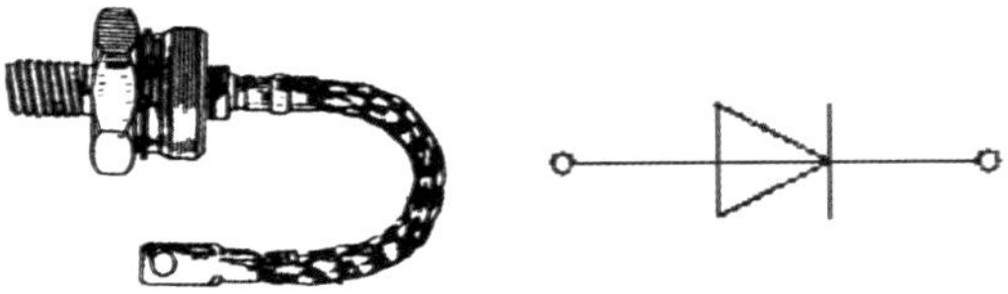

图4—22　功率二极管及其符号

图 4—23

这种情况给电力电子系统的设计带来很大的麻烦，在交流电路中，你很难控制电流的方向，必须想办法构造出一个双向电流都能够流动的开关。你可能要说，这还不简单，如图4—24所示，将两个IGBT反向并联，使用时给两个IGBT控制端输入同步的控制信号不就可以了。

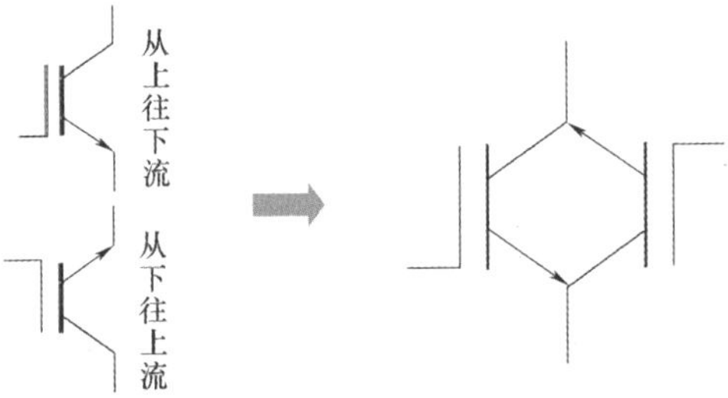

图 4—24

这种方案原理确实可以，理解起来也很简单，但实际产品设计里面，IGBT是比较贵的，这种设计成本较高，经过仔细的研究，人们找到了一种比较奇怪的替代方法，在动车组变流器里面，使用了下面的替代方案，具体如图4—25所示，原理我们后文中讲述。

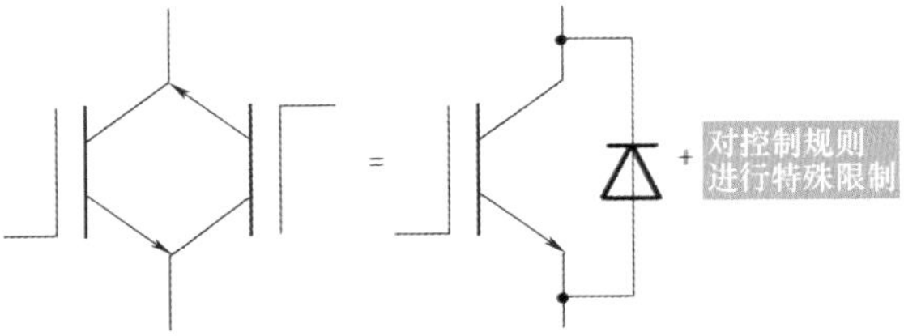

图 4—25

4.3.3.2 电流流通的续流问题

电力电子元件具有一定的带负载断电的能力，但是系统设计时尽量避免带负载断电，这种情况是因为电路中往往存在一些和电感线圈性质十分接近的负载，而我们知道电感线圈具有保持电流恒定的特性。如果电流减小，线圈中原来存储的磁能会转换为电能来推动电流的流动。如果我们突然关断，电流又没有其他通路，电流剧烈减少，这个时候电感线圈会产生极大的电压来推动电流，可能把电力电子器件击穿，导致设备的损坏。

比如，我们自己设计了一个整流电路，如图 4—26 所示。原理是这样的，左边是交流电，经过开关作用在负载上，开关只是在正半周时开启，把负半周的电压去掉。

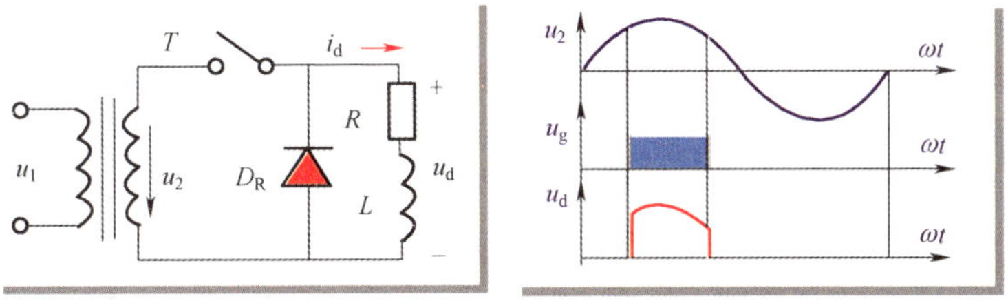

图 4—26

这种电路在开关关断的时候，依然有电流在继续流动，所以必须增加一个反向与负载并联的二极管，关断时电流可以通过这个二级管流动，但在正常工作时，二级管两端承受反向的电压，不导通，效果与不接入是一致的，不会干扰系统。

所以，电力电子开关与传统意义上的电灯开关还是有不一样的地方，只有对系统进行特殊处理才能具备我们所期望的性能。

4.4 变流技术及其在动车组上的应用

4.4.1 对无触点开关开启脉冲进行优化的技术

在对开关的控制上，为了进一步优化变换后的波形，人们研究出一个重要的方法，就是如果我们想得到某个波形，比如图 4—27 所示的正弦波，但是我们只有一个固定的电压可用，我们可以使电力电子开关按照图中方波所示的时间长短进行控制，分成几个有规律的短片段，不断地进行开启和关闭。作用在线性的负载后，效果可以逼近正弦波，这种技术称为脉宽调制技术 PWM(Pulse – Width Modulation)。

这种技术对电力电子开关的开关频率提出了很高的要求，因为在一个周期内还要进行数次的通断，但是极大地改良了电力电子设备的性能，目前得到广泛的应用，牵引变流器里面的整流和逆变器都使用了这个原理。

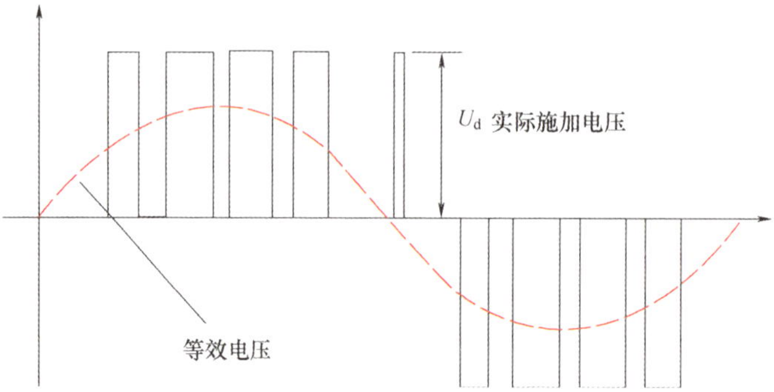

图 4—27

4.4.2 动车组交直交传动系统实际电路

前面讲到，变流器中对原来设想的由两个 IGBT 反并联形成的广义开关进行了处理，把一个 IGBT 换成了二级管，以降低成本。但是在软件设计的时候，对控制规则进行了一些约束，我们讨论一下这个问题。

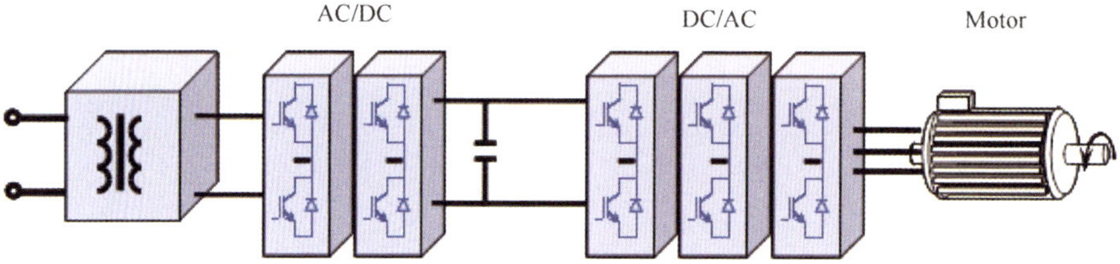

图 4—28 动车组牵引变流系统

参考图 4—28 动车组牵引变流系统可以看到，在半导体开关的实际运用中，经常组成如图 4—29 左侧所示的这样一个结构单元，IGBT 各自与二极管反并联后分成两组串在一起。

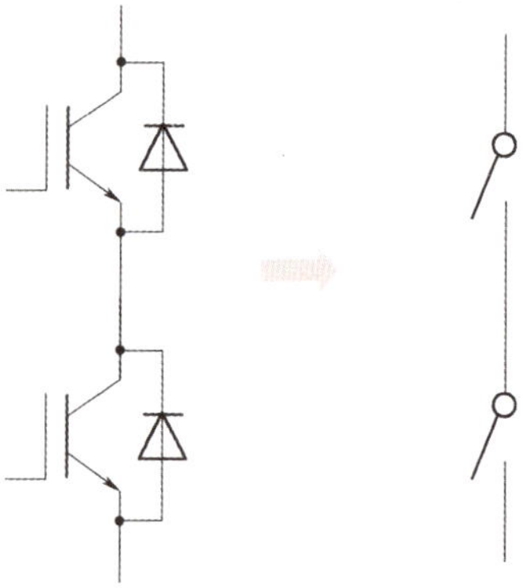

图 4—29

我们知道，反并联的这两个二极管只能从下往上流过电流，且不可控，IGBT 只能从上往下流过电流，且可控。那么这样的组合只能控制开关的打开，不能控制电流由下往上流时开关的关断。所以这种组合本来只是广义的开，不是广义的关。

在这种结构下，我们需要增加这样的要求上下 IGBT 互补控制，但允许两个开关同时关断。

当我们需要关断上面这个开关时，如果此时状态刚好是二极管导流（二级管导流时，二极管下端的电压必然比上端的高），那么经过增加的控制规则，让下面的一组 IGBT 导通，则下方 IGBT 的开启会将中间直流环节电容的电压引回，将负电压作用在上面的二级管上。原来作用于二极管上的电压 $U_{ST}-U_D$，现在变为 $-U_D$，该电压对于二级管来说是反向的，会将二极管关断。同时，开通了原来电流的新流通路径，切换到下面这个开关的 IGBT 去了，这样上面的这一组开关就完全关断了。

如果此时要关机，上下两个 IGBT 都关断，电流可以通过两个二极管流动，这样输出端没有电压，但电流续流没有问题。

所以借助控制规则，在无法关断的情况下，通过同一个桥臂的元件的导通把它关了。这样加入控制规则，上面的 IGBT 加二级管结构就可以看成一个广义开关了。

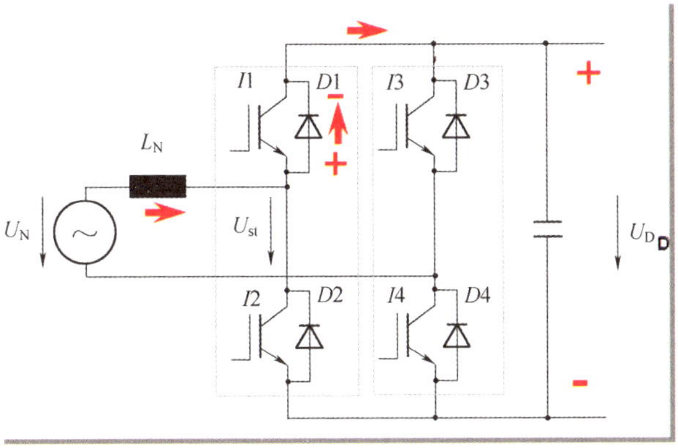

图 4—30

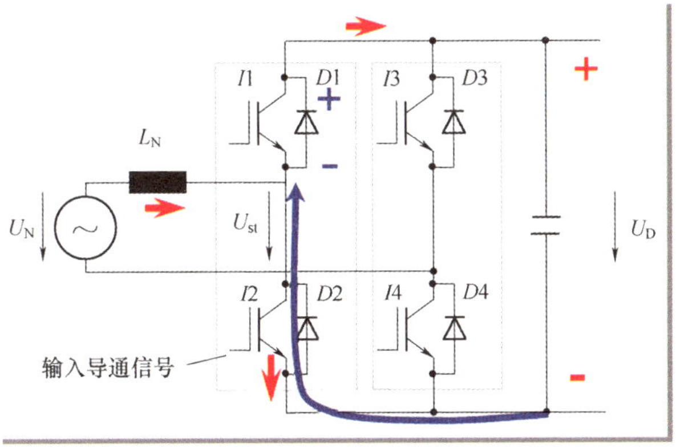

图 4—31

这样，这个电路图即可等效为图 4—32（a）所示电路，为了便于理解，还可以再整理为图 4—32（b）所示更为简单的电路。

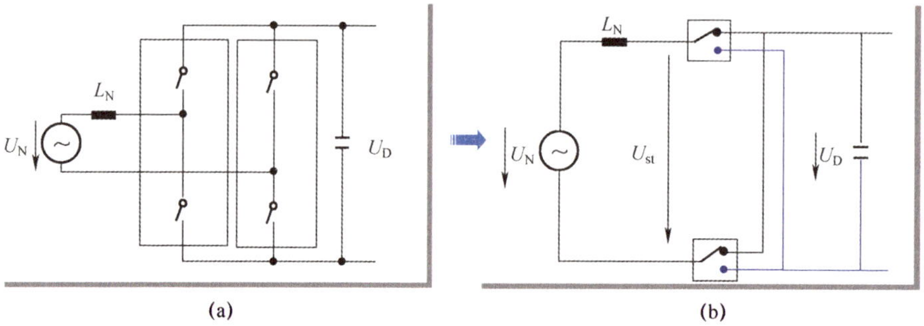

图 4—32

此时我们的分析就可以借助这个电路进行，要比上面简单好多。逆变电路与整流电路是一个道理，逆变电路原图如图 4—33 所示，与整流电路相比，多了一个桥臂，完成了三相的变换，一样可以简化成图 4—34。

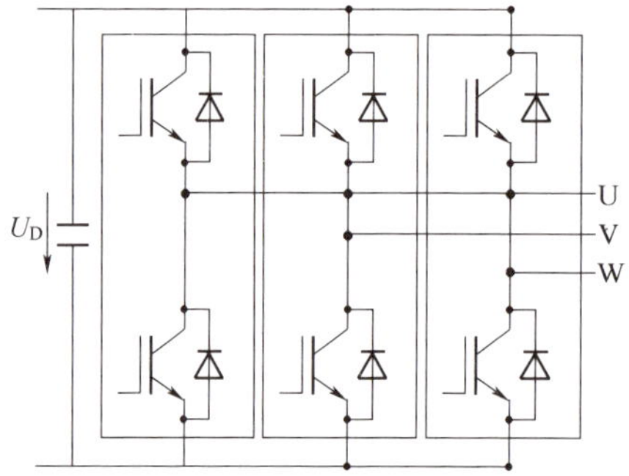

图 4—33

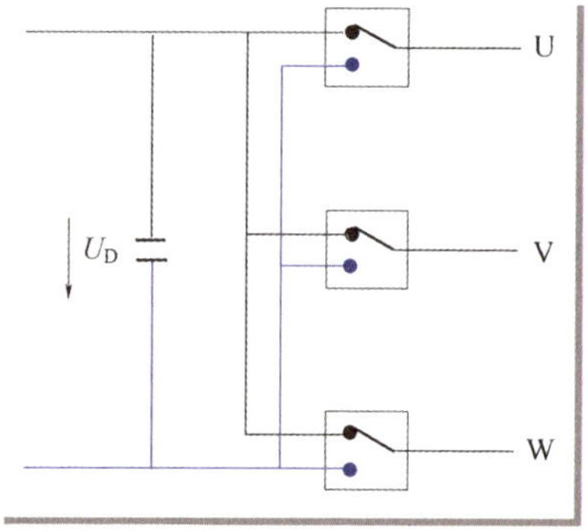

图 4—34

我们将四象限整流器与 PWMI 逆变器和起来，形成一个完整的整体，如图4—35所示就是动车组牵引变流器的主电路了，这种画法简单得让人吃惊。

我们总结下变流器，使用变换接线操作，利用两种电压，正 U_d，负 U_d，利用脉宽控制，逼近我们想要的等效波形。既然是一种构造，如果可用电压不只是正 U_d，负 U_d，而还有其他值，比如 0，那么选择多了以后，我们逼近的效果应该就更为理想，当然电路要多出一套来。CRH2 系列动车组使用的变流器就是这种较复杂的变流器，称为三点式变流器，本书不展开讨论。与之相对，我们本章讨论的是 CRH1A、CRH3C、CRH5A 各型动车组上所使用的称为两点式的变流器。

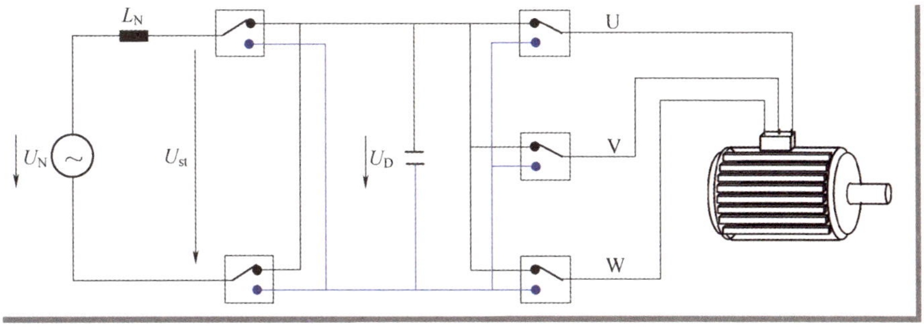

图 4—35

4.4.3 牵引变流器的重要说明

和很多教科书一样，我们在引入整流概念的时候，使用了下面的电路。

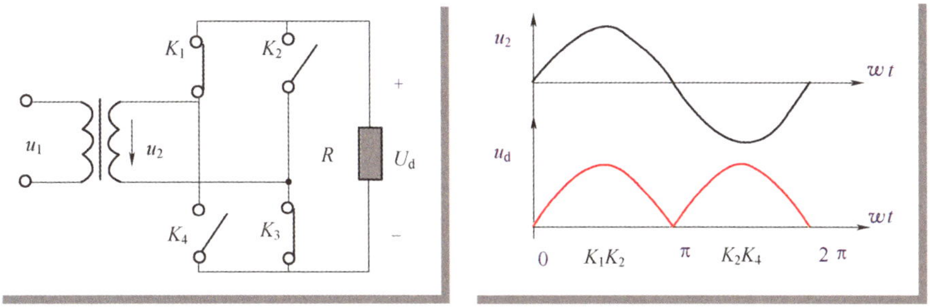

图 4—36

这样在初学者脑海里面可能留下一个强烈的印象，整流的时候把正弦波电压的负半周折上去了，这种情况仅在变压器副边无漏感且负载为纯电阻时成立。但是对于动车组的交直交电路，它的整流器整流后带的负载并不是电阻，而是电容。

变流器启动时先进行了电容的预充电，完成后整流就完全不是上面这种样子了，而是因为水桶效应，电压基本稳定，尽管充放电电流大小可能不断在波动。电流有流入，但逆变器部分也在不断消耗，实际得到的直流是一个比较理想的直流电压，直接就是电容电压，如图 4—37 所示。

那么我们还是会感觉不理解，交流和直流电压怎么可能这样理想地转换呢？一个正弦交流，一个直流，电路上不可能直接衔接的，必然有反应的，哪个环节有问题？

实际上确实是不匹配，但是两者的压差作用在变压器漏感上面了。我们在前面一直没有强调这个漏感 L_n，但是对于这种负载带电容的情况，这个漏感极为重要。

我们知道电容充电时是不能突然直接接到电源两极的，至少需要再串入一个限

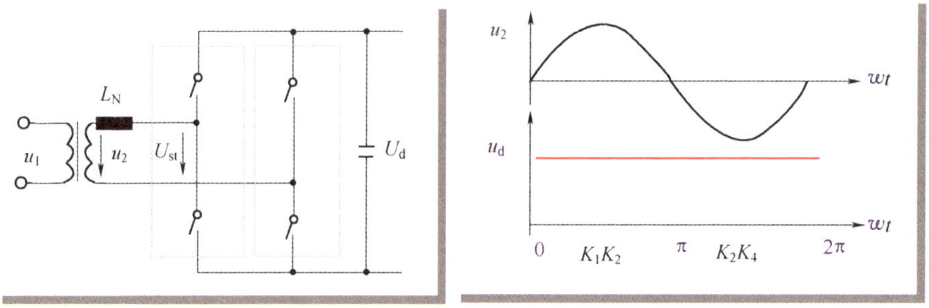

图 4—37

流电阻，否则电容和电源的电压差会降落在两者相连的导线上，而导线几乎没有电阻，这样根据电流等于电压除以电阻的道理，我们可以得到电源必然以极大的充电电流往电容里灌，此电流可能导致电容爆裂。

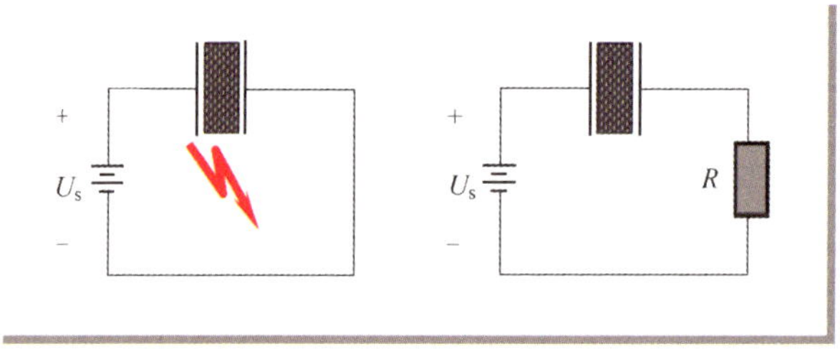

图 4—38

在变流器的电路中，当半导体开关导通时，如果突然有一个不同的电压突然作用到中间电容上，电容一样会爆裂。这个时候漏感的功能才凸显出来，它会把变压器的电压与电容电压的差别平衡掉，自己承担了一部分电压差，这样就允许源电压 u_2 和整流后电压 U_d 有区别。

在这种电路中通过 IGBT 的控制，调整工作状态，先使漏感充电，再放电，将电感的反电动势与电源电压 u_2 复合以后给中间直流环节充电，可以提高中间直流环节电压到比 u_2 电压峰值更高的水平，这里不讨论了。当然电压升高了，那么必然有东西为此做出补偿，实际就是电流值降下去了。

故实际电路中带整流器的主变压器的漏感非常重要，设计时需要精确计算，与后面的变流器匹配。

所以这种电路进行分析的思路也和最早的电路不一样，反过来了，从右边往左边算。首先是输出电压是直流电压，然后在 IGBT 的开关作用下，倒回来在整流器的前面生成一个脉冲式电压序列 U_{st}，这个 U_{st} 可以等效为一个正弦电压，我们可以控制脉冲序列改变这个等效正弦波的参数。既然可以等效为一个正弦电压，那么与正弦交流电路就可以等效，所以左边电路就可以按照正弦电路计算了。这样，两段电路衔接了，如图 4—39 所示。

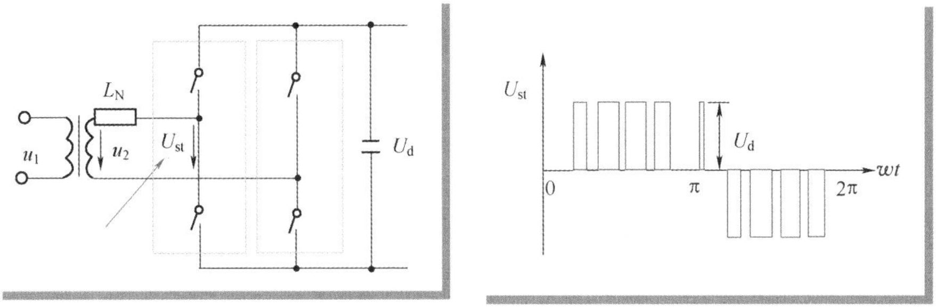

图 4—39

这一点不好理解，需要在这里进行专门讨论。

4.4.4　再生制动过程

再生制动的时候，牵引电机作为发电机运行，这个时候，我们的逆变器变成了整流器，整流器变成逆变器，最后送回电网。所以将动车组的整流器称为（接触）网侧变流器，把动车组的逆变器称为电机侧变流器是比较严谨的。

还是回到前面讨论的结果，整流和逆变是同一个东西的两个方面，只是能量流动的方向有些区别。

最后我们要回过头来强调一下 IGBT 只是一个开关。比如动车组诊断系统中间直流环节存在接地故障，那么我们要非常清醒，通过“开关”的连接，这个真正的接地故障点可能位于主变压器的副边，可能位于牵引电机的绕组中！接地的概念有点抽象，我们讲完辅助供电系统会再展开讨论。

讨　　论

1. 变流器可否变电压？交流直流变换时如何实现电压的方向变换？
2. 电容的隔直通交在电容串入电路和并入电路时有什么分别？
3. 试描述 IGBT 元件的外特性，该元件是否是单向导电的？
4. 动车组变流器中如何利用 IGBT、二极管设计出一个广义开关？

第 5 章
动车组辅助供电系统与配电

高压牵引系统在动车组各种电路中占据最重要的地位，是个“大电路”，称为主电路。相对它而言，其他用电器所使用的各种交流直流供电系统为中压和低压电路，统称为辅助供电系统。辅助供电系统的能量同样取自主传动系统。由于辅助供电系统需要提供各种不同参数的电源，这些电源的“制造”用到了很多我们前面专章讨论的电力电子技术。

本章从各设备电源供给，也可看成能量分配的角度来理解动车组的各个系统。每个电气设备都需要有电，然后才能启动。没有驱动能量的设备是“动”不起来的，实际车组的故障处理中也经常可以碰到各种各样的电源问题。

5.1 动车组车载设备用电需求与辅助供电系统

5.1.1 辅助供电负载

动车组和我们的住房一样，人要在里面久留。车组上必然设置空调、照明、视频娱乐、电茶炉等各种“家用”设备，这些设备与我们家用电器没有很大分别，动车组也离不开这些东西。所以车上必然要为这些设备提供相应的电源。

图 5—1　餐车的各种用电设备

更为重要的是，车上各系统的一些大功率设备的冷却风机，冷却循环驱动泵也是由辅助系统供电的，如变压器冷却单元等等，这些设备所需电源基本上都是交流的，后面我们还要讨论到制动系统的空气压缩机也是交流供电的。

图 5—2　CRH2A 型动车组主变压器冷却泵

但对于很多控制计算机，如主计算机、牵引计算机等等，往往使用直流电进行供电，一般是 110 V。随着技术的发展，直流控制所需的电压在不断地降低，目前已有很多控制单元开始使用 24 V 直流电。对于以 110 V 为主导的车组，这些比较超前的设备自己加装了 110 V 转 24 V 的子模块，如图 5—3 所示。

我国 CRH5A 型动车组上则直接使用了 24 V 的直流供电母线进行供电。

直流供电系统都设置有蓄电池支撑，利用蓄电池的存储功能，除了在日常检修运用中作为系统无高压时的供电缓冲（如紧急情况下承担的应急照明、应急通信及紧急通风的功能）外，还担负着为动车组启动供电的任务。

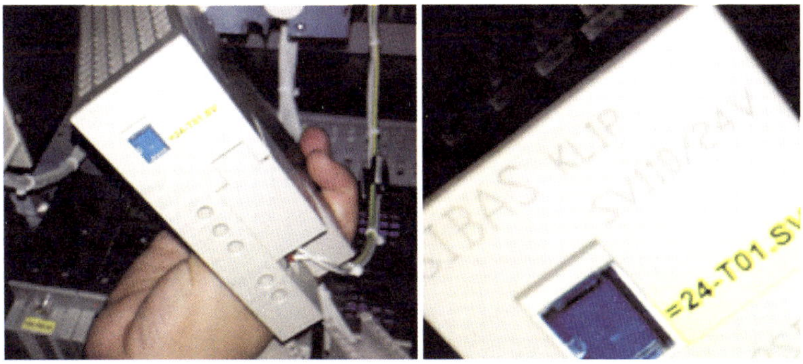

图5—3　CRH3C 型动车组网络输入输出单元的 24 V 电源子模块

图5—4　蓄电池组

各型动车组承袭原型车的传统设计，为辅助设备定下的供电电压制式是不一样的，比如 CRH2A 型动车组使用的单相 400 V 不是我国工业用的三相 400 V 的交流电，CRH3C 型动车组使用的是三相 440 V、频率为 60 Hz 的交流电，与我国工业用的 50 Hz 也不一样。所以，动车组上增加用电设备时需要特别小心。

5.1.2　辅助供电系统能量由来及其变换

需求定下来以后，我们就可以开始讨论辅助供电系统能量的获取途径了。辅助供电系统的能量在主电路上的接入点一般有如图 5—5 所示两种比较可行的方案，一种使用中间直流环节，还有一种直接在主变压器副边接入。

使用中间直流环节接入的方式，可利用中间直流环节在再生制动时可供电的优点，对过分相时维持辅助供电有极大的好处。辅助变流器与牵引变流器在技术上基本一致，往往都是由同一个供应商生产的。有些动车组甚至将辅助变流器直接集成

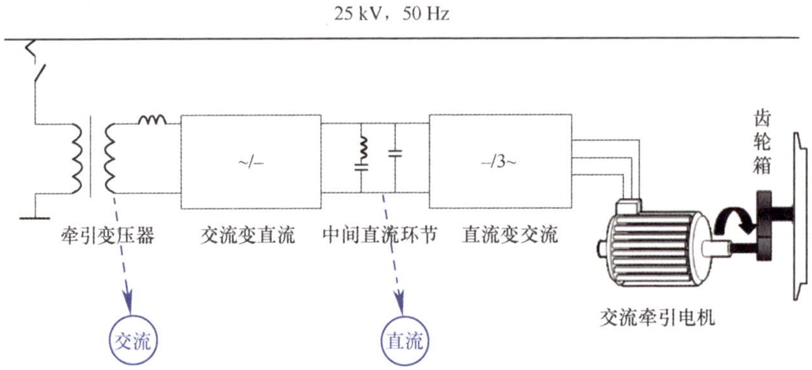

图 5—5　辅助供电系统两种可选接入点

入牵引变流器内部，成为其中的一个模块，如 CRH1A 及 CRH5A 型动车组。

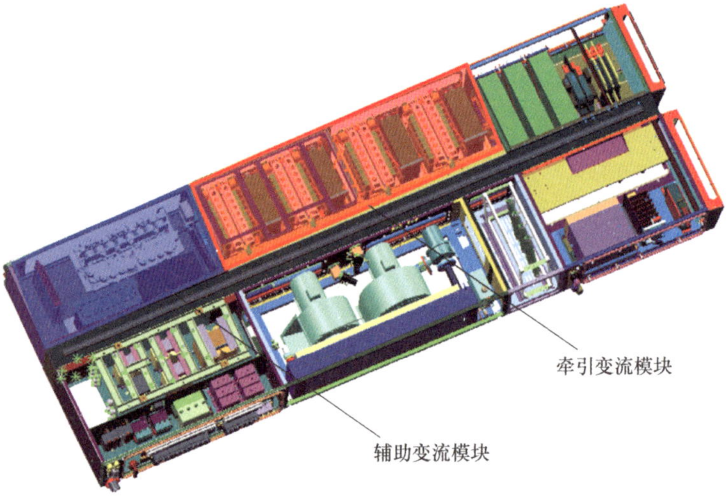

图 5—6　CRH5A 型动车组牵引变流器内部的辅助变流模块

使用变压器副边绕组的方式，后面一样也需要一个电源变换装置（我们在这里统称为辅助变流器），这种取电方式过分相时很多交流负载可能会断电，频繁启停对设备有一定的损伤。但这种系统也有自己的优点，比如在库内检修时，不需要启动牵引变流器就可以为辅助系统供电了。但也正因为如此，发车前要记得激活变流器，否则推动牵引手柄没有牵引力了，需要等待一段充电时间。

我国 CRH 型动车组辅助供电系统可以用如图 5—7 所示概括能量的流动方向与变换过程。

辅助变流器从主电路中接入的能量，利用前面讲述的变流技术，变换出所需要的交流电。其中一路提供给各种交流负载，一路提供给充电机转换成直流电提供给

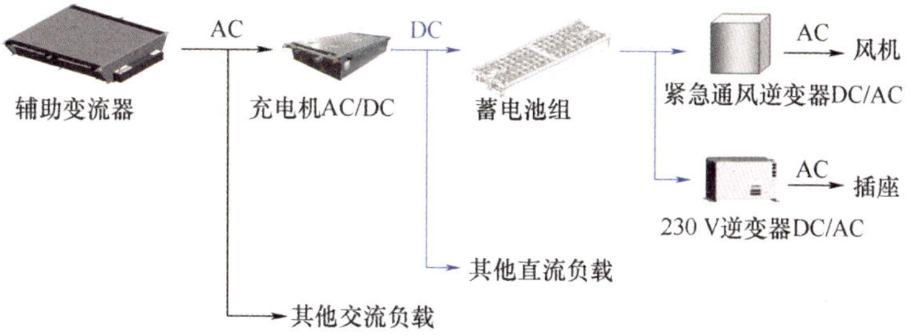

图 5—7　辅助供电系统的整体概念图

各种直流负载。

最后，直流电通过 230 V 逆变器转化给旅客插座供电。给旅客的这种供电建立在蓄电池的基础上，可以确保供电的稳定性。通过紧急通风逆变器给风机供电，确保在高压系统故障时利用蓄电池暂存的能量给旅客通风。

前面讲述的是一个整体情况，各种车型在细节上还会有区别，比如我国的 CRH2 系列动车组，针对不同的负载情况，提供多种不同的电源制式、不同电源质量的电源，如图 5—8 所示。

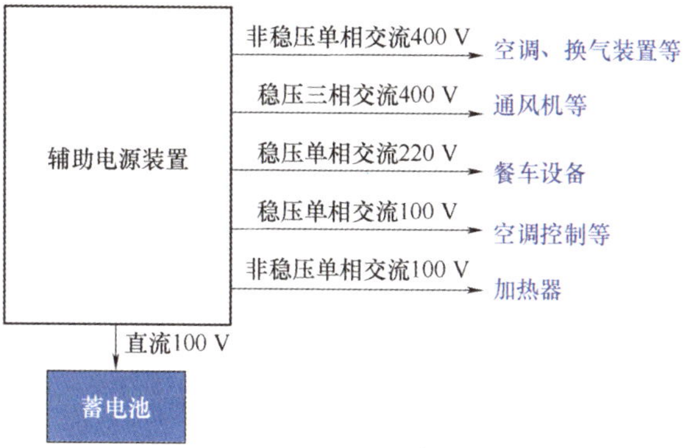

图 5—8　CRH2A 型动车组辅助供电

5.1.3　辅助供电设备供电控制的基本模式

与我们前面高压系统讲的真空断路器相对，对于辅助供电系统，设置了和传统的家庭电路一样的空气开关，学名叫断路器，可以人工强行切断供电。为了便于电源的管理，根据需要实现整体或者局部的断电，一般电源分配到各车后会先设置总开关——母线断路器，然后再通过几个子断路器给不同的负载供电，整体上是总分式的结构。

在功能上，现在的断路器也越来越复杂了，一般还有过热、过流保护的功能，出现短路过流时会自动跳闸，部分断路器根据实际需要还增加了接地故障时跳闸的功能。

由于供电的信息很重要，自动控制系统需要对断路器的状态进行监控。这个监控如何实现呢？一般在断路器上设置同步动作的辅助触点，如下图断路器旁边的薄片就是辅助触点。

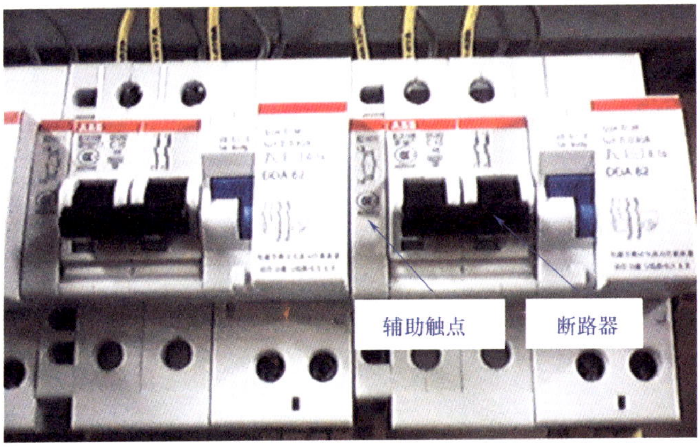

图 5—9　断路器

将这种类型的断路器拆开，它与辅助触点之间通过一根驱动针实现同步动作。辅助触点内部含有一个开关，该开关根据插针位置决定通断。这样通过确认辅助触点的通断就可以间接判断断路器的当前状态了。

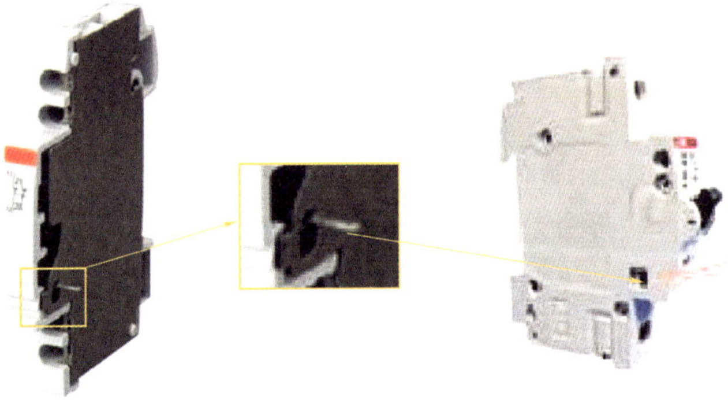

图 5—10

给辅助触点一侧提供 110 V 电源，另外一侧接入列车网络系统输入单元，控制系统就可以通过接收到的电压情况判断接触器是否动作了。如无电，电压无法通过，表示辅助触点断开，断路器跳闸了。

当然，动车组上断路器实在太多了，每个断路器都监控也没有必要。所以有些动车组把整个电气柜里的断路器分组，每一组断路器的辅助触点先全部串联起来，然后再接入网络系统的接口单元，任何一个跳闸，也能确认是哪个电气柜哪组断路器有跳闸了，给出报警信息。技术人员打开相应柜子，自己去确认是哪个跳了。

实现人工对设备的通断电这个只是第一步，现代动车组的自动化系统还要求能够自动控制设备的通断电，如何实现的呢？我们知道，计算机可以根据需要通过接口发出来一个低或高电压，而我们需要控制的往往是一个电压电流比较大的电路的通断，我们需要一个接口元件将两者桥接起来，这个元件就是接触器。

图5—11所示就是一个典型的接触器的实现原理，利用电磁铁来驱动另一个电路的开关动作，因电磁铁本身又是被另外一个电路控制的，这样，看起来就是一个电路控制另外一个电路，被控制电路电压、电流较大，称为主电路。电磁铁励磁线圈所在的电路即为控制电路。两个电路在电方面是独立的，实现某种程度上的隔离及电压电流等级的变换。以较低电压控制它动作，接通或切断较高电压电路。

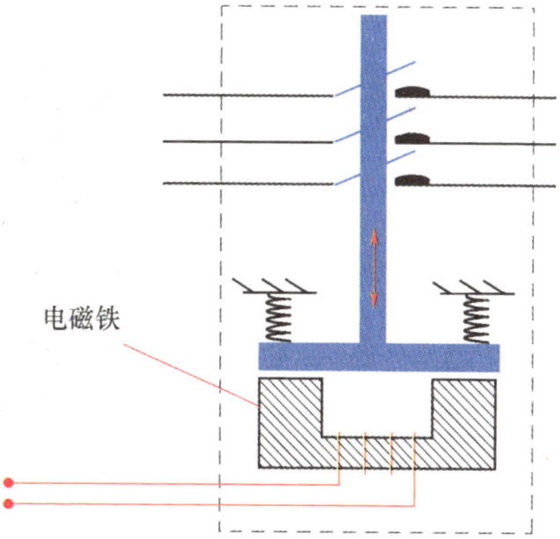

图5—11 接触器的原理图

当然，这里只是讨论接触器最基本的原理，现代的接触器为了提高性能，结构远比这个复杂。这个元件就是网络控制系统实施控制动作的具体执行者之一。

为了监控接触器的主触点是否闭合，与断路器一样，通过各种方式在接触器上设置与主触点同步动作的辅助触点。

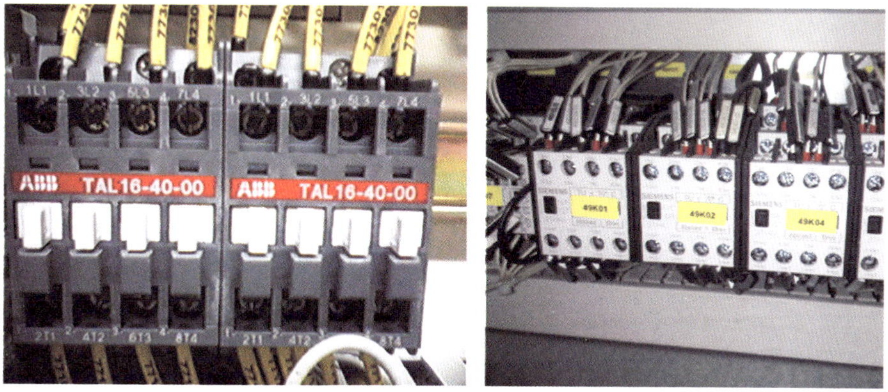

图 5—12

综合前面两种电气元件，我们归纳一下，电源要供给到负载的时候，中间引入两个元件，一个是开关——断路器，一个是自动控制的接口——接触器。各型动车组上这些是相通的。

5.1.4　辅助供电系统的布线

为了方便生产和运用，与供电密切相关的各种断路器、接触器一般都相对集中地设置。同时，加入对环境要求较高的控制单元及其他电气元件，放在一个电气柜里面保护起来，再引线到各处，这样设计也考虑了防火的要求。

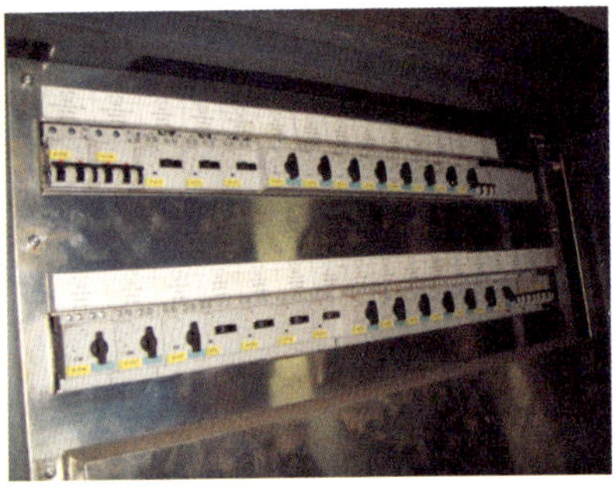

图 5—13　CRH3C 型动车组车下 440 V 电气柜

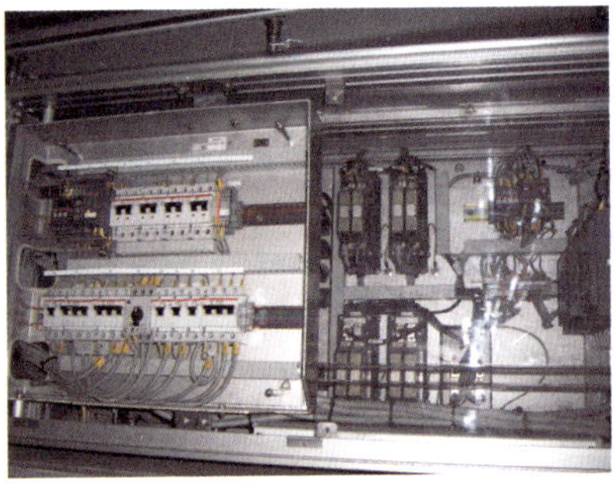

图 5—14　CRH1A 型动车组车下电气柜

动车组车上车下各种设备分布布置，肯定存在着走线的问题。如何安排走线呢？高压电接到车底设备箱以后，经过各种变流设备，处理完成后得到辅助供电各种制式的电源，这个“初始”电源出口一般都在车下。这些电源一般经过车底线槽分成了两路。一路接入车下配电柜，经断路器及接触器后重新回到线槽并分配到车底各负载。

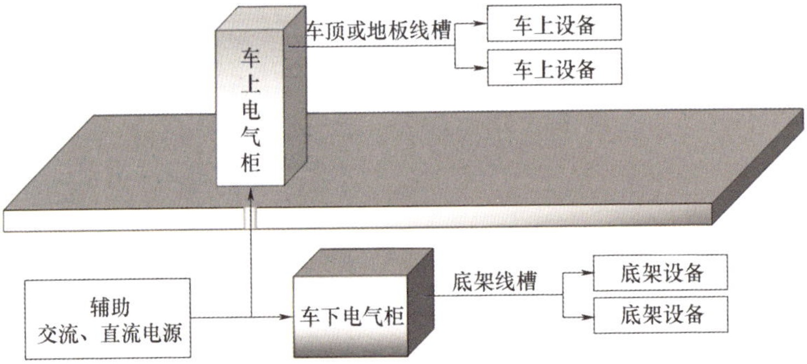

图 5—15　辅助供电系统整体走线图

另外一路则穿孔，引到车内电气柜，接上电气元件后，再从电气柜通过地板或者车顶等线槽分配到车上各负载，如图 5—16 所示。

图 5—16　CRH1A 型动车组从车下穿往车内的线槽

一般情况下，配电柜可能设置多个。有些车型按照交流配电柜和直流配电柜分开设置。直流配电柜中干扰比交流的小，往往一并设置一些控制单元。有些按照使用功能进行布置，比如与车组运行密切相关的一类设备归入运行配电柜，其他空调等客服设施的控制元件归入服务配电柜。有些车车上车下均设有交流配电柜，有些交流柜仅在车下设置。

图 5—17　车内电气柜照片

车内电气柜占据的空间比较大。电气柜中设置了大量的控制设备，是车组技术人员经常需要光顾的地方。网络系统对各设备的控制很大一部分就是在电气柜里面实现的，我们在网络控制系统中还要讲述。

5.2　辅助供电系统的特殊要求

5.2.1　可靠性要求

高速列车作为一个移动的相对独立的系统，对各种设备的供电可靠性整体上比我们家用电路要求高，因为有很多设备关系行车安全。即使是从旅客舒适性的角度也有此需要，比如，高速列车气密性高，如果空调系统断电，车内通风不畅，舒适性会变得很糟糕，考虑旅客人身安全又不允许随便开门通风，少数旅客可能会因此而砸玻璃。

所以系统设计时特别重视辅助供电系统的可靠性。辅助供电系统的容量具有较大的冗余。一个辅助变流器无法供电时，一般都有扩展供电的功能。

以 CRH3C 型动车组为例，辅助供电系统的框图如图 5—18 所示，你可以发现它到处是冗余设计。

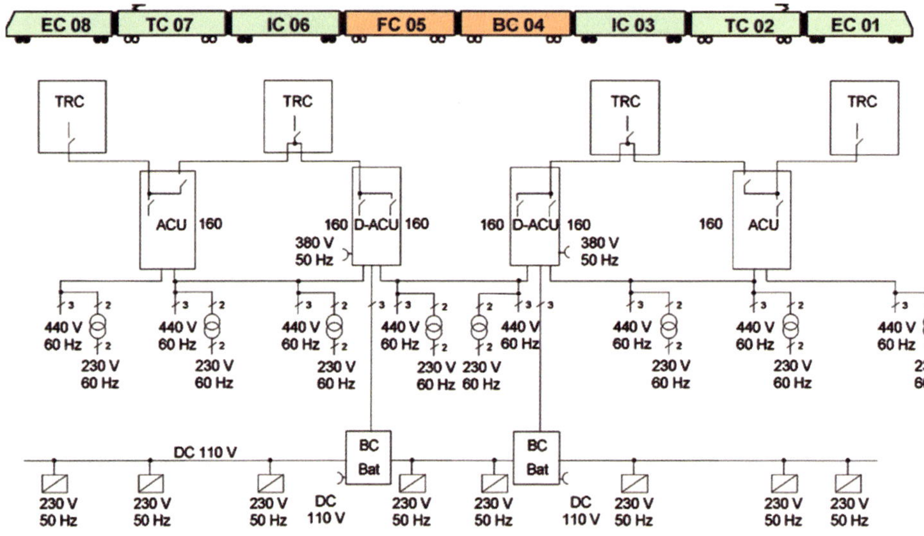

图 5—18

你也许会发现，这个车辅助变流器没有严格遵从单元式设计，而是有大小不同辅助变流器，CRH2 系列动车组也有这个问题。这种情况给元件的互换性带来一些问题。

5.2.2 列车启动与直供电设备

动车组上设备很多，每个设备进入到工作状态需要有个过程的，比如软件初始化配置，中间直流环节的预充电，空调系统需要抓紧预冷等等，有些设备启动时还会触发试验程序，完成自诊断。所以动车组的启动有一个过程，并不是主控钥匙一激活，车组就可以开动了。

为了提高启动的效率，有些动车组专门设置了定时自动提前整备功能，确保在发车点各个设备已准备好了，司机一到即可开车。这个思路可以被我们用来改造汽车。我们都有这样的体会，夏天停放汽车久了以后里面非常热，如果我们可远程启动整备功能，计划开车前5 min发送控制信号，空调系统已经提前制冷，生活会变得更美好。

动车组断电拔出主控钥匙后，看似一片平静，但不是一点电都没有，至少车组要保留识别钥匙激活的电能供给，否则车组就再也无法激活了。所以，还是有些负载依然在“加班”，这些负载被称为直供电设备，也有称为最小系统的。所以，动车组蓄电池的总接触器并不是控制所有的直流负载，有些负载绕过总接触器直接接到蓄电池上。我们操作司机室蓄电池开关是无法断去所有的负载的，这是乍一看挺奇怪的一个结论。

这些直供电系统是一些与启动、诊断或者制动功能有关的系统，不同的车略有区别。

5.2.3　直流供电系统

直流供电系统往往根据重要性及控制要求分组分级供电，设置不同的母线，比如直供电母线，紧急供电母线等等。

蓄电池系统需要严密防止亏电，否则列车无法启动。为了监控蓄电池电量，在控制系统中设置了按剩余电压自动切除负载的功能。但是要保证紧急照明、紧急通话等涉及安全的基本功能在亏电时依然可以使用。

5.2.4　外接供电

动车组上都设置有外接供电的功能，交流直流都有。在地面上设置外接电源，需要时接入。外接电源可以解决检修过程中的一些作业条件的矛盾，比如空调机组检修，如果检修人员需要到车顶上去，此时必然无法通过接触网给动车组供电，无法对空调机组进行有电测试，通过外接电源则可解决这个问题。

讨　论

1. 辅助供电系统为哪些设备供电？
2. 简述辅助供电系统能量由来及变换过程。
3. 试讲述辅助供电系统配线的整体情况。
4. 试讨论动车组上设置蓄电池的意义。

第 6 章 动车组各级电路的接地设置

接地的概念对于理解动车组整个电路特别重要，在其他行业的电气设备中也有广泛的应用。但是很多甚至是电专业毕业的技术人员对接地问题物理上的理解是不清晰的，这主要是学校里很多相关课程都阐述得不够明朗造成的。这些概念如果自己去摸索需要较长的时间，看似很难实际上里面涉及的数学非常简单，如果有人引导是可以很快掌握的。

所以我们很有必要专门用一章来修正某些观念。我们在第二章中的主电路部分讨论过一点接地的内容，本章把动车组的接地问题全部讨论完。

6.1 从触电问题开始

假如我们刚发明了一台交流发电机，电压为单相交流 220 V，用绝缘布包好电线，然后给一个电灯供电。现在绝缘皮破损，有个人站在地上摸到了裸露的金属电线，是否会触电？

我们往往得到的回答是会触电。

如果再追问其中的细节，往往又会得到这样的回答，因为地电位为零，所以触电。

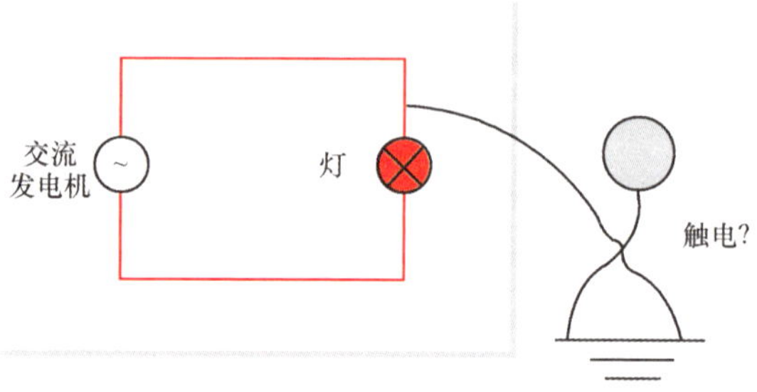

图 6—1

这样的回答是不正确的，为什么？因为这种情况无法形成电流的通路。此前大地未与我们的电路的任何一点相连，在导电上属于独立第三方。触及裸露部分时也只是连了一根线而已，无法形成回路。

为了便于理解，我们也可以假设能形成回路，如图 6—2 所示。人手触碰了上面这条线，而下面这条线可以看成通过空气、电线的绝缘外皮等连接形成回路。

但是请看，空气电阻很大，这个构造出来的回路电流极小，流经人体的电流小到可以忽略不计。串联分压，大部分的电压降落在空气等绝缘体上，人体上净电压很小，所以不会触电，而且负载依旧能正常工作。

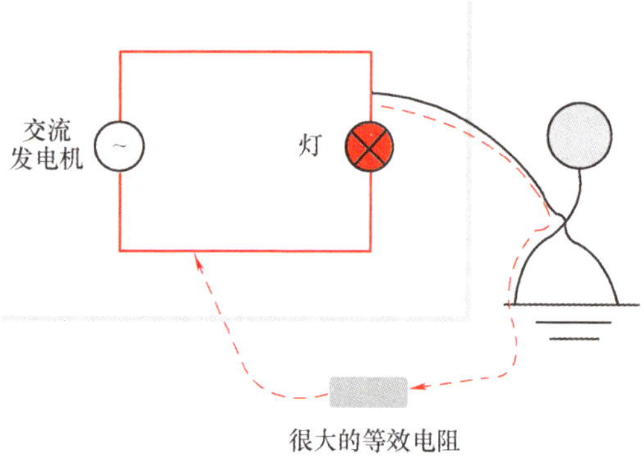

图 6—2

分析出来确实是这样的。那再问又是什么东西在干扰我们的想法呢？很多传统的物理教材给了一个模糊的概念——地电位是零。这个绝对的“零”干扰了我们的想法。

我们好像从来没有去梳理过地电位为零在什么情况下成立，提出它有什么意义。一出现相关问题，就会感觉头晕而乱用。一个并非基本理论的东西被当成是基本的理论在应用，当然要犯错误。

为了明确我们前面出现的问题，我们来做一个类比。我们知道，全世界都喜欢使用海平面作为海拔为零的基准，我们有一栋高楼，从第 5 楼到第 78 楼的高度差是 220 m，试问从第 78 楼到海平面是多少米？

如果类比前面的错误回答，那就是因为海平面是零，所以是 220 m。你可以看到这样的分析完全乱了，这个零不是任何时候都能够往上套的。在度量上提出来一个公共基准只是为了方便大家比较不同地方的相对高度关系。要使用公共零点时，需要通过相关依据与参考零点进行关联。比如我们知道5楼对海平面高度为15 m，然后5楼与78楼差220 m，这样78楼折算对海平面的高度为235 m。任何两个地方的高度差该是多少还是多少，不会因为参考零点的选择而改变。

地电位为零的意义仅在于大家都喜欢选择地为公共参考点，都相对地来折算电压，原来是怎样还是怎样。

这样，我们需要重新定位“地”。尽管大地的导电性能可能不如金属，我们把地只是看作电路中的一个很平常的导电体，接地问题只是在分析电路里面两个相连的物体的问题。此时问题就简单多了！因为我们回归了本位。

6.1.1　火线触电的问题

我们很自然会联想起，在家用电路中摸到火线怎么又会触电呢？两个问题挺像的。家用电路和我们的原始发电机是不一样的，它可以看成在发电机那儿已先把其中的一根电源线接到地上去了！

正因为多接的这样一根线，这样大地就不是独立的了。如果电路中还有其他地方对地导通，就可以形成回流，所以会触电，如图6—3所示。

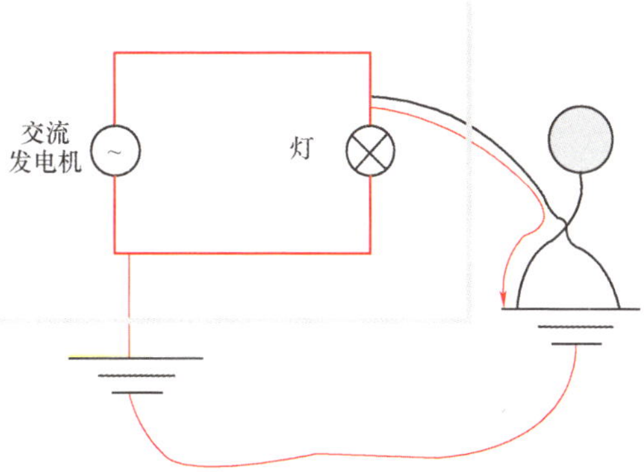

图 6—3

也正是因为有这样的接法，才有了火线与零线之分。本来发电机的两根输出线是等效的，现在有接地的定义为零线。

那么就奇怪了，电力系统的工程师们增加这根接地线干嘛？原来好好的不电人，现在怎么越改越危险了？这样我们讨论的问题变成了为什么零线要接地。

6.1.2　零线为什么要接地

工程师们一般都不会这么傻，他们应该是考虑了什么我们目前还不知道的一些东西，才“忍痛割爱”选择这样危险的方案。

经过考证，考虑的是系统故障情况下的绝缘强度问题。我们的输变电采用三相制，正常情况下两根线间的电压为交流380 V，这样绝缘强度两根线平担各190 V就够了(实际计算应考虑峰值,本书中为方便阐述直接按有效值讨论),如图 6—4 所示,这是正常工作时的分析。

但实际系统设计时要考虑各种故障工况,如图 6—5 所示的单相接地故障是电力系统最常见的故障之一。

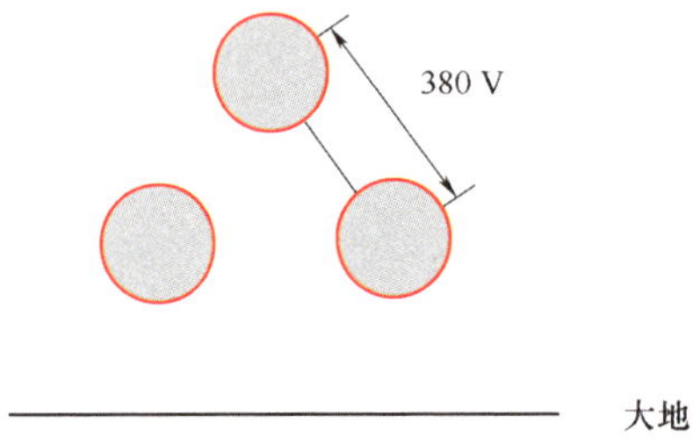

图 6—4

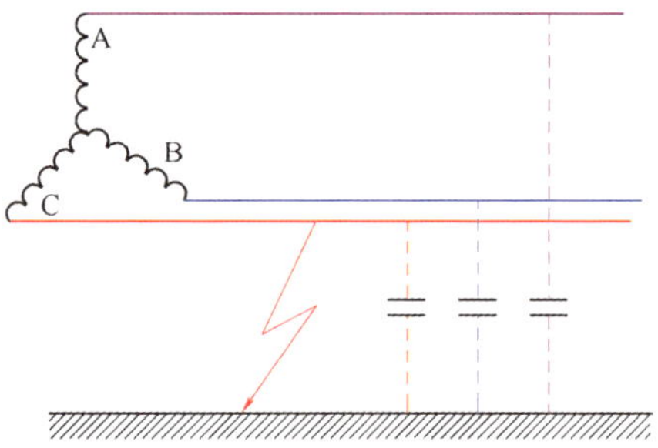

图 6—5　单相接地

此时根据我们前面讨论的道理,把地看成一个性能不定的导体,设计时按最坏的情况估算就是看成理想导体。大地与其中一根线直接导通,大地的电位与接地故障相的电位相等,这样大地与非接地相的电压就等于两根线之间的电压,此时对地绝缘功能变成由一根线完全承担,如图 6—6 所示。所以单根线绝缘强度设计要提高到 380 V 比较合适。

但如果我们把发电机的“零线”接地,地电位就等于中性点的电压。那么单相接地时,大地与非接地相的电压就仅为相电压而已,这样单根线绝缘强度设计为 220 V 就够了,如图 6—7 所示。

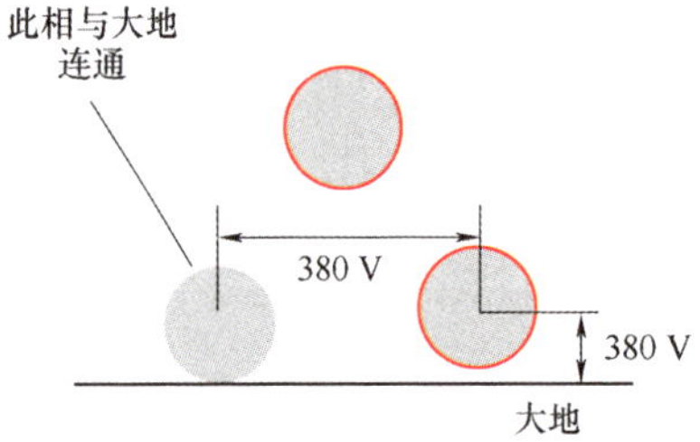

图 6—6

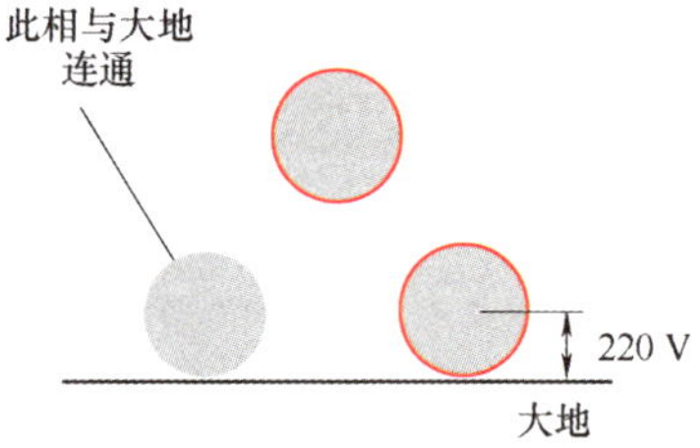

图 6—7

你可能说这种情况相当于把发电机的一相直接短路,会产生很大的电流,岂不是很危险? 确实如此,为了减小此电流,设计人员在接地线上串入一电感,如图 6—8 所示。

建国前后我国工业底子较为薄弱,考虑农村相关电力设备质量一般,故采用了绝缘要求低一些的零线接地的方案。

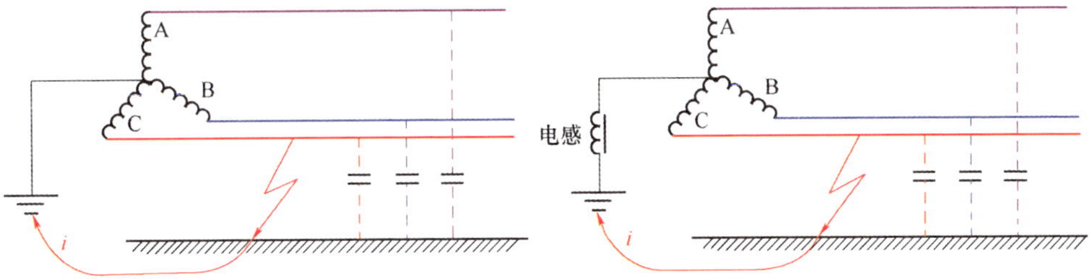

图 6—8

实际用电中，三相电在进入居民区的时候成了四根线，是在变压器把零线接地的，如图 6—9 所示。

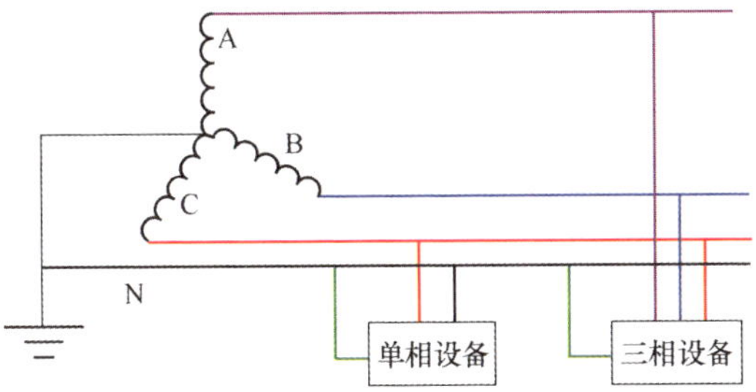

图 6—9

前面讨论是以传输过程为例讲述的，在三相设备内部依然有一样的绝缘强度的问题，可谓到处都有。即使选择“零线”不接地的系统，当绝缘有问题时，一样会有其他类型的人身、设备的伤害情况出现。

这里讲述的只是考证出来一个重要原因，下面我们讨论第二个原因。

“零线”接地还有一个极为重要的功能，就是为接地故障自动诊断提供检测基础。

如果有电线因抗磨等各种原因破皮后接到地上去，对于“零线”不接地系统，发生第一处接地故障时不会有任何反应。这种情况存在安全隐患，因为等到第二处电线又与地短路，两个故障点形成通路后后果就比较严重了。

为了把这种隐患检测出来，需要在电路上与地先关联。平常就检测关联参数，当参数有变化时即可判断电路其他地方与地发生了新的关联，就是有接地故障发生了。所以为了要检测其他未定点的接地，自己必须先与地相连，即先接地，为创造回流路径埋下一个前提。一般在零线接地线上设置检测机构，一旦测到有电流通过就报警。对于直流电路，也有采用电阻分压，通过电压检测判断接地故障。

在这个问题上，自动检测系统和人没有任何区别，如果第一次漏电的时候不能

“电击”检测系统一下，它一样无从知道系统发生了故障。为了能“电”它，所以需要先与大地建立连接。也正因为自动检测系统和人没有任何区别，这种系统既然会“电击”检测系统自然也会电人。不过，一旦检测系统能及时检测出故障，就可以采取保护动作，并为维护工程师提供信息支持，及时解决安全隐患，在某种程度上也减少了电人情况的发生。

所以我们看到零线接地带来的单手触及火线会触电的隐患仅仅是一个侧面而已，零线接地同时也会带来很多的好处，设计时需要全盘衡量。

6.2 动车组牵引、辅助、直流供电系统整体的接地问题

6.2.1 动车组参考零电位点的选择

既然接地这么重要，动车组上各个电压等级的电路都要接地。

对动车组而言，以车体做公共参考点是比较合适的，因为车体是金属的，并且是所有设备安装的基础，全列各设备可共用，拥有“海平面”的类似属性。大家都与它关联的话，相互之间的电压关系也好算。

动车组的车体通过短接线引入接地碳刷后通过轮对与钢轨接触，最后与大地相连。我们认为动车组的车体是“地”。

这样，动车组上的碳刷就有两种用途了，一个是讨论过的牵引回流时的回流碳刷，一个是接地碳刷，两者器件上是一样的。

6.2.2 不同电压等级电路的协调问题

一般情况下，一个电路设置了一个接地点后，整个大电路对地的关系就唯一确定了。我们讨论过，辅助供电来自于主电路，蓄电池直流供电来自于辅助供电电路。各种变流器里面只是一个开关组合，如果主电路接地点确定，那么随着开关的动作，它所带的辅助回路、直流供电回路的对地电位应该都是确定了的。而且，随着开关的动作对地的电位在不断的跳动中。如果是这样的话，动车组的电路与我们民用三相交流 380 V、直流 110 V 电路接地的情况也太不一样了，乱七八糟的，这样的电路好像不太对啊。

实际我们去看动车组的电路图，主电路、辅助电路、直流供电母线又都设有各自的接地点。这样几个接地点之间岂不要形成通路导致系统不能正常工作了？

所以，动车组的电路中需要对各回路的电位进行隔离，各自形成一个相对独立的电路，各自设置理想接地点。两级电路纯粹的电之间是不直接连接的，但是能量要传

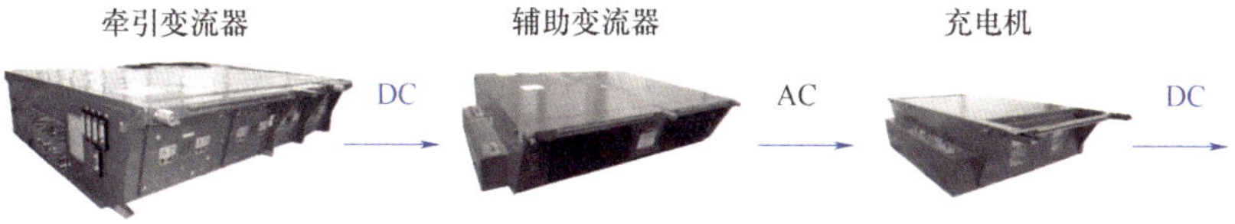

图 6—10

递，这用什么元件来实现呢？

我们知道，变压器是利用磁场做中转工作的，它可以把原边和副边的电路分开，两边的电路没有任何电线的连接，但是两边电路之间有约束。这样可以用它来隔离两个电路电位的关系。

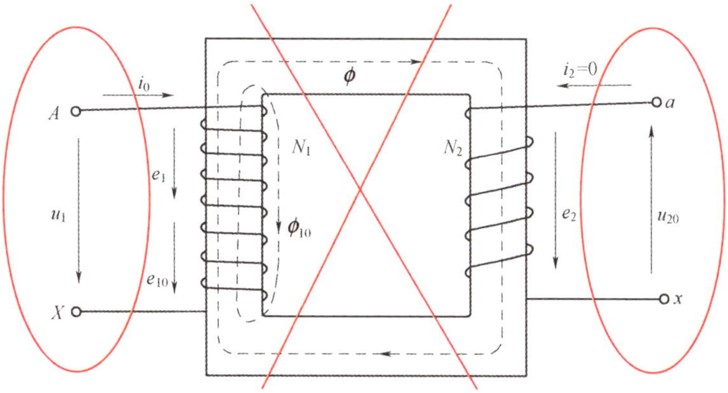

图 6—11

如图6—11所示，我们通过A、X两点的电压，只能确定ax的电压，两边电位之间的关系被变压器解开了可为任意值，我们可以根据需要通过其他方法进行配置。比如我们想让x对地电压为0，可以将其直接接地。如果我们想让a对地电压为0，可以将a接地。如果我们想让左右两边有确定的电位关系，可以将X与x相连，这样x与X等电位。

所以变压器可以用作变流系统上下级电路的衔接点。利用变压器连接的两个电路的接地点就可以各自设置了。如果左边是零线接地系统，右边可以做成零线不接地系统，这样可把前面的"单手触电系统"转换为"单手不触电系统"。利用这种原理工作的变压器称为安全隔离变压器。

6.2.3 变压器衰减冲击的功能

变压器的功能还需要补充一个重要知识，物理学中我们根据一些理想的假设可以得到变压器副边电压正比于正边的电压。但这是建立在变压器产生的磁感应强度正比于线圈电流的基础上的。实际上两者并不是很简单的正比关系，电流大到一定程度，磁场强度很难再等比例增大，而是趋于饱和，最后会导致变压器的输出无法跟着输入再同步提高。

所以如果变压器的输入有一个很大的冲击电压，这个冲击电压转换成电流再转换成磁场后往下一级传递时不会等比例的作用到副边，而是因磁场的饱和有一定的衰减，某种意义上这种效果可以起到保护副边整个电路的功能。与此类似，如果副边有冲击，比如因短路造成的大电流，也会有类似的情况，它可能把副边烧断，但原边的电路冲击会小一些，所以变压器也能起到一定的隔离保护的功能。

6.2.4 变压器的应用

既然变压器有这么多重要功能，那么在“变流器”输入输出两个制式完全不同的电路中，就需要再增加隔离变压器。加入此项，我们就把辅助变流器和充电机主电路的最重要的元素讲齐了。

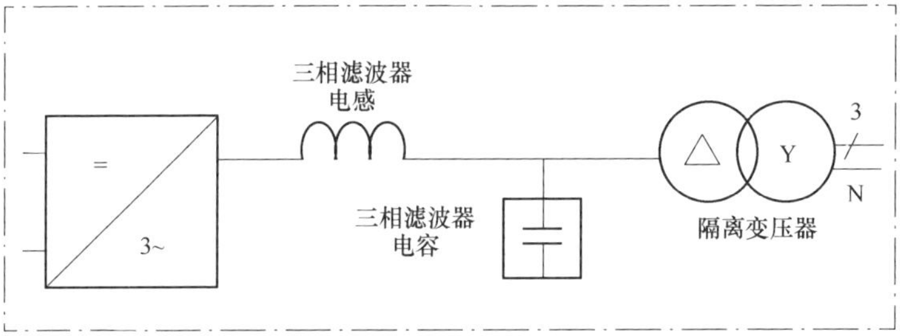

图6—12　CRH1A 型动车组辅助变流器电路图

以 CRH1A 型动车组辅助变流器为例，它把中间直流环节电压逆变成交流电。按道理是一步到位，一个三相逆变电路就可以了。但是实际上不仅仅是这样！如图6—12 所示，还接了变压器，技术资料上写着名字叫隔离变压器，但是隔离什么东西？都没有讲清楚。我们前面做这么多的讨论就是试图在解释这个“隔离”所指代的具体内容，CRH3C 型动车组辅助变流器也是类似的。

充电机也一样，本来是整流就可以了，由于需要进行电位隔离，但隔离功能所使用的变压器却只能在交流电路中用，所以实际充电机电路中首先整流，但增加一个环节逆

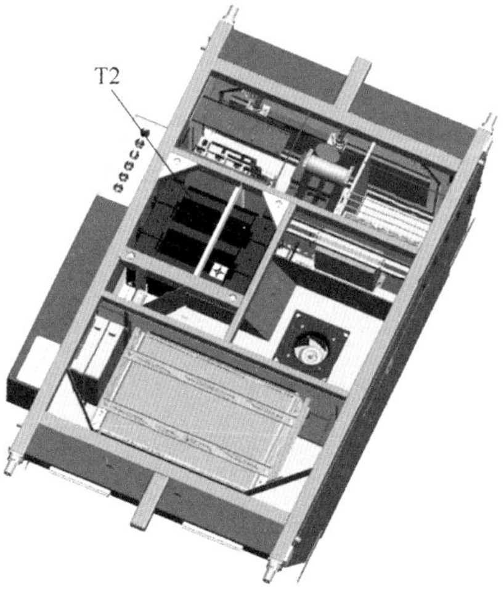

图6—13　CRH3C 型动车组单辅助变流器的隔离变压器

变成交流以加入隔离变压器，最后再整回直流，非常辛苦。

6.3 保护性接地

前面讲的“零线”接地严格意义上称为中性点接地（Neutral grounding），但是它带来了单手碰及火线时触电的问题。

如果用电器火线漏电，与其金属外壳相接，这样人也有可能触电。为了防止此种情况的发生，采用一种补救性措施，事先把金属外壳接到地上，称为保护性接地（Protective Grounding）。这样金属外壳与人站立的地之间被这条接地线强制成同一个电压，即使有漏电，人也不会触电，接地线把电压导走了。或者可以理解成这条接地线把人短路了，大部分电流从接地线上导走。在动车组上，所有用电器的金属外壳都必须有接地保护措施，都必须与车体短接，见图 6—14。

图 6—14 动车组主变压器外壳上的接地电缆

有人可能说用电设备为什么要使用金属外壳，使用绝缘外壳不就不会触电吗？这种情况与前面讨论的零线不接地系统的特征类似，故障会处于无法检测出来的情况，存在隐患。如果是金属外壳，除了结构强度大外，一有漏电，通过保护接地线流回，有助于检测出漏电故障来，可以触发供电的空开跳闸等保护动作。

各种接地的概念需要区分开来，我们在第二章中讨论过的动车组牵引回流的接地碳刷是第三种类型的接地，称为运行接地（Operating Grounding）。作为电路而言，运行接地是电路的一部分，用来使得牵引回流能够形成一个通路，正常工作时通过很大的电流。中性点接地是预设的一个接地途径，用来探测其他点的接地故障，在三相电路发生单相接地故障时降低绝缘强度要求。保护接地不与主电路直接相连，只是在用电器外壳上多设的一条接地线，它仅在漏电等异常情况下与中性点接地形成通路。后两种接地正常工作状态下是没有电流的。

6.4　动车组接地检测电路

接地检测电路在不同动车组中设置不太一样，我们来讨论一下。

6.4.1　高压直流系统

高压直流系统在设计接地电路的时候需要考虑较多的东西。如果直接把负极接地，负极出现接地故障时计算机无法检测。同时正极对地的绝缘要求较高，为整个直流环节的电压 U_D，器件选择时价格高不容易实现。如果采用的是正极接地方案，情况一定也类似。所以高压接地检测一般采用中间电压点接地，如图 6—15 所示。先利用电阻分压，然后将中点接地。这样，正负级对地的绝缘电压仅为原负极直接接地方案的一半，且任何一个极对地短路都可以检测出来。

当然，分压电路在接地故障时电流还是比较大，所以中点要接地时一般再增加一个限流电阻，如图 6—16 所示。

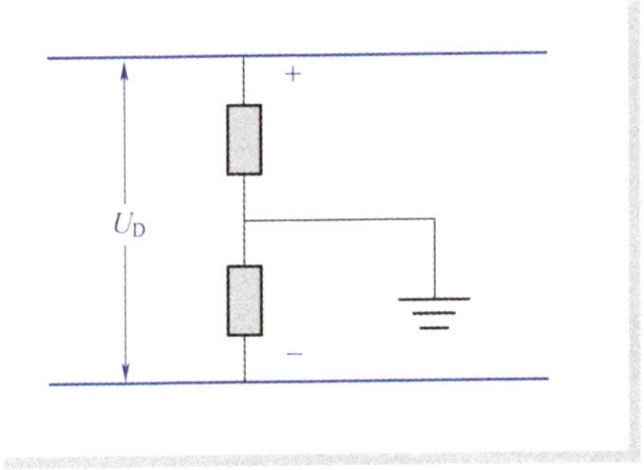

图 6—15　中间电压点接地

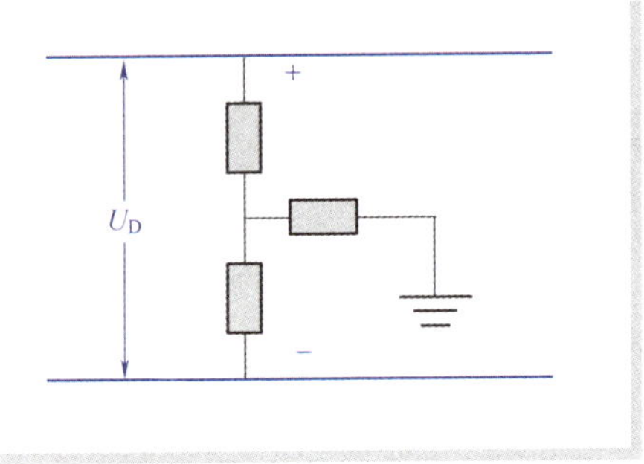

图 6—16

6.4.2　低压直流系统

低压直流系统绝缘不是首要问题，选择哪点接地不是很重要。可以采用类似的检测方案，如 CRH3C 型动车组。

但中点设置接地的直流电路发生故障时各处测量的电压不是那么直观。如果正极断线，测量车体与负载正极接线端子上的电压为 −55 V，负极对地电位也为 −55 V，负载上面几乎没有压降，感觉像负极电压通过负载负极接线端传递到了负载正极接线端。这种情况我们一样可以通过虚拟的回路来理解，正线断线处电阻极大，分走了绝大部分的电压，所以负载上面几乎没有电压，电压落在断线点两侧。或者说正线断线处电阻极大，电路整体电流几乎为0，与负载电阻相乘得到负载当前的电压等于0。

CRH1A 型动车组低压直流系统则采用将负极接地、增加限流电阻的方式来检测接地故障，如图 6—17 所示。

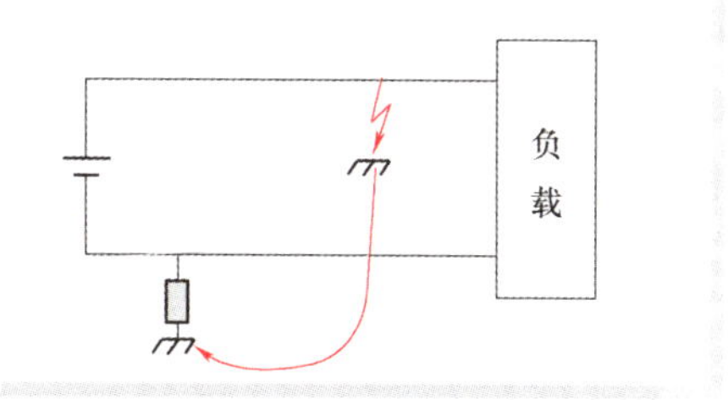

图 6—17　CRH1A 型动车组负极接地示意

限流电阻使得在正极接地的时候限制电流值，保护蓄电池，否则电池相当于被直接短路。同时，它保证了系统正极接地时各设备依然能够正常工作，并降低人单点触电时所承受的电压。不过此种方案无法检测负极接地，需人工定期开展检查。

6.4.3　三相交流电路

如前所述，三相交流电路接地检测可直接先把中性线接地，再通过测量接地线的电流诊断接地故障，不再详细讨论，如 CRH1A 型动车组。

CRH3 系列动车组采用的方案原理与直流检测非常类似，它可以看成是一种推广。也是每根电源线各引一个电阻后接在一起，三相电就需要三个电阻，然后再通过一个电阻接地，如图 6—18 所示。一旦出现接地故障，该电阻上将有电流通过，测量电阻的电压或者测量该路的电流，即可监控接地故障情况。这个相当于再创造一条中性线后检测接地。

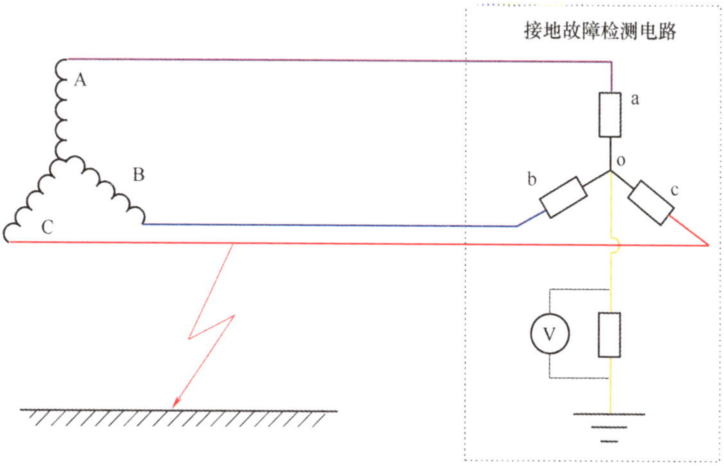

图 6—18

6.4.4 CRH2 系列动车组的接地开关

特别说明的是 CRH2 系列动车组将车体轻量化做得比较彻底，它利用车体作为 220 V 以下电路的公用负线，减少线长。负载负线在接入车体引电时每条线都设有一个连接开关，称为接地开关 GS(Grounding Switch)。

这个开关的功能类似于牵引回流中的“运行接地”，平常状态下开关处于闭合状态，有电流通过，见图 6—19。

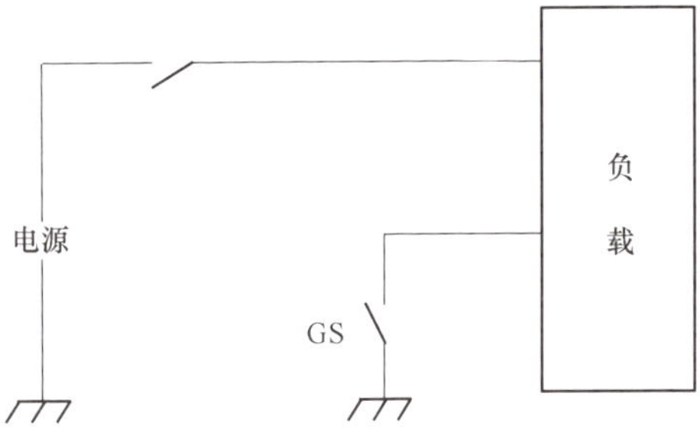

图 6—19

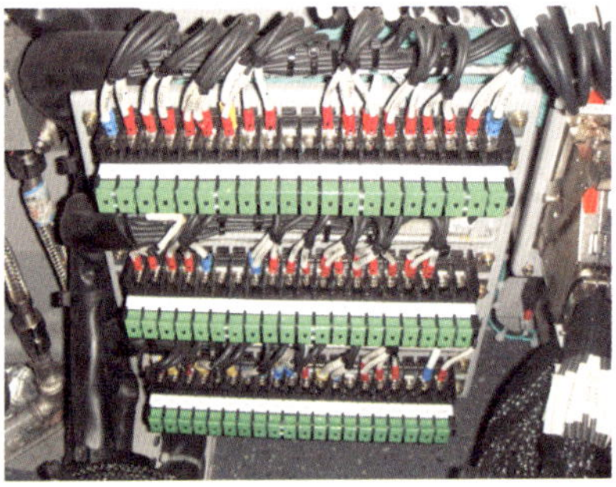

图 6—20　接地开关操作盘

6.5　动车组整车电路接地设置汇总

这样，动车组主变的原边在低压接线端利用回流碳刷接地，主变的副边、牵引变流器中间环节及牵引定子绕组部分利用中间直流环节分压电路在电压中点接地，我们在变流技术中讨论过牵引变流器只是一个开关。辅助变流器在三相中性点接地，直流供电系统接地有选择中点，有选择负极接地。最后各级电路的零点都通连到了公共参考点——车体上。

这样我们把接地概念打得乱哄哄的，现在又重建整个框架，看起来比原来更加规整有序了。

大家可以看到，整章理论只需要初等数学就够了，电路很多也只是中学物理的分压电路，但是建立概念的过程有一定的难度。

讨　论

1. 试简述“零线”接地系统有什么好处。

2. 试简述动车组上隔离变压器的功能。

3. 运行接地、保护接地与中性点接地有什么分别?

4. 使用负极带电阻接地的直流系统,发生正极接地故障时,该系统的其他负载可否正常工作?

第 7 章 动车组控制网络与诊断系统

自动化设备一般可分成控制单元与执行机构两个部分,即大脑与躯干的关系。网络控制系统是动车组的神经。各系统控制单元相互连接成网,网络控制系统如何保证列车安全是一个极为重要的课题。动车组对网络的稳定性、实时性要求很高。计算机联网总线有很多种,Can 总线,以太网等等,我们不准备讨论通讯协议等等一些非常专业的信息,主要是从系统安全性方面来讨论整个控制系统的基本框架。

7.1 控制系统的基本框架

7.1.1 传统的接触器控制电路

早期的工业系统,在电脑还没有达到市场应用的时候,使用接触器进行控制。

这种方式直接使用我们前面讨论的接触器的各种不同连接来实现控制逻辑。以某些金属加工机床为例,我们在设计这样的机床的时候,必然要求在屏蔽门关闭了以后系统才能开始动作,避免伤人。这个控制利用接触器怎么实现呢?

图 7—1

如图 7—2 所示，首先在屏蔽门上安装一个接近开关，当门关闭时压迫这个开关，开关闭合。再由此开关去控制一个接触器，该接触器的受控触点串入机床电机的电源回路当中。

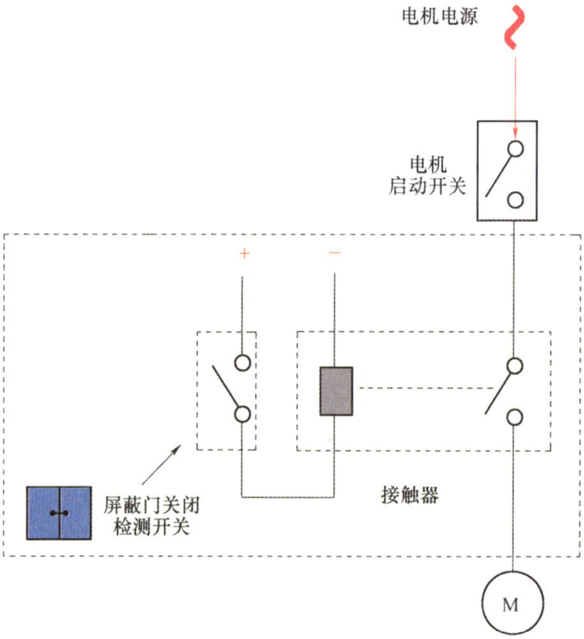

图 7—2

一旦门没有关闭，即使电机启动开关已被闭合，由于接触器断开，电机依然得不到电，不能启动。

这种方式能实现一些较简单的控制，要实现较复杂控制，需要使用很多接触器共同工作，占用空间大，维护难度大，系统更改比较麻烦。当然人们还是不断地发掘这种控制方式的潜力，各种复杂的接触器被设计出来了，比如具有延时闭合功能的接触器等等。

图 7—3　时间继电器

如果是使用接触器实现简单的逻辑运算，一般使用继电器替代接触器，两者原理类似，但继电器容量小些，可以看成是弱电控制弱电的元件。

我国的 CRH2 系列动车组较多地使用了这种控制方式，所用继电器数量庞大，在车上我们可以看到集成了很多继电器的印制电路板，如图 7—4、7—5 所示。

图 7—4　印制电路板

图 7—5　印制电路板组

7.1.2　纯粹使用计算机进行控制

随着计算机技术的发展，人们开始使用计算机来实现对生产设备的控制。计算机可以将各种逻辑关系在软件里面完成再输出。设备控制逻辑藏在电脑软件里了，后期如果有改动很方便，改改软件就可以了。

图 7—6

这种方式又怎么实现前面例子里的控制呢？如图 7—7 所示计算机首先利用一个输入模块把门上面接近开关、电机启动开关状态等各种条件信号读入计算机，通过软件计算，最后由输出模块输出信号，通过接触器控制机床电源的接通和关断。

由于在软件里面编逻辑，所以这种方式控制规则可以做得很复杂，智能化程度高，实现精准控制。软件编程，兼容性好，好推广。

在此基础上，利用微机联网形成的网络通讯系统可以实现远程管理、协同操作

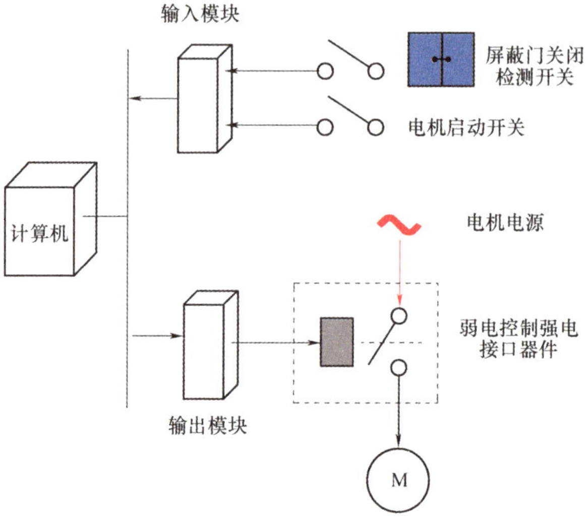

图 7—7

等更高级的功能，带来设备控制上的极大变革。

7.1.3　计算机系统的不稳定性及其处理

尽管计算机网络控制系统有这么多的优点，但是它有一个缺陷——不太稳定，如软件卡滞等等。如果出现控制计算机卡滞，电机正处于加工状态，又有人违规作业突然把屏蔽门打开了，那么这个时候，计算机反应不过来了，机床停不下来，输出不受控或者因为反应延时而存在一个危险的“角落”，怎么办？

对于生产生活中的高危险性的设备如切割机床、电梯等，一旦有闪失，可能会产生极为严重的后果。

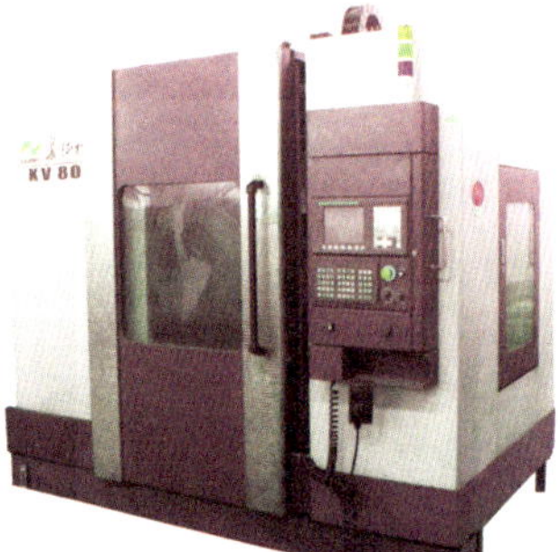

图 7—8

图 7—9

那么，人们如何解决这个安全隐患呢？做法就是将两种控制方式复合在一起，拼接安全性。

7.1.3.1 拼接安全性

在计算机控制的基础上，再引一路屏蔽门接近开关的信号去控制一个安全接触器，并把这个接触器的受控端串入电机驱动电路中。这样在计算机卡滞的情况下，即使有人打开屏蔽门，这个安全接触器也能动作，直接切断电机供电，依然可以保证电机停下来，如图7—10所示。

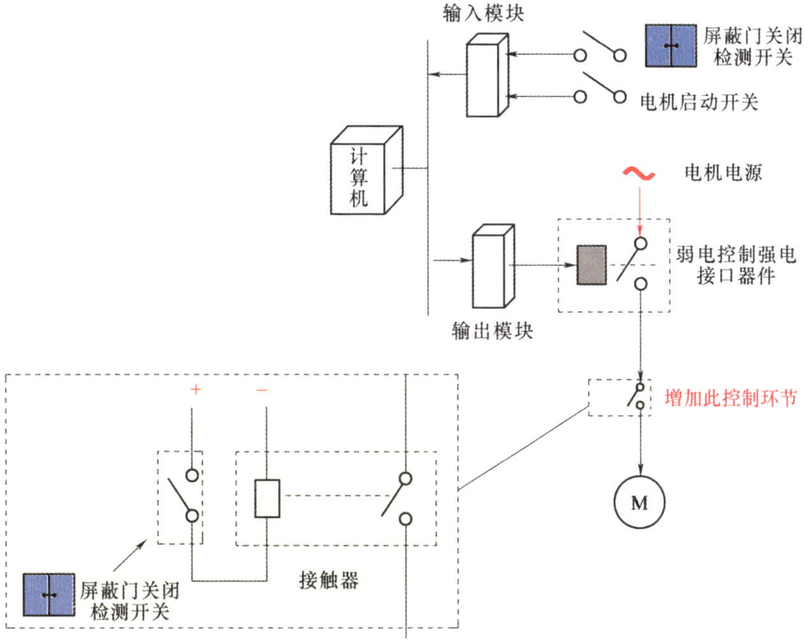

图 7—10

在计算机控制系统中同时引入冗余的接触器等硬线控制电路，以拼接安全性。这个硬线控制电路就是广义的安全回路。它既充分使用了微机的控制功能，又复合了硬线控制回路的稳定性，实现最大的安全性，任何一方有问题，系统都将触发动作起保护。

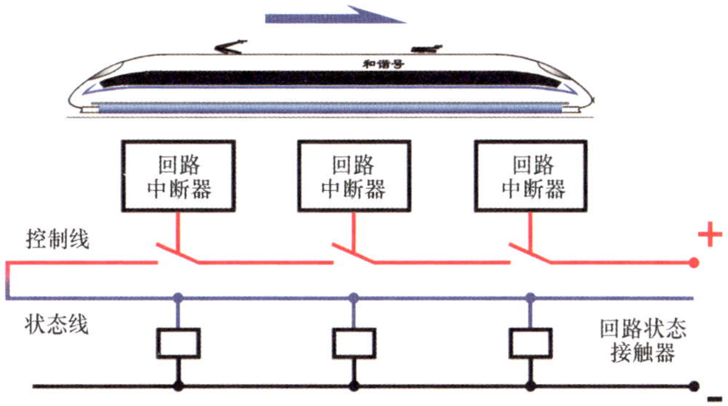

图 7—11

我国在这方面的起步较晚，2000 年还鲜有机床厂家使用安全回路。“安全回路”是 CE 认证的基本要求之一，它要求设备的紧急停止功能不允许仅仅通过 PLC 实现，还必须通过由电磁式电气元件组成的“安全回路”完成。动车组安全回路的概念图表示如图 7—11 所示。

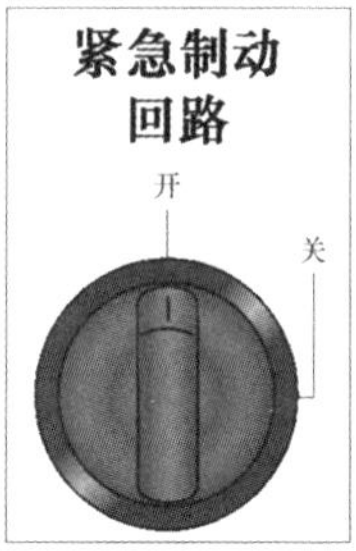

图 7—12

但是这样的设置肯定会使得系统结构变得更复杂了。比如控制系统正常，但安全回路连接不良断开，怎么办？以紧急制动回路为例，回路意外断开后车组触发紧急制动停车。为了避免堵住线路，动车组上一般都设置有安全回路故障开关，它在电路上的功能就是将安全回路局部短接，以期绕过意外断开的部分，让电路通起来。

因回路的名称与安全有关，发生故障以后很多工作人员会相当紧张。根据我们前面的讨论，某种程度上可以说安全回路是一种冗余的监控手段，监控不是完全没有，计算机方面还是有监控，只不过监控的可靠性降低了，需要尽快修复。

系统结构复杂了以后自然也会带来新的问题，所以正常情况下只是在一些关键性的、涉及安全的时候用。对于高速动车组而言，涉及安全主要是如下两个方面：制动系统，25 kV高压系统，其他如空调系统的压缩机保护回路等也有涉及。

需要补充说明的是，安全回路还有一个优点，就是响应的速度极快。一般的计算机网络，数据传输时需要按照一定的协议进行数据转换，会耗费相对较长时间。在动车组需要紧急制动，或者高压系统出现破坏的时候，使用安全回路，可以几乎立即动作，赢得更多宝贵的时间，使得系统尽快脱离危险状态。

微机网络控制系统外加安全回路，就是目前动车组控制系统的基本骨架。前面讲述的是电气控制方面的控制系统的整体结构。在系统的机械结构上还可以再设计另一级安全互锁。比如直接利用气路阀体的动作关系来避免危险状态的出现等等。凡是重要设备都有类似的设计，如果读者记得，我们在第二章受电弓 ADD 功能的实现讲到的设计就是使用了这样多重的安全措施。

各型动车组计算机控制与接触器控制比重不一样，CRH2 系列动车组的继电器控制比重较大，计算机控制也有，但是仅限于部分重要信息，数据量很小。CRH1 系列动车组则相反。

300 km/h 的 CRH3C 型动车组为了提高安全性，除了计算机监控部分做得比较完备外，还引入了大量的安全回路，比如紧急制动回路、高压紧急断开回路、主断保持回路、火警回路等等，特征上比较像综合考虑 CRH1、CRH2 系列动车组的情况。

7.1.3.2 控制系统的复位

计算机系统往往需要监控某些重要参数如接触网电压来保护设备。一旦电压超高就起保护断电。但是不管我们如何设置保护的门槛值、持续时间，外界总有个别电磁干扰会导致监控值短时超限，系统会触发一些保护动作，停止设备工作，对于高压系统必要时甚至禁止设备再次被接通，进行高压锁闭。

这种情况看似故障，往往事后又找不到故障点，具体是什么干扰也很难捕捉到。这样，会出现系统没故障，但还处在保护性停机状态，这是我们不想要的。为了恢复系统的正常工作，我们在检查确认后对相应系统及其控制单元实施断电复位，或者通过专用服务软件将网络控制系统重新配置。

这里只是举例，实际上计算机系统由于不稳定，偶尔还会出现一些问题，也需要复位。所以我们在辅助电源一章中讨论的供电断路器在实际运用中，特别是应急故障处理中的作用很重要。

7.1.4 控制计算机的互联

上一部分讨论的是控制系统的整个框架，含有计算机与硬线控制回路两个重要组成部分，这一部分讨论其中的计算机部分。

为实现整车协调控制，各控制系统的计算机需要联网以实现信息交互。计算机的联网通信有各种不同的实现方式和通讯协议。协议只是解决信息传递如何实现的问题，实现以后通信的具体内容还与整个系统控制权限的分工有关。整车的管理并不是所有信息全部都发往主计算机由主计算机来安排的，我们在整车设计理念中再讨论这个问题。

7.1.4.1 网络的分级管理

当我们准备把整车各系统控制计算机连成网络后，我们自然需要考虑整个网络的结构问题。

一般情况下，我们会选择一个列车级的网络，然后把每个车厢的网络作为其二级总线，挂到列车级网络上去，形成一种干流和支流的主从链式结构。

7.1.4.2 列车级网络的动态配置

由于我国八辆编组的动车组要求既能单独运行，又可两列连挂在一起运行，因此连在一起的时候，网络系统也要搭在一起，才能实现统筹管理，这样列车及主干线的编组是动态的，总线上的设备可变。

以我国CRH1A、CRH3C、CRH5A型动车组上使用的TCN网络标准为例，列车级网络WTB总线可自动识别配置新节点，与列车的实际运用情况相符。这种网络不只是适用于动车组的重联，也适用于传统机车挂无动力车厢的模式。

7.1.4.3　车厢级网络的固定配置

与列车级网络比，车厢级的网络设备则比较固定，使用了固定配置的 MVB 总线，与 WTB 之间通过网关连接，如图 7—13 所示。延展这种固定配置功能，有些动车组把一个牵引单元内的各设备使用一条车辆总线相连。

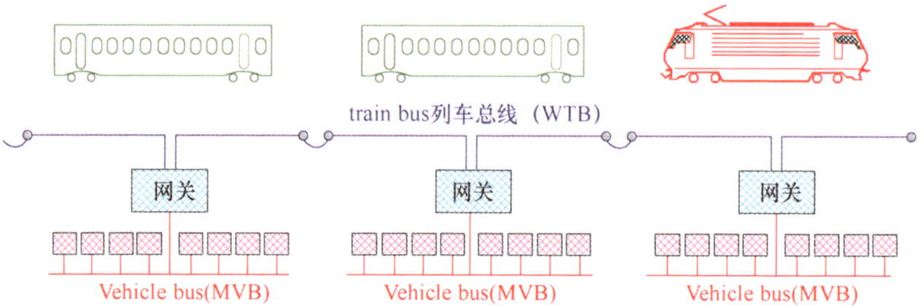

图 7—13

有的车还设置一个“三级”总线，把某一类的设备先连在一条 MVB 总线上，再通过计算机连接到车厢级总线上。牵引变流器、辅助变流器、充电机等串在一起，称为牵引总线，旅客舒适性相关设备汇总则形成服务设施总线。CRH5A、CRH1A 型动车组均有类似的处理。

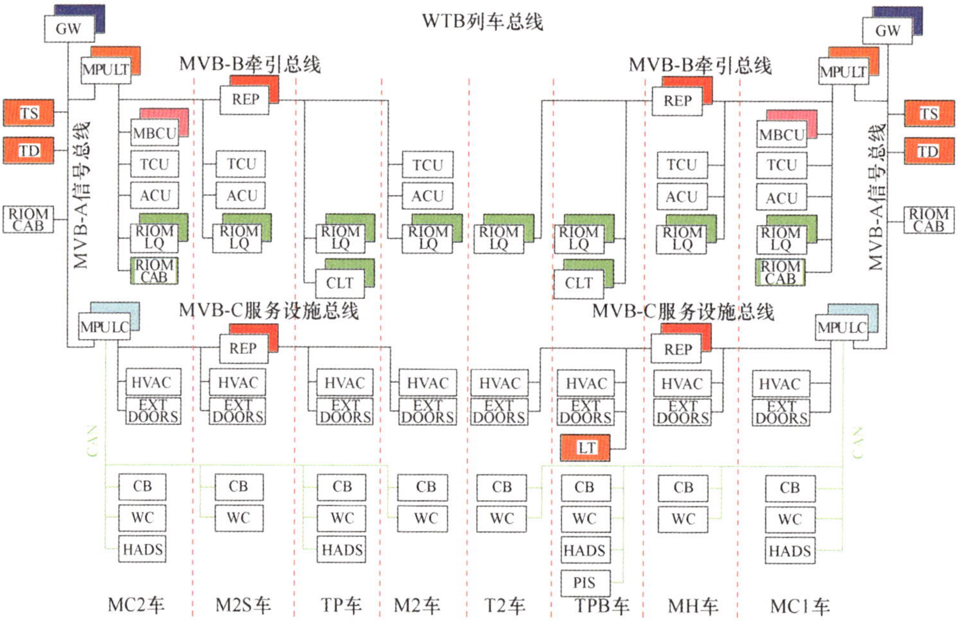

图 7—14　CRH5A 型动车组计算机网络系统基本结构

7.1.4.4　其他

在牵引传动系统中我们提过，结合动车组的结构特点，网络系统的整体结构会与牵引单元结构相匹配。以 CRH1A 型动车组为例，示意如图 7—15 所示。

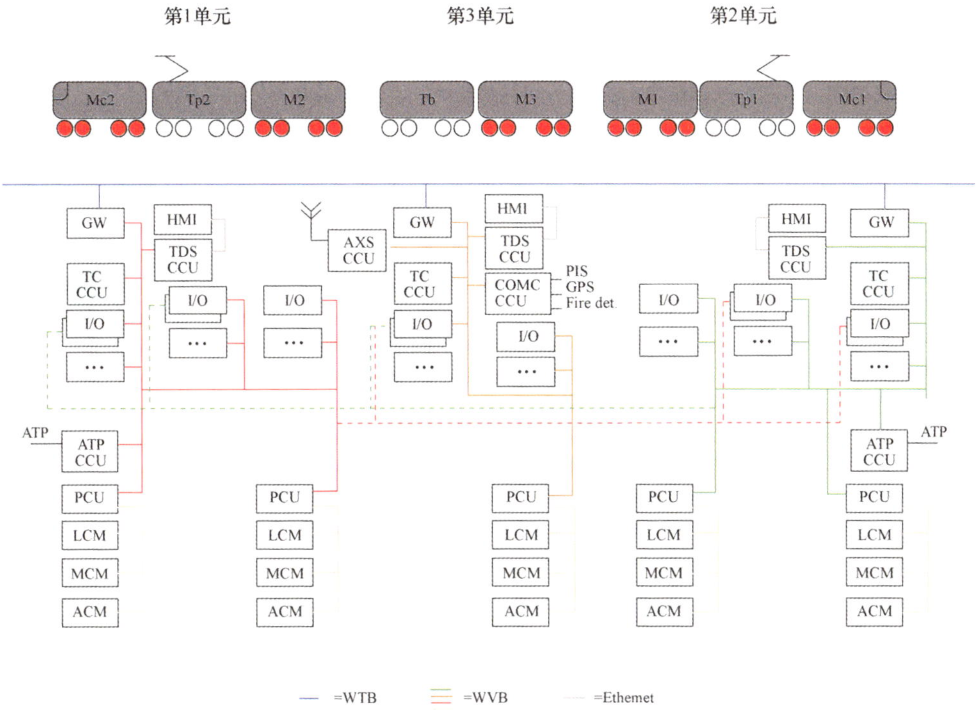

图 7—15

除了欧系的 TCN 网络标准外，在我国 CRH 系列动车组中，CRH2 系列动车组采用了不同的标准。“列车级网络”则使用如下的光纤环网，每车设终端装置（相当于 TCN 中的网关加 MVB 管理器）。光纤网为环线回路，双向环形传输信息，具有向左和向右两条传输路径。各种设备如牵引、制动、空调控制单元等再通过“车辆级网络”——电流环的通讯方式挂到终端装置下（头车设有中央装置，相当于终端装置加 TCN 中的 WTB 管理器）。

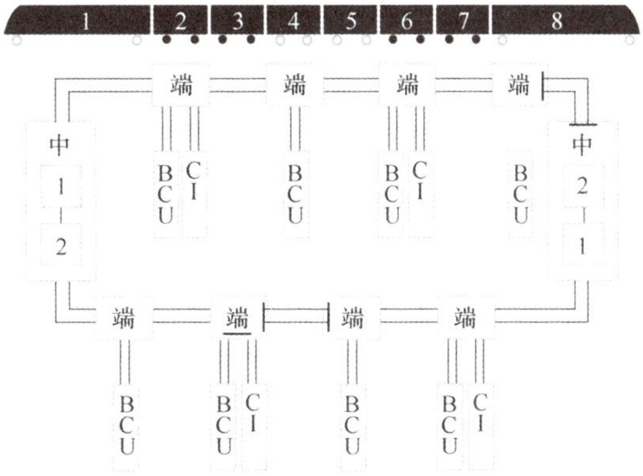

图 7—16　CRH2 系列动车组的光线环网

为了提高安全可靠性，每种车

型都会有一些特殊的设计，这里不再讨论。

7.2 计算机系统控制设备动作的基本实现模式

7.2.1 接口设备

计算机系统控制具体设备时需要有一个接口机构，除了我们前面在变流技术中讨论到的 IGBT，在辅助电源中讨论到的接触器这些弱电控制强电的元件外，动车组中还有另外一类非常著名的元件，就是气路、液路用的电磁阀。

接触器通过电磁力驱动触头动作进而控制另外一个电路，电磁阀则通过电磁力驱动阀门动作进而控制流体的流动，如图 7—17 所示，电磁铁无电时在复位弹簧的作用下切断流通途径，通电时电磁力克服弹簧的作用并向上拉动“闸门”，打开通道。

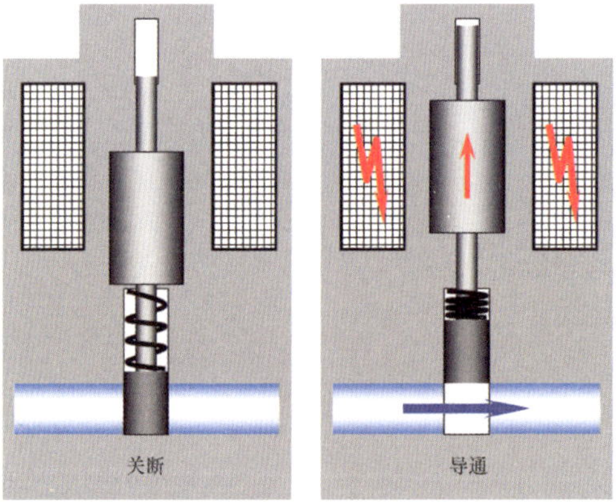

图 7—17 电磁力驱动的电磁阀

电磁阀大量应用于我们后文中将要讨论的制动系统、车钩导流罩控制、给水卫生、外门、空调等系统，电磁阀典型外型如图 7—18 所示，一个电路接口，下面是控制流体的阀体。

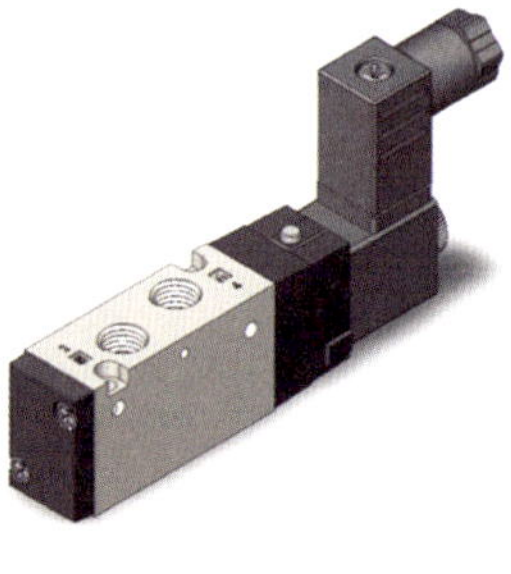

图 7—18 电磁阀

这些都是只有两种工作状态的设备，要么通要么断。在电子技术中，这种要么有电压，要么没电压，只有两种状态的信号称为数字信号。所以这些设备可以通过网络系统的数字输出模块进行控制。只有两种状态，处理起来比较简单。动车组上还有很少量的设备不是这样的，他们的值具有不同的数值要求。由于一般情况下都尽量将模拟问题转换成数字问题进行处理，数字信号设备已经能够囊括目前我国 CRH 动车组的大部分设备，模拟设备本书中不讨论。

7.2.2　网络系统的输入输出单元

前面讲到的基本是输出控制，使用到的是输出模块，各种车上基本都有标准的输出模块。此外，各种信息反馈回网络时，一样有标准的输入模块。不同供应商设计的输入输出单元外观差别非常大。

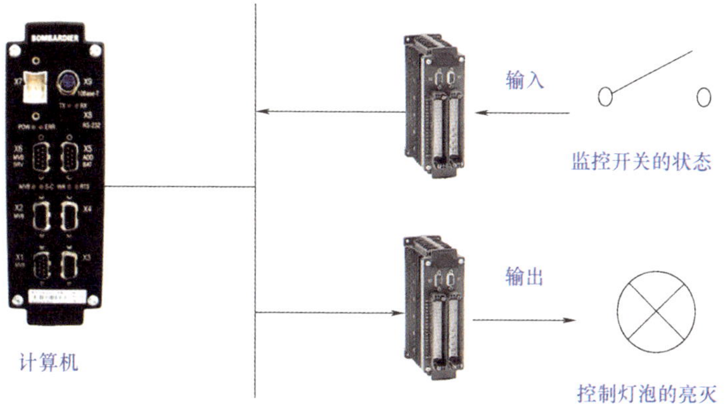

图 7—19　CRH1A 型动车组输入输出单元

图 7—20　CRH3C 型动车组的输出输出单元

在数字输出单元中，有两种模式。一种是直接输出可驱动直流负载的信号，它的功能相当于电源再加上开关功能。以电磁阀开关控制为例，如图 7—21 所示。

另外一种输出模块则不提供电源，只提供开关功能。这种方式模块工作只需要很低的驱动电压。但是外接电路复杂一些，各受控对象需要自己再引入电源，如图 7—22 所示。

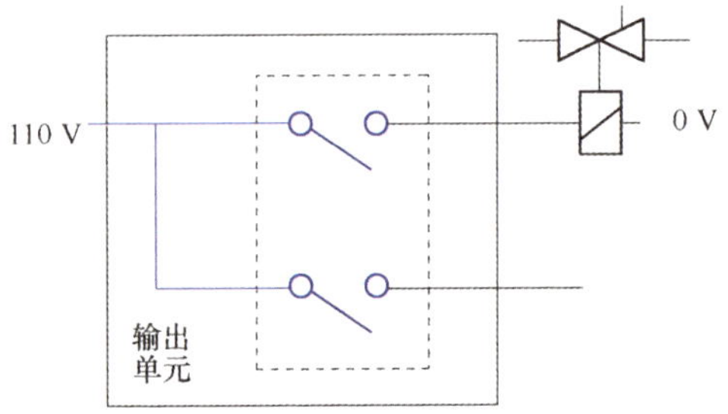

图 7—21

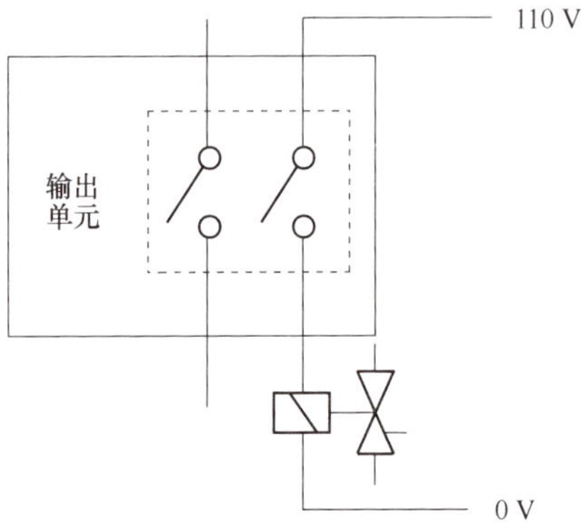

图 7—22

标准输入输出模块除了这里讲的功能外，有些比较简单的系统，比如厕所单元，也可通过这些模块间接与整车控制实现信息的交流，而不需要通过总线通信的方式连入整车计算机系统，可以简化网络系统的设计。

输入输出模块一般都设有指示灯，可以通过指示灯确认模块相关信道当前的状态。

输入输出除了这种列车级的模块外，各子系统的计算机往往还有自己的输入输出接口。比如，对于边门的电磁阀，外门控制计算机自己负责，而没有将此功能留给列车级的输入输出模块。这样处理就近管理，可以降低网络负荷。所以从整体上来说，并不是所有的信号都通过列车级输入输出模块对接的。

7.3 动车组诊断系统

诊断系统监控车组设备的关键状态参数、设备动作的反馈信息等等，发生故障时自动触发报警，在显示屏上提供故障支持信息，必要时自动触发保护动作，产生强迫制动或者是自动切断高压等等。

诊断系统内的诊断信息必须密切结合车组各系统的具体原理和结构设计，并不是一个空中楼阁。技术人员只有了解了动车组的结构和原理，才能看得懂故障信息所陈述的内容。

7.3.1 诊断系统的能力有界

自动诊断并不包含所有异常情况的诊断。如座椅垫脏了，就没有必要专门做一个诊断系统，因为没有意义。即使做出来了，这个诊断系统自己也要出故障，也需要做诊断，整个系统变得很复杂，所以这样的工作最好是由人工检查来完成。诊断系统不是全能的。只要能保证运行安全，并在一定程度上提高运用维护效率就不错了。诊断系统强于电气类故障的诊断，或者机械问题但可转化为电气类的故障，比如车组超重，加速度超限等等。但是故障的具体原因有很多种可能，比如转向架横向加速度超限，可能是轮轨关系不良，可能是某个减振器有故障等等，这些都需要诊断工程师的判断。你可能说我们可以增加对子一级部件的监控，不就可提升诊断系统的性能自动分析出故障点了？但样样都检测，系统还是过于复杂，成本很高，没有单位愿意买了。

同时，目前动车组诊断系统基本上是基于单一故障假设情况下的诊断，就是假定故障 1 发生时，其他故障不发生，否则诊断系统还是太复杂了，很难做。实际运用过程中，故障情况灵活多变，可能存在的组合有无限多种可能，没有可能遍历，对所有的故障都给出对应的方案。

系统自动诊断的信息只能参考，根据具体问题具体分析。多重故障留给功能强大的工程师的生物计算机——人脑去研究了。并不是“动车组非常先进，使用另外一台设备对动车组进行修理，一按按键，所有工作全部自动完成。”

所以有些人认为动车组故障检修很简单，只是按照提示更换部件。这种看法很不成熟的，完全不了解实际故障处理过程。比如旅客信息系统重音，试问需要更换哪个部件呢？如果不需要人工甄别，采用直接换件的方式，只能更换整车了。

真实的动车组故障处理过程中对故障部位进行界定，缩小故障范围，这些工作都需要诊断工程师去思考。诊断系统可以给我们提供一定的帮助，但是不能完全脱离诊断工程师。

诊断信息数量很大，为了区分，给各故障编号，称为故障代码。动车组系统很多，设计时各供应商协商，统一好接口标准，比如故障代码号码区段分配等等。分对象，按紧急程度预先对故障代码进行属性划分。

不同车型，由于车载计算机能力不一样，诊断可用信息量有很大的区别。诊断系统当中集成了故障情况下的行车指导以及库内检修指导，这些信息需要在动车组软件层面进行更新，不断地优化，是一个长期的改进过程。

7.3.2　车载诊断信息获取的便捷性

7.3.2.1　显示屏与指示灯

动车组上可直接与乘务人员进行人机对话的部件有很多，比如一些开关按钮、指示灯、显示屏等等。

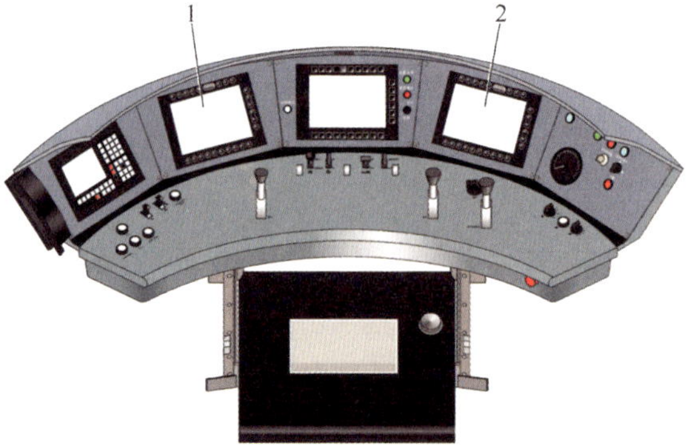

图 7—23　冗余的车辆显示屏

设在司机室和监控室的显示屏提供的信息量最大，提供故障信息、各系统状态信息，还可以输入一些人工命令以启动设备试验或者切除某些设备，调节温度照明等。目前各型动车组显示屏使用触摸屏与硬件屏两种，显示屏操作起来整体感觉反应速度一般。

显示屏在页面设计上，按使用需求集成各种信息，以减少人员收集信息的繁琐作业。比如将司机到站开车需要的所有信息汇总，专门放入一个界面内，一目了然，不需要再去不同的菜单查看需要的信息。

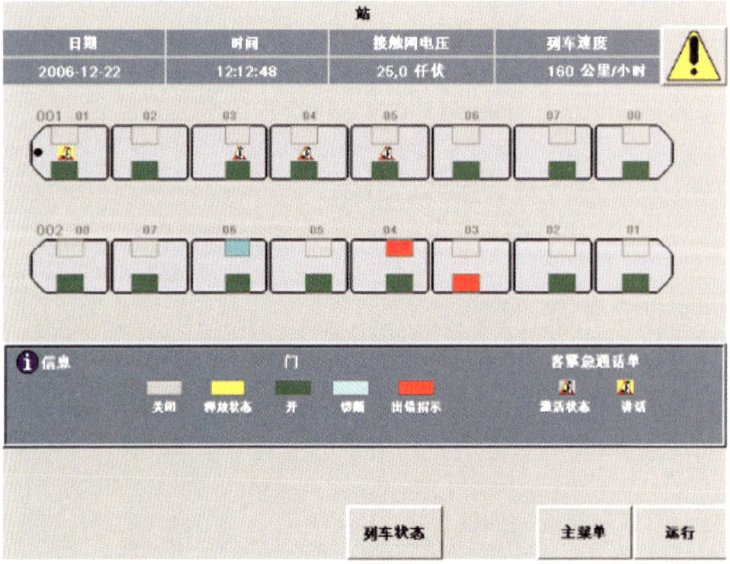

图 7—24　CRH1A 型动车组的站菜单

不过，人们的使用需求也不是恒定不变的，车组的设计总是有些滞后，也有车组的某些显示屏功能设计汇总信息不全，需要逐个页面确认各系统的状态信息，使用起来依然比较麻烦。

显示屏采用图形化的界面显示。根据实际应用情况，各型动车组的部分界面都还有一些可以继续优化的空间，如 CRH3C 型动车组高压牵引系统中，没有显示出来高压系统的连接关系，不容易掌握。

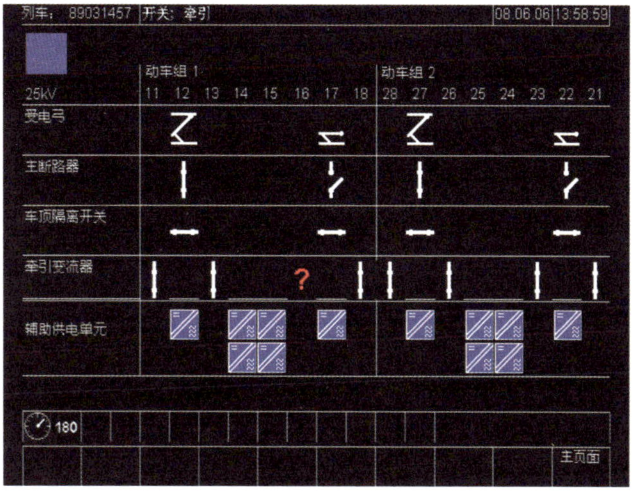

图 7—25

对于安全相关设备的信息显示，除了使用人机界面显示外，CRH2 系列、CRH5A 型动车组还增加了硬件灯显示面板。

图 7—26

图 7—27　CRH5A 型动车组报警指示灯

各种按钮灯也可作为是备用显示的一种方式，一旦显示屏故障，需要凭借这些冗余信息通道行车。

7.3.2.2　数据下载与 IC 卡读取

由于各系统控制计算机中的诊断信息总量太大，动车组上的显示屏是一些提要信息，无法显示各计算机中的所有诊断信息。故障代码及其对应内容、故障的触发时间和结束时间、操作提示信息等诊断数据可以显示在显示屏上，但其他相关的故障环境信息，如车组故障时的速度，当时是否有高压电引入等等这些详细信息很多都不显示。

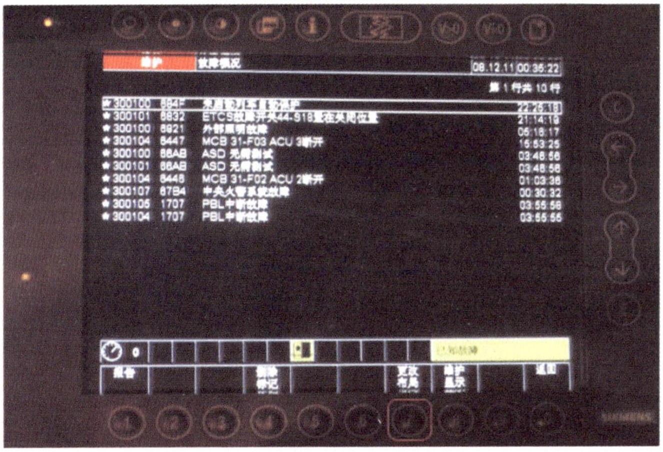

图 7—28　CRH3C 型动车组故障信息显示

这些详细的信息需要人工通过笔记本电脑连接后去车上下载。有些车型利用 IC 卡读取。这些方式数据量大，但不是很直接，不同计算机在不同部位下载，有些需要到车下开启裙板，使用起来不方便。

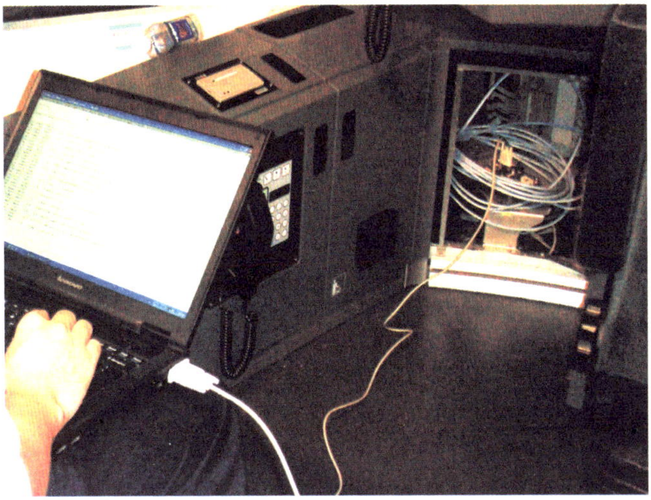

图 7—29

为了减少数据下载的繁琐，CRH3 系列动车组将各种计算机连线端口通过引线延长，集成在车内的一个面板上，如图 7—30 所示，在一定程度上提高了作业的效率。

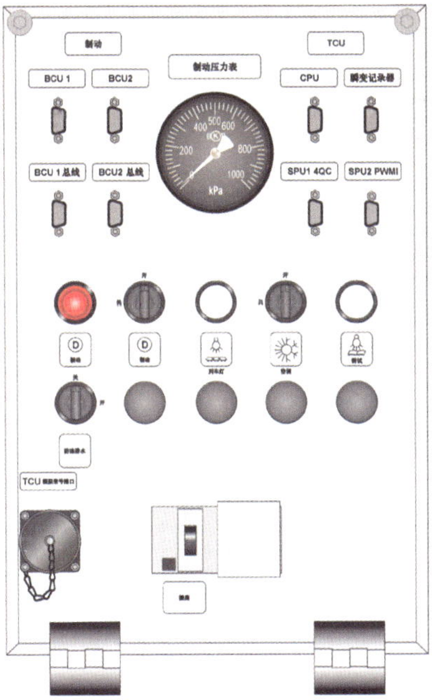

图 7—30　CRH3C 型动车组车内控制面板上各控制单元服务接口

所以正常情况在故障处理时，一般先查看显示屏，必要时再使用笔记本电脑下载数据。其实我们可以考虑进行这样的改造，各系统的细节故障信息平常不发送到显示屏，但在显示屏上预留一个功能。有查询细节信息的需求时，人工在显示屏上触发命令，将特定计算机的信息载入。这样就可以在不增加网络系统负担的情况下提高信息获取的便捷性了。

7.3.2.3　远程数据传输

动车组预留了远程数据传输的接口，充分利用起来线上可进行远程应急指挥，库内可提前进行故障处理的准备工作如数据的预分析、物料准备等。不过，受数据量传输能力的限制，远程信息和司机室显示屏一样也只有部分提要信息，具体的细节无法查询，目前还是需要到车上去查看。

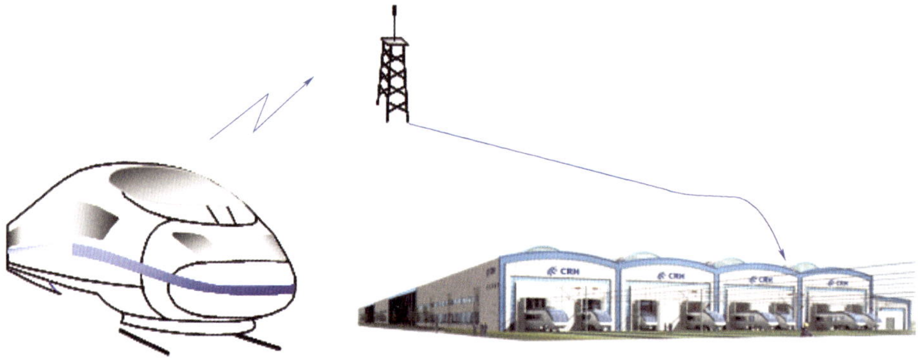

图7—31　远程数据传输

7.4　网络系统的重要性

对于动车组的设计而言，从集成的角度上说网络控制系统是核心。这是因为动车组其他系统可以生产出来，但是如何挂到整车网络上，实现协调控制和各种信息的对接呢？所以必须攻破网络系统，否则无法自主完成集成工作。

不仅仅是统筹控制有问题，以诊断功能为例，各系统的信息互通是提高故障处理便捷性的基础。如果某个系统如内门，没有接入整车诊断中心，那么我们通过确认司机显示屏上没有故障时并不代表车组没有故障，还必须逐车确认内门情况，这样就非常麻烦了，有些车型就存在这样的情况。

由于控制系统的重要性，各系统服务接口上不可只考虑使用的方便而与日用设备兼容。比如使用U盘进行数据升级或直接在Windows系统下安装应用软件等，实际运用中一般都会有病毒入侵等各种不好控制的情况出现。

讨　论

1. 从安全控制的角度来说,控制系统的框架是怎样的?
2. 讨论我国 CRH 动车组的计算机网络系统的连接结构。
3. 计算机数字输出单元如何控制设备动作?
4. 试讨论目前车载诊断系统各种获取信息方式的便捷性差异。

第 8 章
动车组制动系统

制动与牵引是一对矛盾，都有“动”感，是影响列车运行的关键系统，很多从事动车工作的人都比较偏爱这样的系统。制动系统是安全相关系统，对列车可运行的最高速度具有决定性影响，有多大的制动能力才能有多高的速度。

速度越高，对制动系统的关注度也就越大。比如，虽然集成的是同一个供应商的制动系统，时速 200 km/h 的 CRH1A 型动车组的制动系统很多功能是直接由整车级的列车网络系统来实现，但时速 300 km/h 的 CRH3C 型动车组制动系统自己独立进行控制的理念很突出，且在驾驶台专门设置一个 HMI 显示屏进行制动状态显示，如图 8—1 所示。

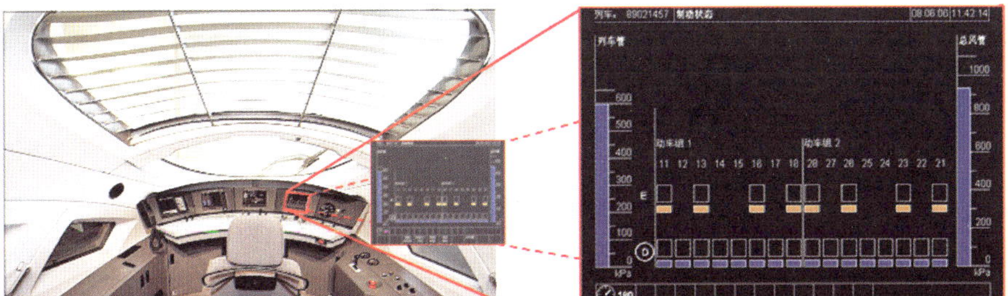

图 8—1　司机室制动显示屏

同时,除了根据运行中制动故障的具体情况限制车速外,还将制动试验放在了极为重要的位置上。定期对制动系统进行全面试验,对制动可用性进行预评估,根据评定结果限制最高运行速度。

有趣的是,你也可以认为实际上高速列车制动系统没有什么用,车组质量太大惯性大,出现异常情况实际上很难立即停车,比如司机发现有人非法闯入线路,即使立即采取紧急制动也没有什么意义了。由于撞人的过程场面异常惨烈,老乘务员描述司机碰到这种情况时会施加紧急制动,然后拔腿逃离司机室。制动系统的功能是满足在预知信息的情况下按正常运行要求停车,防止冲撞。

从物理实现上,我国 CRH 动车组基本上都复合了牵引系统的再生制动系统、空气制动系统以及利用高能弹簧的停放制动三种制动方式。尽管各种动车组的制动系统的供应商可能不一样,但是最基本的原理都是相通的。本章讲述的是制动系统气路上的整体结构,至于制动系统控制电路上的整体结构,上一章已讨论过了。

8.1 电制动系统

我们已经在前面讲述了牵引系统,我们都知道反向的牵引就是制动,确实是这样的,将牵引电机变成发电机,就可以制动。这种制动方式有好多的优点,比如它不磨耗闸片,大大减少了闸片更换,环保且有利于安全卡控。其次它还能够将产生的电能返回接触网,供给其他的动车组使用。不过这种制动方式返回的能量只有 5% 的样子,并不是想象中那么大的比例,但动车组的功率不小,依然可以节省大量的能量。

所以动车组上优先使用这种制动方式。但是这种制动方式有一些明显的缺点,首先是可用性的问题。如果在同一个接触网上没有其他动车组在运行,动车组又没有设置能承受全部功率的发热电阻,再生制动的能量没有消耗的地方,是无法进行再生制动的,过分相时也会碰到类似的问题。其次如果出现突然的高压系统保护主断跳开的情况,也没有办法采用反馈回电网式的再生制动。为了保证制动距离,空气制动系统必须随时做好准备替代电制动,也有些车组增设大容量的发热电阻来解决此问题。

同时,再生制动有一个制动力不足的问题,受牵引电机等电牵设备传输功率的限制,根据

$$P=\frac{W}{t}=\frac{FS}{t}=F\frac{S}{t}=Fv$$

速度越高，在传输功率一定的情况下，提供的制动力越小，否则牵引系统会过载，如图8—2所示。

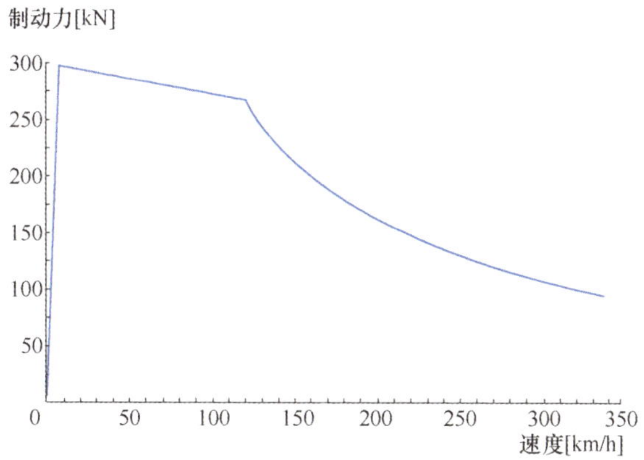

图8—2　可用电制动力随速度的变化情况

这样车组运行的速度越高，再生制动力反而越小了，达不到制动距离要求，所以必须使用空气制动作为补充。故尽管是电制动优先，但是在高速制动的时候，我们可以看到不只是施加电制动，空气制动也要施加。读者可能说前面不是讲优先使用电制动吗？优先使用与先使用是两个完全不同的概念。基于所有这些考虑，必须使用空气制动系统进行补偿，同时它也是确保制动安全的后备方式。

电制动系统技术水平要求较高，并不是任意形式的电都能往接触网上传的，传上去不好的电不但难以使用，而且会干扰其他设备，所以这个技术都是较晚才实现的，但是夹钳式的空气制动已有很长的历史。

8.2　空气制动系统

8.2.1　传统空气制动系统

制动就是让列车减速，早期制动系统里面有最大实践价值的想法可能就是通过压缩空气作为原动力，推动闸片，产生制动力了。这个想法的精华如图8—3所示。

压缩空气是通过风管传到各节车厢进行制动的，实际使用后，发现这种系统要传递相当数量的压缩空气做动力，需要的时间较长。同时这种方式的制动信号也是利用压缩空气传递，空气信号传播速度也不高，导致上闸的速度慢且各车制动不同步，车辆制动时有冲动。

更为严重的是在车辆意外脱节的时候会因气体漏光而丧失制动能力。

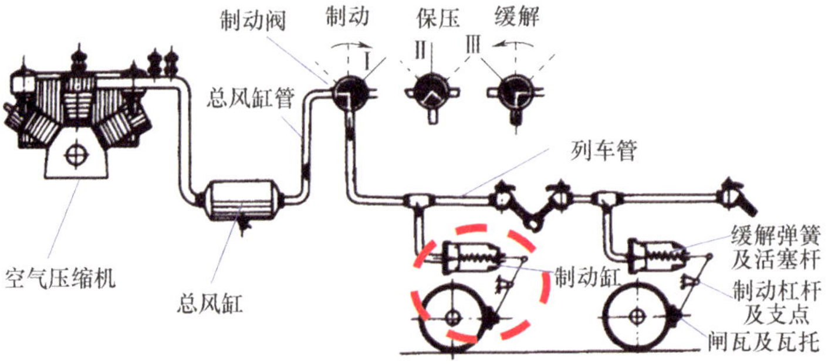

图 8—3

于是人们想办法改进，主要是考虑当列车发生分离事故，制动软管被拉断时可实现自动上闸。我们猜想这种新的制动系统应该设有一个储能机构，于是产生了“闻名天下”的带“三通阀”制动系统，每车增设辅助风缸。三通阀就是利用制动管的气体压力来进行气路的通断控制。最核心的想法是，当制动管内压力降低时，打开辅助风缸往制动夹钳的制动缸的通路，施加制动，如图 8—4 所示。

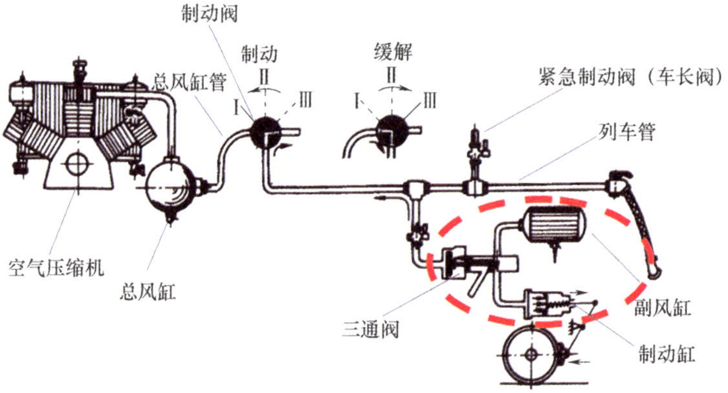

图 8—4

此外，三通阀还有两个附加功能，缓解制动时把夹钳制动缸中的压力排出，同时开启制动管往辅助风缸补给的通路。这样，归纳起来等效于一个控制三个通道的开关，如图 8—5 所示。

三通阀的具体结构及其包含的三个气路开关在制动缓解两种工况下的情况如图 8—6 所示。

为了区分前述两种不同的制动系统，根据其主要特点命名，第一种制动系统称为直通式制动系统（直接制动），第二种称为自动式空气制动系统（间接制动）。

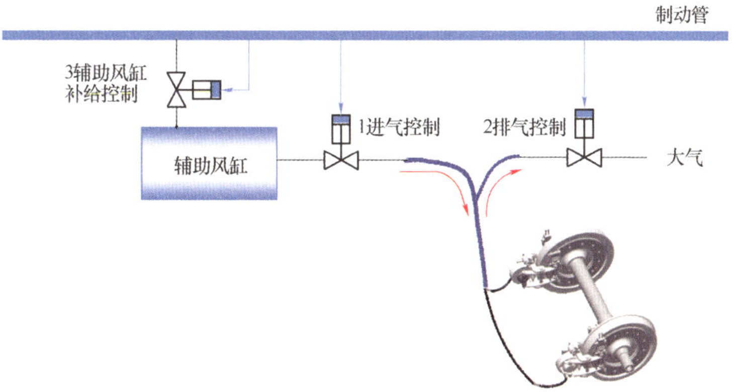

图 8—5　三通阀的主要功能等效图

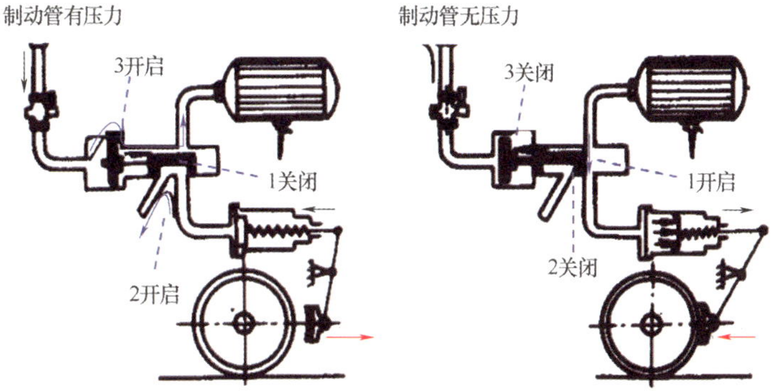

图 8—6

自动式空气制动系统在车辆意外被拉断的情况下即可自动施加制动。它的制动管只是充当制动信号传递的功能，剥离了原来它作为制动动力来源的功能，各车的制动都是由相应的辅助风缸供气，缓解时各制动缸的压缩空气也都是从各车的三通阀处排出，使得全列车制动和缓解的一致性较好，大大缓解列车的纵向冲击。

这样最早出现的直接制动被间接制动淘汰。

8.2.2　高速列车空气制动系统

间接制动系统虽然好，但是通过制动管空气来传递制动信号还是不能满足高速列车的要求，制动上闸的时间还是比较长。此外它还有个要命的缺点，就是进行连续制动的能力有限。主要是因为辅助制动缸的压缩空气补充的速度有限，连续上几次制动以后，辅助制动风缸的压缩空气可能被用完没来得及补充，丧失制动能力。使用纯空气制动系统，限速 80 km/h 左右。

人们进行新一轮的改进，在电气控制技术的冲击下，首先改用电信号来传输制动命令，直接控制充风排风。这样便取消了整个三通阀的结构。由于没有了像间接制动系统那样的间接控制压力的过程，这种新的制动系统回到了直接制动系统。三十年河东，三十年河西，谁都没有料到，基于这一点，在高速列车上，第一轮被淘汰的直接制动又获得了很大的应用，只不过这个新直接制动对原始的气动控制的直接制动进行了修正。

进一步拓展原间接制动每车设置辅助风缸的思路，设置总风管直接供风的大风缸。不是在施加制动的时候才疲于奔命运送气体，而是提前预备，每车设置风缸，需要时"本地供给"。避开了原来输送气体耗时很长的问题，提高了上闸速度和同步性，提高了持续作战能力，原来间接制动连续制动能力问题也不复存在。对于早期动车组意外解编会导致制动力丧失的情况，则使用列车网络、安全回路的办法来施加紧急制动的方式解决。平常就监控系统压力，监测压力过低或者安全回路断路时，利用各车风缸中预存的压缩空气先起紧急制动，保证了列车的安全。

这个系统就是我们现在常常听到的直通式电空制动系统（使用电控制的空气制动）。这种制动系统形成了目前高速列车制动系统的主干。

也有些车型如 CRH3C、CRH5A 把直接和间接制动系统拼接在一起，正常情况下使用直接制动，在紧急制动以及系统故障时引入使用纯空气动作的间接制动，以提高安全性。CRH3C 型动车组的制动系统后文详述。

在此，我们需要对直接制动和间接制动的概念做进一步的澄清。我们可以从前面的简述中看到，在制动夹钳部位，不管是直接还是间接制动，都是增压制动，这个压力是夹钳制动缸里面的压力，因为这些压力是制动驱动力。但是我们一般所讲述的增压制动指的是制动管，制动命令传输通路的增压。这两个增压是完全不同的部位。

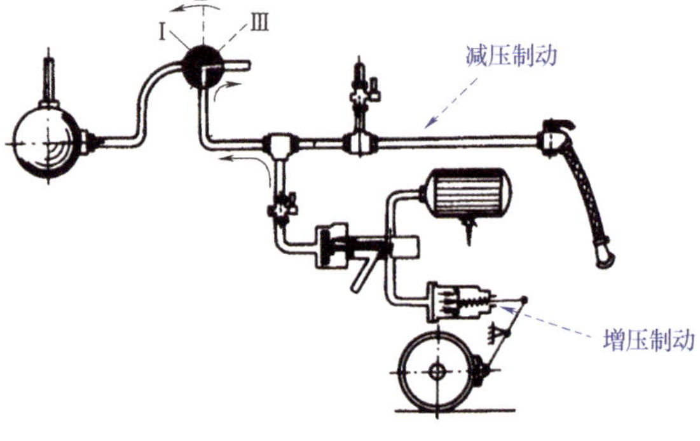

图 8—7

因为现在所使用的直接制动系统往往不再使用气路进行制动命令传递，传统意义上的区别被淡化了。直接与间接制动的最重要的分别是是否使用气动的“三通阀”。

8.2.3 直接制动气路控制基本原理

如果我们自己来设计一个制动控制气路，我们考虑的目标是使制动夹钳上的气缸在气源供给的情况下达到希望的气压值以产生所需要的制动力。如图 8—8 所示，设置一个传感器监测制动夹钳缸压力值，低的时候就打开电磁阀充气，高的时候就将气排掉，这样岂不是非常简单？

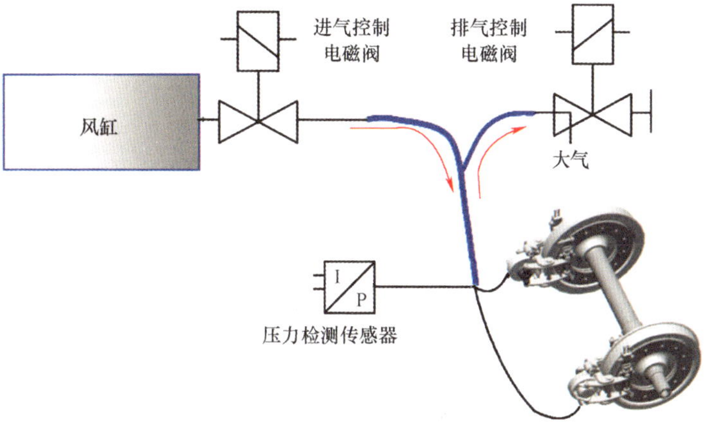

图 8—8

这个图可能看起来有点眼熟，实际上它与我们前面讲的间接制动三通阀如何制动的本质是一致的，只是由气控改为电控。

实际系统比这个复杂，主要原因在于这些充排气电磁阀生产工艺还不能达到这个要求，直接用电去控制推动夹钳的压缩空气，没有如此大容量又能精确控制的电磁阀，或者说可以生产，但是性能达不到相关要求。

目前真车上是通过间接的方法来实现的，先由电控制一小股压缩空气，再由这些压缩气（制动上叫预控制压力）去控制推动夹钳动作的压缩空气。这个通过预控制压力控制制动夹钳制动缸的压力元件就是中继阀。

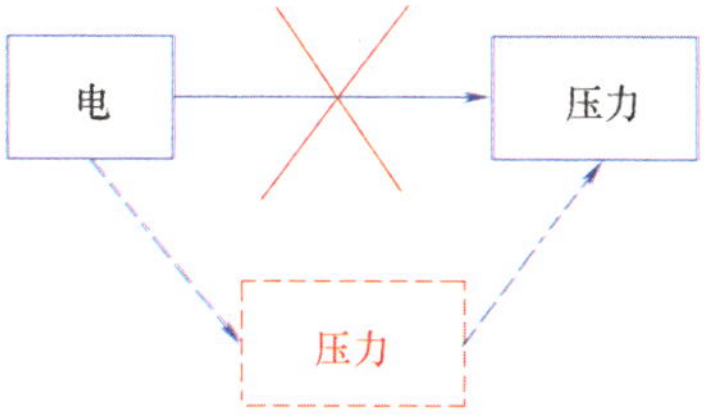

图 8—9

也就是说首先产生一个预控制压力，此压力通过中继阀进行容量放大以后才导入制动夹钳缸，具体如图 8—10 最后一个环节所示。

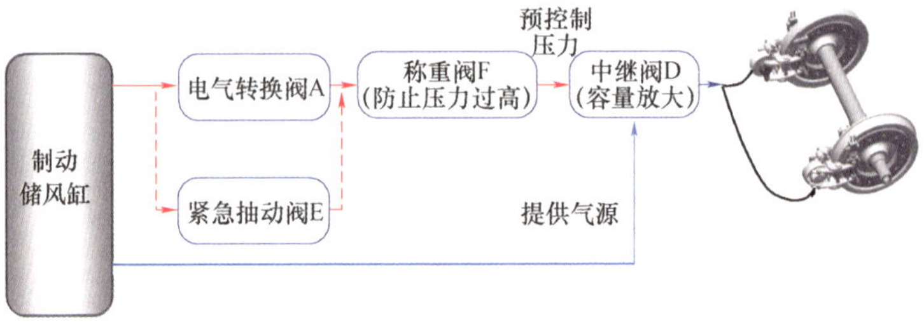

图 8—10

此外对预控制压力的产生进行了进一步优化。电气转换阀控制精度高，但是反应速度慢，在紧急制动时为提高反应速度，提高安全性，做了一点改进，直接使用紧急制动阀将制动储风缸的压缩空气导入中继阀。但是这个压力可能偏大，再使用空气弹簧传回来的车重信号对紧急制动信号压力进行限压，然后通过中继阀进行容量放大后产生制动。

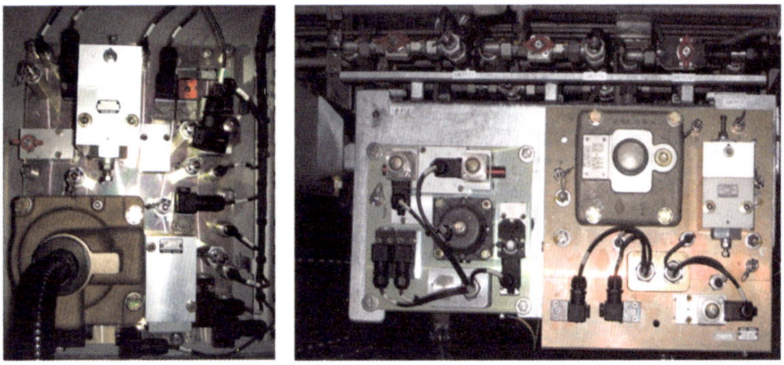

图 8—11　CRH3C 与 CRH1A 型动车组制动控制阀板

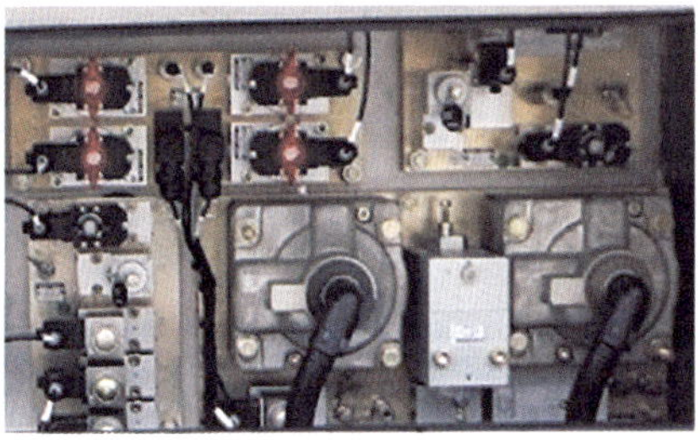

图 8—12　CRH5A 型动车组制动阀板

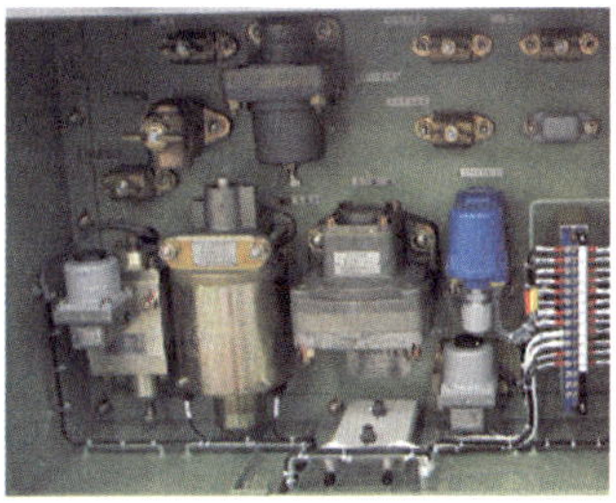

图 8—13　CRH2 系列动车组制动阀板

看懂这些，我国各型动车组制动系统的气路图就能够看懂最重要的一部分了，这些在各型动车组上基本上是相同的。

顺便提下，电磁阀与中继阀这样的黄金搭档，在动车组制动系统中的很多地方都有应用。此外，在某些阀体内部，甚至在 CRH5A 型动车组真空断路器内部都能遇上。

8.2.4　CRH3 系列动车组控制系统气路整体结构

8.2.4.1　直接制动与间接制动的复合

CRH3 系列动车组是运营速度最高的动车组之一，制动系统在各车中最为复杂。我们以它为例来大致讨论一下。前面讲过它复合了直接和间接制动系统，那么这两个制动系统是怎么复合的呢？

两种制动系统各产生一个预控制压力，再使用气动阀对这两个压力进行选择，压力值较大的一路由中继阀进行容量放大后产生制动力。

8.2.4.2　两种制动复合的实现——双向止回阀

双向止回阀结构和原理如图 8—14 所示。

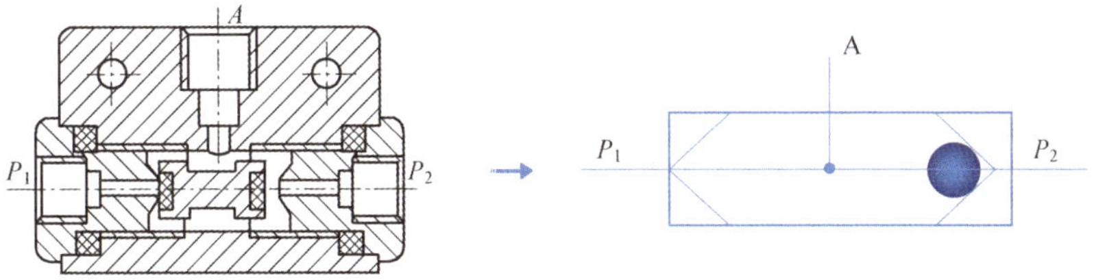

图 8—14

设置两个进气口 P1 和 P2，一个出气口 A，阀内有个梭，P1P2 中哪个压力高，就把梭推向对面，将压力低的那个进气口堵住，然后压力高的就从出口 A 导出。故哪路压力高，通哪路，外特性就是选择压力高的那一路输出。

根据前面的讲述，下图对直接制动和间接制动的气路进行了简单表示，现在应当可以看懂了。

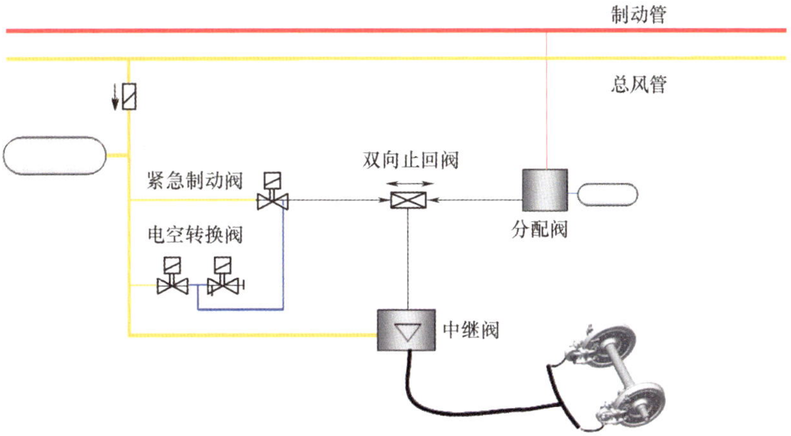

图 8—15　直接制动与间接制动复合整体图

8.3 停放制动

8.3.1 停放制动功能

动车组上一般还设有一种极为重要的制动——停放制动。停放制动主要功能是车组停放以后防止溜逸。你可能要问，在列车静止时再上一把空气制动给它止住不就可以防溜了吗？确实可以，但压缩空气系统多少总存在一定的漏气，如果长时间停放，气漏完后就没有制动力了。所以传统的列车使用铁鞋插在轮子下来实现这个功能，如图 8—16 所示。

图 8—16

这种防溜方法对铁鞋的设置和撤除有很高的人工卡控的要求，必须要防止带着铁鞋开车。我国的 CRH 动车组除 CRH2 系列外均使用自动化的系统来替代铁鞋。

由于停放时间较长时列车的压缩空气会逐步漏完，考虑故障安全的原则，停放制动必然需要设计成无风制动的模式。目前都是使用高能弹簧进行制动，平常通过压缩空气抵偿高能弹簧的制动力，控制停放制动缸的压力即可控制弹簧制动力的施加和缓解，如下图所示。

图 8—17　停放制动缸的原理

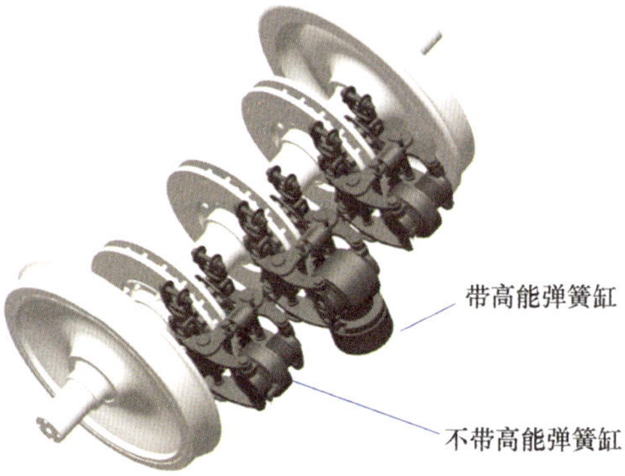

图 8—18　停放制动高能弹簧

8.3.2 停放制动引入带来的麻烦

停放制动的引入取代了铁鞋，方便了作业，但是也付出了高昂的代价，导致了系统复杂性大为提高。

第一，从夹钳处制动缸的结构来说，停放制动与常用制动必须能够很好地作用在同一夹钳上，首先两者必须能够单独施加，这点比较好实现，如图 8—19 所示。

图 8—19

但两者不能同时施加，否则制动力过大，高速运行时会引发制动机构过热的问题。如何避免同时施加呢？实车上也是使用了我们前文讲述的那个双向止回阀来实现。

除通过停放制动电磁阀来控制停放制动缸的供风外，再使用双止回阀将常用制动的控制压力引到停放制动缸中去。当常用制动控制压力大于停放制动控制压力时，常用制动压力通过双向止回阀导入停放制动缸，强行缓解可能存在的停放制动，如图 8—20 所示。

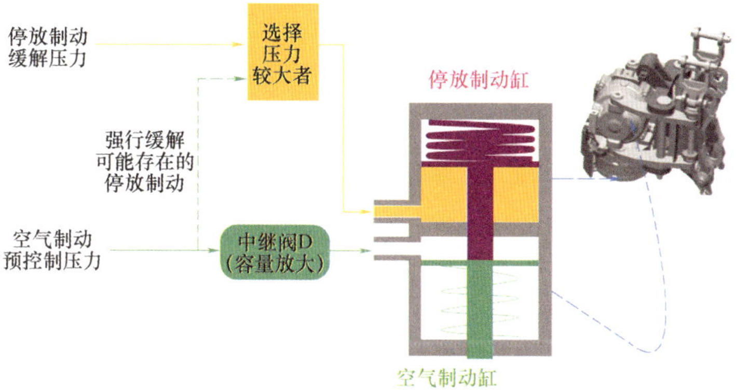

图 8—20

第二，从设备故障安全的角度说，必须很小心地避免行车时停放制动的意外施加。万一停放制动风管漏风，车组高速运行时停放制动施加抱闸，可能导致制动盘、夹钳机构的严重过热损坏。为此各型动车组除制动计算机设置了停放制动监控功能外，还加装硬线监控回路监控，以提高可靠性。同时在各种特殊运行模式下对停放制动都进行了专门的考虑。在车组应急故障处理中，停放制动往往很重要，有时需要不厌其烦、逐个车厢确认停放制动是否缓解。

第三，从停放制动故障切除操作而言，根据我们前文所讨论的系统结构，首先切断停放制动气路，排风后停放制动必然自动施加。这时车组还不能移动，必须还能够再手动把停放制动缓解掉。对于有电气保护的部分,有些需要通过开关闭合安全回路,有些需要通过显示屏确认,告诉车载计算机停放制动已经紧急手动缓解,否则故障车还是动弹不得。

图 8—21 停放制动手动缓解拉绳

紧急手动缓解机构设置在转向架上,所以停放制动切除操作必须车下进行。作业时需要封锁高速线路,增加了应急故障处置的难度。

最后,手动缓解机构被我们操作后,停放制动缓解。回到库内,还要能够将手动缓解机构恢复到初始状态,关于这个机构还会再派生出一大堆的问题。

正因为这么麻烦,CRH2 系列动车组不设置停放制动,系统极为简单。空气制动切除塞门直接设置在车内电气柜中,不用封锁邻线,操作非常简便。

8.4 制动系统其他专题

8.4.1 防滑系统

目前我国 CRH 动车组上所使用的制动系统都直接或者间接利用轮子与轨道之间摩擦来制动。电制动也一样,如果我们假设轮子与轨道之间没有摩擦,车轮全部抱死,牵引电机没有办法发电的,也就无法产生电制动。

前面讨论过,利用轮子与轨道之间摩擦的制动方式有一个最大可用制动力的问题。制动力上得过大,就会出现抱死的问题。轮子沿着轨道干磨,称为"滑行"。为了避免出现滑行,动车组上设置了专门的"防滑系统"。

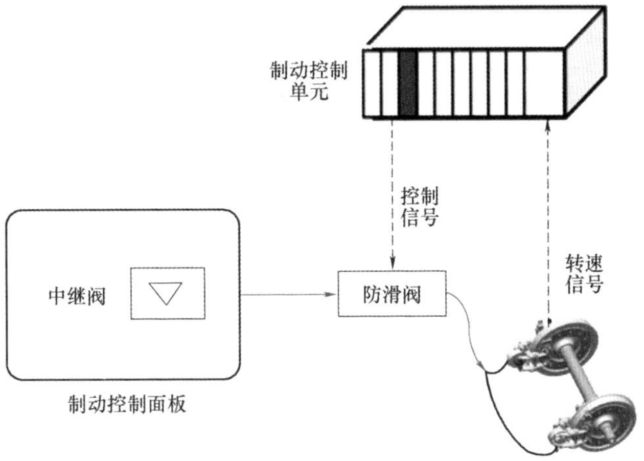

图 8—22

动车组的防滑系统与汽车上所使用的ABS(Antilock Braking System)系统是类似的,但汽车由于导向机理与轨道交通系统不一样,汽车抱死了以后除了制动力下降外还会存在转弯失控的危险。不过两者控制原理是类似的,在动车组上称为WSP(Wheel Slide Protection),防滑系统监测轴的转动状态,当某个轴转动速度相对其他轴严重滞后时,系统认为该轴存在抱死的风险,就会使防滑阀(Anti Skid Valve)动作,排去制动夹钳制动缸的压力,减小制动力。

防滑这个概念要与防空转的概念区分开,空转(Slip)指的是牵引时轮子打空旋转,转得比其他轮子快,是牵引力相对过大的问题,而抱死是制动力相对过大的问题,当然这两个问题都与轮轨的黏着有关系。

黏着是轮轨系统进一步提速的一个瓶颈。随着车组速度的提高,越来越难以控制,磁悬浮列车可以从原理上避免这个问题。

8.4.2 紧急制动与常用制动的分级处理

动车组的制动是分档的,前面是分成几个级的常用制动,最后才是紧急制动。

紧急制动在动车组安全系统中占据极高的地位,因为它是最后一道防线,具有最高可靠性。但高可靠性要付出的代价也最高,上一次紧急要花不少钱。所以正常的动车组运行的时候是不上紧急的,而使用常用制动的档位。

以CRH3C型动车组为例,常用制动仅仅是列车网络通讯在作用,通过直接制动的电空转换阀施加,紧急制动与此有很大区别。司机触发紧急制动时,制动信号将通过图示三个途径同时进行传递。

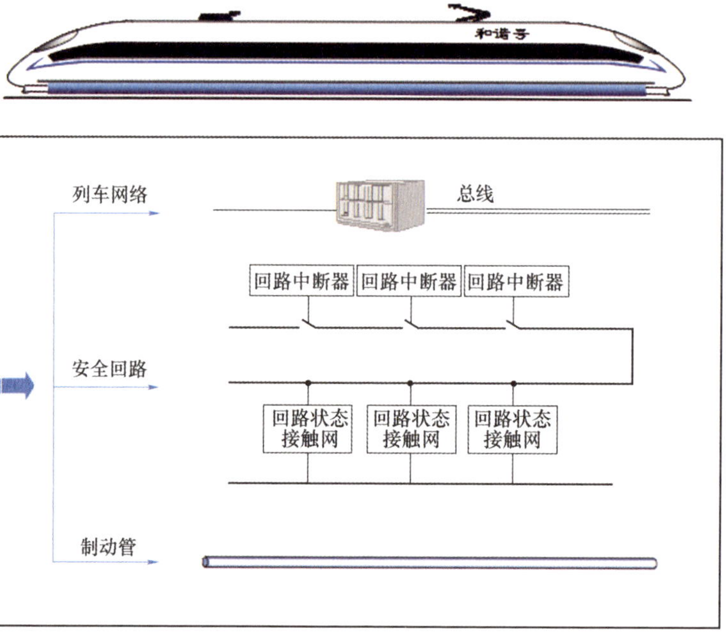

图 8—23

所以司机的制动手柄设计得比较复杂，除了有信号导入列车网络控制系统外，还断开了紧急制动安全回路，同时能够直接给制动管排气。紧急制动按钮也类似。

系统施加紧急制动时，除了每个车厢制动控制柜的紧急制动阀动作外，备用制动部分也施加紧急制动，直接制动的电空转换阀部分同时施加最大常用制动，三路一起作用。

这样，即使常用制动失效，依然可以施加紧急制动。

由于动车组惯性很大，不要期待动车组上紧急的时候能够马上停车，尽管上紧急制动时，制动系统已经竭尽全力，拼命工作，但是依然要过好久才能停下来。

8.4.3　供风系统与耗风计算

我们讲到，制动系统是使用压缩空气作为驱动力的，这样就需要向制动系统提供大量的空气。所以在动车组上，制动系统与供风系统往往统称为制动供风系统，由一个供应商进行整体设计。

除了制动系统外，大量的设备需要耗风，比如空气弹簧、厕所、汽笛、撒沙、空调系统的风门控制等，设计时需要对耗风设备进行一个容量计算。

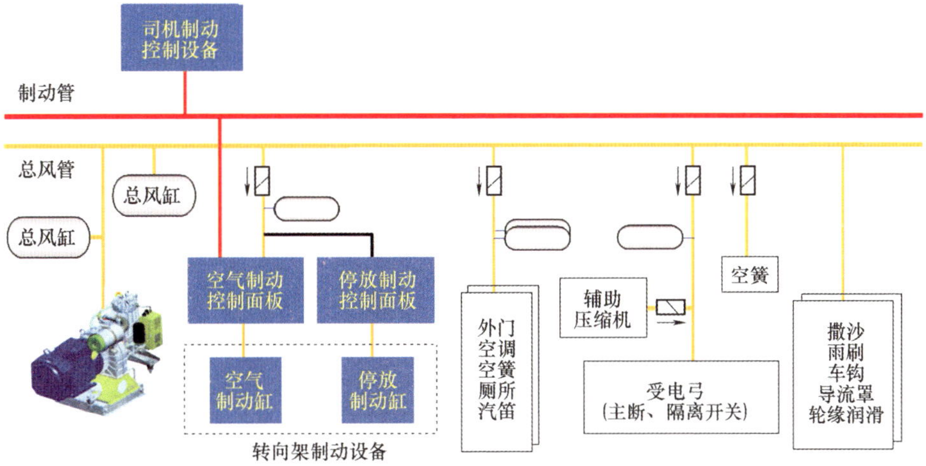

图8—24 CRH3C型动车组气路简图

实际运行中列车的耗风量不是一个常量，变化极大。经过统计，整列车空气弹簧耗风量比制动部分还大。

8.4.4 机车拖拽时的制动问题

机车拖拽动车组时，为了提高运行速度，动车组也要同步制动。但是机车与动车组之间完全没有控制电路上的连接，无法传递制动电控指令，只能通过制动管来传递。

对于CRH3系列、CRH5A型动车组，因为多设置了一套纯空气备用制动系统，与机车的制动管连接后可形成一套完整的间接制动系统。但是对于CRH1、CRH2系列动车组，车组仅设置有直接制动，没有贯穿全列的制动管，怎么办呢？只好设置专门的传感器检测机车制动管的压力值，一旦发现压力降低，就判定机车正在施加制动，那么立刻控制动车组实施制动。不过此种方式需要电参与，在动车组发生故障无法提供蓄电池供电时难以使用。

被拖拽动车组能有制动力，归根结底也是需要风源的。但是我国很多机车仅有制动管而没有总风管连接接口，只能从制动管挖潜。

机车的制动管与动车组车钩上的制动管相连，动车组就在制动管管路上增加一个往总风管供风的单向阀。在车组未上制动时，制动管的压力较高，可以将压缩空气倒灌回总风管，补给到各车的风缸暂存备用，以解决风源问题。

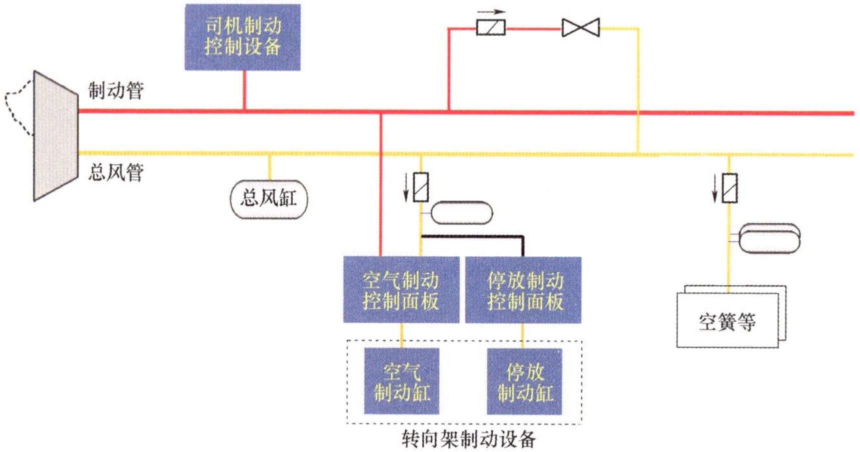

图 8—25

8.4.5 制动系统的一些其他功能

结合车组的各种运行情况，制动系统有时候还有一些其他的小功能，比如冰雪天气运行过程中上一点空气制动，可以除去夹钳与制动盘之间的积雪，确保需要制动时，不会因为积雪导致制动能力的下降。

还有过分相的时候，为了使得辅助电气系统能够持续有电，牵引电机进行轻微的电制动，为牵引变流器中间直流环节充电，以给辅助供电系统提供能量。这些功能都是在实际运用过程中不断完善的。

8.5 新原理制动系统

利用轮轨间的摩擦进行制动的方式有它的缺陷，尤其在雨雪天气下容易有滑行的问题。

本章讨论的是 CRH 系列动车组制动系统的基本框架，目前世界上其他高速列车也有开发一些与本章所讨论的不一样的制动系统，比如磁轨涡流制动，将涡流产生在轨道上，产生制动力。还有将夹钳与制动盘之间的机械摩擦关系改为磁场涡流制动关系的制动，这种制动也是不需要磨耗闸片的。

日本新式的高速列车采用了空气阻力板来制动，阻力板设置在车体顶部两侧，制动时自动弹出，如图 8—26 所示。

我们知道空气阻力与速度的平方成正比

$$F = k\frac{1}{2}\rho S v^2$$

图 8—26　空气阻力板

这种方式与我们前面讲的电制动刚好相反，速度越高，可用制动力越大，但缺点是能量不能再生。

当然，新系统的开发应用需要一个过程，越先进的技术，初期成本往往都很高，而且不成熟，且新技术的使用存在安全风险。所以，不可能所有设备都用最先进的技术。不能让运输单位员工每日辛勤劳动，最后全体破产，车开得越多越卖力，破产得越厉害。必须正确处理好先进与成熟的关系，大规模服务社会的产品不适合采用太先进的系统。

制动系统与车头车钩部分的复合问题非常重要，我们在车端连接中再行讨论。

最后，动车组是否上制动并不是由司机随心所欲决定的，而是有一个最高允许速度曲线限制司机的操作，以确保安全。比如前面有车，或者有桥梁需要限速，这个防超速系统我们在下一章进行讨论。

讨　论

1. 为什么动车组运行速度越高可用电制动力越小？
2. 试比较直接制动和间接制动。
3. 停放制动引入后车组设计上需要增加什么东西？
4. 试讨论紧急制动和常用制动命令传递途径有什么区别。

第 9 章 列车防超速系统——自动“安全”防护系统

动车组安全涉及的范围非常广，比如所有高压设备必须防护好，防止旅客的触电等等。轨道交通行业所讲的列车自动“安全”防护系统是一个狭义的安全保护系统，它仅仅指列车超速保护，即避免列车超速。这个名称是从英文 Automatic Train Protection System（ATP）直接引入的，不能顾名思义，并非是字面上所表述的那样所有与安全相关的东西都管，所以翻译上做了一点点处理。与此类似，“列控系统”指的也是与 ATP 相关的这套系统，并不是指列车上整车各系统控制单元联网形成的网络控制系统。

在制动系统中我们讨论过，高速列车质量大惯性大，制动初速度为 300 km/h时，紧急制动距离限值为 3 800 m。行车时必须综合考虑线路坡度、临时限速等因素，有计划性地提前降速，所以提前知道这些速度限制信息是非常重要的。有些信息如线路信息可以提前将数据存到车上，但是还是有大量的信息需要实时更新，比如前行列车的速度距离情况、临时限速、进哪条道等。这些信息通过什么样的通信技术传递到车上就有很多的学问了。列控系统设备越先进，与通信技术的结合必然越紧密，每一次列控技术的换代往往都伴随着通信技术的革新。

影响列车速度的因素很多，除了上面谈到的，还有桥梁、道岔、隧道等结构的速度限制等，如果逐条让司机核对，那么开车就很繁琐了。我们在做自动化系统的时候，肯定希望有一个系统可将这些信息传输到车上后全部汇总，自动取最低速度值，再由车载计算机结合列车当前位置、速度、制动性能，生成一条"终极"允许速度曲线。

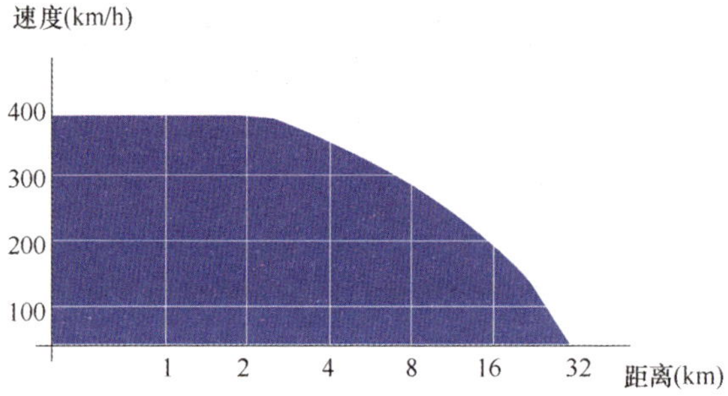

图9—1　速度距离曲线

同时，为了提高安全性，不是司机想开多快就开多快，而是由这个计算机在旁边监控，一旦列车的速度超过这条曲线，自动触发制动，防止列车超速，这个系统车载的部分就是ATP系统。

如果是这样的话，我们可能会认为司机没有必要设置了，因为可以做成一个自动驾驶系统，让系统直接按照曲线自己运行就完了。干嘛还要司机，司机不也是按着曲线运行吗？这种无人驾驶的系统也有，从技术上说不难实现，但是没有司机的监控是不够安全的，这里涉及到的影响还不仅仅是制动方面的问题，比如接触网或者轨道上出现异物，目前自动控制系统并不具备完全可依赖的精准检测的功能。对于高速列车，还是需要司机再把把关，必要时立即采取一些措施断主断或紧急停车，以进一步提高安全系数。

所以我们国家没有同意设置这样的系统，也就是说可以实现自动驾驶，但是故意不做。

9.1　早期人工控车方法

列车防护的数学模型不用讨论，比较简单，基本上就是一个追击问题。但是由于受技术条件的限制，在无法实现实时车地双向通信的年代，无法随时知道最精确的信息，为了卡控安全，人们提出来非常多的概念，把控车问题简化成简单的可以操作的模型，从使用离散的系统开始。

9.1.1　闭塞分区

列车开行最主要的问题是害怕撞到前面的车，怎么办呢？开车前先确认前面一段路没有列车。所以人们把线路分成一段一段的，每一次都先确认前面一段没有车再往前开。一个一个地放车，每一段称作一个闭塞分区。尽管与理想状况比，不能精确地知道列车位于哪一个点，造成通过能力上的浪费，但依然可以实现基本的定位。

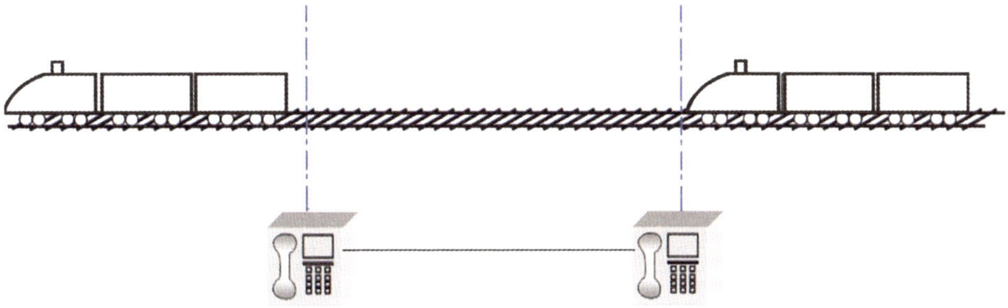

图 9—2

前行列车开出一个闭塞分区后，闭塞分区出口打电话给闭塞分区入口处通知可以让后续车组进入，闭塞分区入口处改用许可进入的信号牌。当然，电话还没应用到位前还有更原始的方式，我们这里重点讨论的是这种安全确认的过程。

后续列车司机通过“看”入口处信号牌将前方分区是否空闲的信息传递到车上，再据此控车，司机的眼睛就是原始的车地“通信设备”。

这种将连续的东西间断化处理，使得操作变得简单，安全卡控得住，已经是当时可行的“最为先进”的系统了。

9.1.2　车载电话的引入

前面讲过车地通信的方式很重要，无线电话技术成熟得比较早，车上肯定也安装了无线电话，这个就相当于是动车组上安装的 CIR(Cab integrated Radio)，如图 9—3 所示。多设置一条信息传输路径，除了与车站通话，确认行车信息外，可传递调度命令。

图 9—3　CIR

9.2 轨道电路的引入

随着历史的发展,人们逐步将前述各步骤自动化。首先对人工确认列车出清,再通过电话通知的过程进行改造,让列车自动控制闭塞分区入口处的信号灯。思路就是把钢轨作为电路(称为轨道电路),车组通过时轮对将钢轨短接,进而触发继电器动作,再控制信号灯,从而替代了大量人工参与的过程。

9.2.1 轨道电路的结构

最简单的轨道电路的结构形式如图 9—4 所示。列车未进入轨道电路时,电流通过轨道继电器线圈,使继电器保持在吸起状态,信号机的绿灯接通,允许后续列车进入轨道电路对应的闭塞分区。

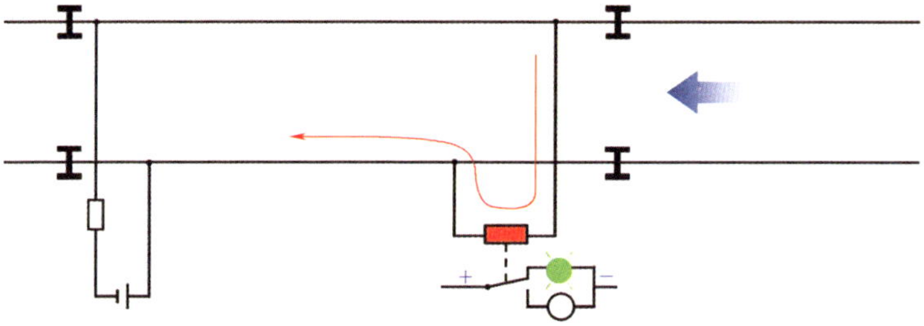

图 9—4　前方分区无车时显示绿灯

当有列车进入轨道电路区段时,轮对将钢轨短路,继电器被短路,失电掉下,变成红灯亮起,向后续列车发出停车信号,如图 9—5 所示。

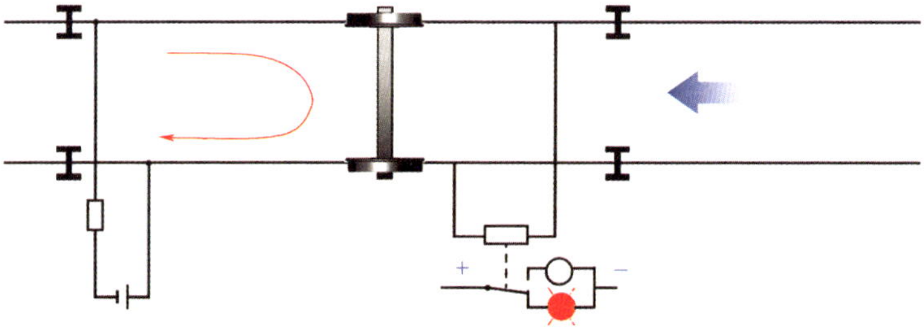

图 9—5　前方分区有车时显示红灯

这种电路还有一个好处是当钢轨因特殊原因断裂时,轨道继电器立即失磁,也能指示红灯。

间断化以较低的设备要求保证了安全，但是牺牲了行车效率，所知的信息越少，行车效率越低，必须逐步恢复到较多信息的状态。人们进一步改进，使得信号灯的信息量进一步增加，增设黄灯。基本原理是利用多辅助触点的继电器，将前后两段钢轨的信号控制电路依次关联起来，几个继电器联动，使得绿灯表示前方有两个闭塞空闲，黄灯表示前方只有一个闭塞分区空闲，红灯表示前方没有闭塞分区空闲。

现在的轨道电路，已经发展到交流轨道电路，且已经不是三个信息，不同的频率代表不同的限速信息，同时复合了计算机的控制。

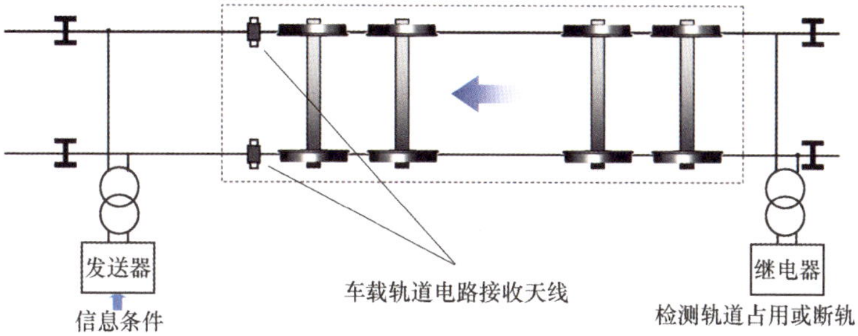

图 9—6

车组利用接收天线，将轨道电路信息通过天线接收到车载计算机上，如下图所示，这样实现了司机“看”地面信号的自动化，并为进一步轨道电路参与自动控车奠定了基础。

图 9—7　车载轨道电路接收天线

9.2.2 牵引回流与信号电流的兼容问题

前面讨论过，有几百安培的牵引回流需要通过钢轨流过，本章讨论的信号电流也要在钢轨上传递，岂不是要打架？

一个想要形成整段回流，一个却要在闭塞分区内分段，怎么办？

确实如此，所以人们想了很多办法来避免互相干扰。下图中的扼流变压器即是该方面的关键设备。

图 9—8

图 9—9

扼流变压器的电路如图 9—10 所示。A 与 B 之间，C 与 D 之间设置有绝缘节。前后形成各自的闭塞分区。

将总电流中的信号电流与牵引回流分解开，单独讨论。两种电流都是交流，我们仅分析一个流动方向，反方向时情况类似。

对于信号电流部分的电，只能通过 A 流向 C，因为信号电流的驱动电压作用在

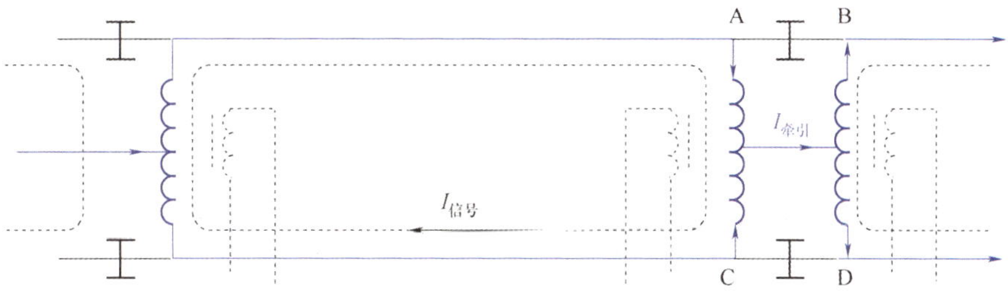

图 9—10

两根钢轨之间而不是绝缘节左右两侧。绝缘节两边的电路没有信号电流的驱动电压，所以电流不会通过中心连线越过绝缘节。这样便形成封闭区段，上下两根钢轨形成环路。

牵引回流沿着两根钢轨平行流动。但绝缘节在阻断信号电流的同时把牵引电流也阻断了。电压驱动电流从左往右流，两根钢轨的电流大小基本相等且同向，所以从 A 点往下流以及 C 点往上流的电流流过扼流变压器 AC 线圈产生的磁场大小基本相等，方向相反，叠加后可以互相抵消。BD 点也有类似的情况。所以牵引回流沿着 $I_{牵引}$ 所示方向几乎没有阻碍地从中间这个连接线通过，这样就越过了钢轨上的绝缘节。

为了减少相互干扰，还故意将两者的频率设计得差值大一些，将信号电流复合在载频上，提高频率，避免与牵引回流电学“共振”。尽管肯定还有一些干扰，但是小到一定程度可忽略不计。

9.3　两种新式无线车地控车信息传输通道

9.3.1　轨旁应答器传输

随着无线电技术的发展，人们发明了在轨道旁边设置无线通信用的应答器，再利用车载天线接收信息的方式，是一种“短距离”的无线通信方式，如图 9—11 所示。

由于无线信号不是很可靠，尽量不用，但是车地通信又是一个移动设备与地面设备的交界面，非常需要使用无线通信技术。所以这种技术做了一个折衷，仅在“不得已”的地方实现无线，地面设备信息传输到应答器则使用有线方式传输。

这是一种在实现完全无线长距离传输前的一种很好的过渡方式。与既有系统有很好的兼容性。

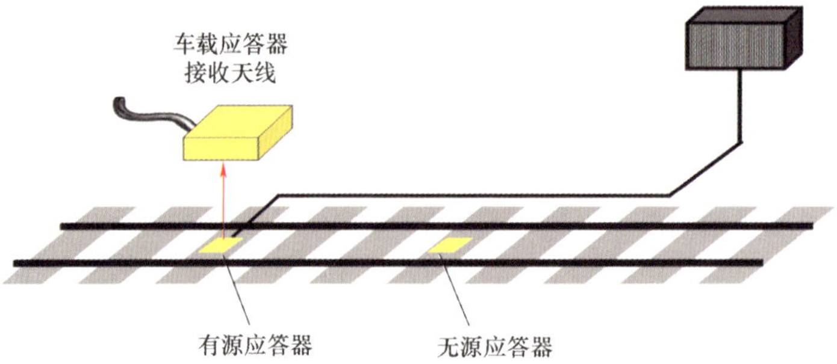

图 9—11

不过这种方式与前述的轨道电路相比极大地提高了信息量。应答器分为无源与有源应答器，无源应答器存储固定信息，有源应答器发送的信息可以实时更改，比如道岔开放、临时限速信息等。

图 9—12　无源应答器

不过这种传输方式也有不完美的地方，应答器只能实现单向由地面向车上的信息传输。同时传输的信息量还是不够的，依然对行车存在一定的限制，比如发送的临时限速值不是任意的，而只能是几个可选的固定值，而且每个区段内的限速的点数也有限制。

目前发展出来的 GSM－R 无线通信方式可进一步解决这些问题。

9.3.2　GSM－R

目前，我国多条线路上已使用了 GSM－R 技术来控车，如武广高铁。车上加设 GSM－R 天线，可实现车地双向无线联系。

这种车地无线双向传输，极大地提高了传输信息量，使得我们越来越逼近理想

图9—13　车地双向无线通信

的追击模型，不断提高行车效率。

不过这种方式也不是没有一丁点问题。它在地面需要设置一个无线控制中心——无线闭塞中心 RBC(Radio Block Center)，每次发车前在 RBC 里面注册，“打电话”，输入各种信息。实际实现时比我们这里讲述的要复杂得多。首先，无线覆盖也不是那么简单的，不是几个大天线就搞定全国高速铁路的控车，基站天线能力并不是那么强。实际高速铁路线路沿路设置基站天线，为了提高可靠性，同一个点至少有两个天线覆盖，这样每 5 公里就会有一个铁塔。对于隧道等基站无线覆盖不到的区域，还要设置“直放站”。

对车组进行无线控车，除了有高速下的车地通信问题外，控制计算机 RBC 肯定要知道地面的情况才能控车。以武广线为例，所有的线路、道岔、临时限速信息都要通过光纤从地面传输到 RBC 所在位置，这是一个跨度极大的传输系统，可以从广州一直传输到武汉，电务部门称之为“地网”。由于列控关系到行车安全，要求的可靠性极高。

与地网相对，对于车地无线通信则称为“天网”。由于无线是开放的，还要涉及很多信息安全的问题。武广高铁建设时尽管没有前例可以直接借鉴，但成功解决了前面讨论的各项困难，是很了不起的工程。

9.4　列控系统的分级规划及级间的兼容

前面我们重点讨论了三种车地通信的实现方式，这是理解车载 ATP 系统结构的基础。

结合我国的实际情况，我国铁路对列控系统 CTCS(China Train Control System)进行了一个整体规划。这个规划对于推进我国列控系统向着一个明确的方向发展具有很重要的意义。CTCS 各级别的信息传输方式、传输通道等情况如表 9—1 所示。

表 9—1

CTCS级别	完整性检查	信息传输方式						传输通道	速度模式
		自动闭塞	列车定位	进路	线路、限速、过分相	移动授权	通信方向		
0	轨道电路	车载感应接收	测速测距	存储数据	——	自动闭塞	地—车	轨道电路	分级式
1			应答器	存储数据+应答器	应答器	自动闭塞		轨道电路+应答器	分级式
2				应答器		轨道电路		轨道电路+应答器	连续式目标速度－距离
3				应答器+RBC	应答器+RBC	轨道电路+RBC	地—车 车—地	轨道电路+应答器+RBC	连续式目标速度－距离
4	列车自身	——		RBC	RBC	RBC	地—车 车—地	应答器+RBC	移动闭塞

注意，前面讲述的三种车地控车信息传输通道并不是一种方式对应一个 CTCS 等级，而是复合着使用的。比如在武广线上使用的 CTCS3 就涉及到三种通信方式。

我们前面讲述的是广义的 ATP 系统所满足的功能，我国前期自行开发的“ATP 系统”在国内称为 LKJ，道理类似。目前如 LKJ2000，使用于 CTCS0、CTCS1 级以下的线路。

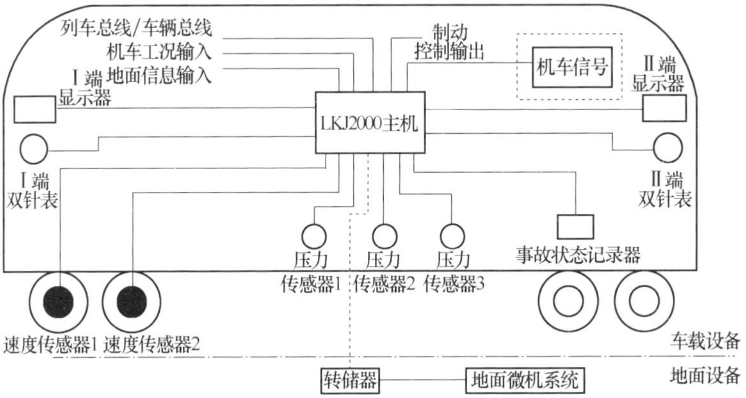

图 9—14　LKJ2000 系统结构图

装备 CTCS2 级列控车载系统的动车组为满足向下兼容的要求也装备 LKJ2000。装备 CTCS3 级车载系统的动车组，向下兼容时能够到 CTCS2 线路上运行，这是我国 CTCS3 的特色，提高容错性能，但不再装备 LKJ2000。

高速铁路相关各个区段经常有不同的级别设置，比如动车段内部使用了 CTCS2，但是正线使用 CTCS3，行车过程中会有级间转换的情况。

这种向下兼容的特性，使用起来有时觉得不方便，不断需要转换。

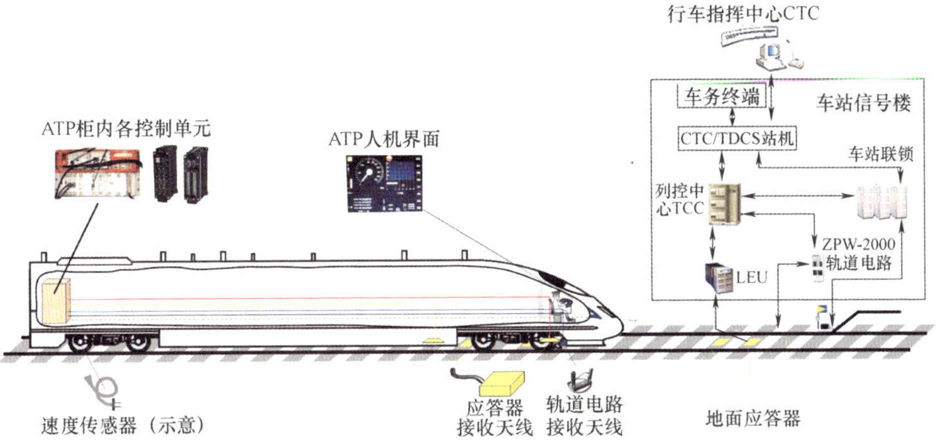

图 9—15 CTCS2 系统结构

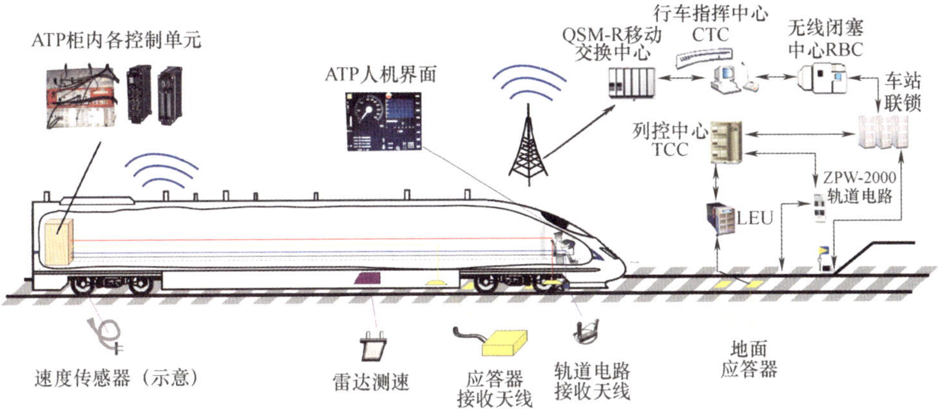

图 9—16 CTCS3 系统结构

多级兼容的模式也有一些弊端，导致车组结构复杂化，故障会增多。同时，司机需要学习两套系统的操作。以 CTCS2 为例，既要学习 ATP 又要学习 LKJ。ATP 系统既然可以达到 200 km/h 的标准，一定也可以达到 200 km/h 以下的标准。

随着我国列控技术的发展，日后可以进行进一步的优化，直接设计一套 ATP 系统，不同级别线路设置相应的信息接口，系统根据所拥有的信息自动进行分级。此种设计可以使得设备简单化，减少设备接口，进一步提高安全可靠性，并降低对司机的要求。

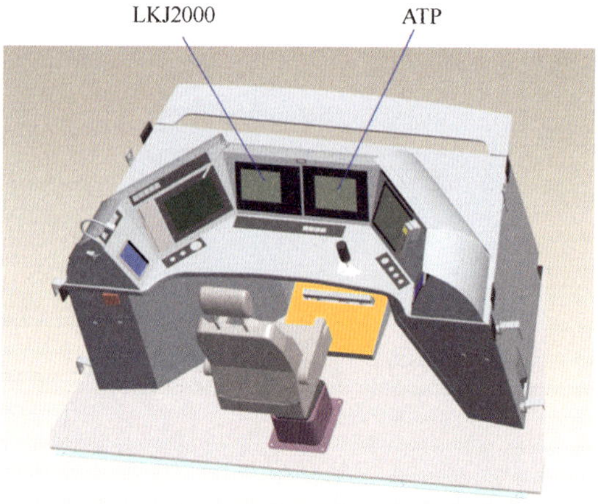

图 9—17　200 km/h CRH1A 型动车组列控显示屏

9.5　ATP 系统与车辆其他系统的控制接口

9.5.1　制动控制与通信

ATP 是涉及安全的系统，根据我们在控制系统中所讨论的知识，我们知道，为了提高可靠性，除了有总线通信方式的信息交流外，肯定要有硬线控制回路的部分。

CRH2 系列动车组使用的继电器逻辑比较多，它的 ATP 与车辆互通的都是有电无电的二值信号，没有总线信号，信息现代化程度与 CRH3C 型动车组相比还是有不一样的地方。

9.5.2　过分相与 ATP

ATP 与车辆的接口还有一个很重要的点就是过分相。

我们在前面讨论过过分相时需要提前断主断，分相信息是一个地点相关信息，这样就要求提前进行预告。最早的过分相操作是由司机根据路标进行人工操作的，图 9—18 为接触网旁的分合主断标志。

随着速度的提高，人工分合主断的方式根本无法满足实际需要，司机劳动强度太大，欧洲有些国家的过分相要求降弓，则情况更糟糕。

我国 200 km/h 动车组上的 GFX－3 过分相系统，采用轨道上的地感器通知车载磁探头，控制单元接收后再控制主断的分合动作。

既然列车防护系统 ATP 上有精确的列车定位和线路信息，那么刚学习 ATP 系

图 9—18

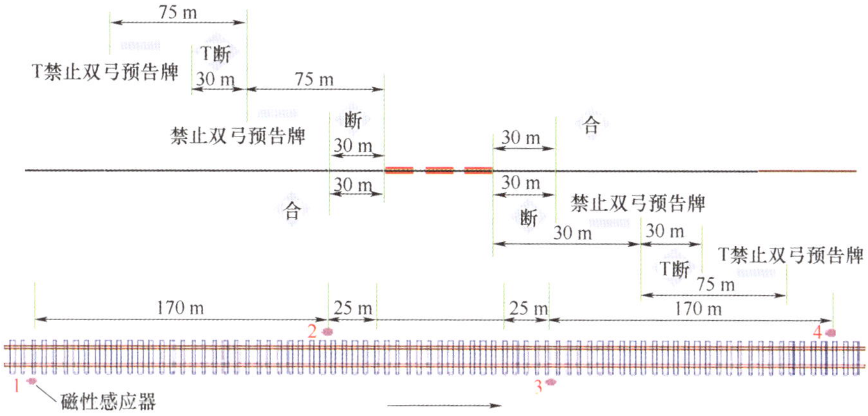

图 9—19　GFX 过分相系统地感器埋设方式

统时我们自然要问了,为什么不直接通过该系统进行过分相通知? 后来发现早有这样的设计,CRH3C 型动车组上就是这样做的。

把这种应用推广开来,过隧道时空调系统的压力波保护系统需要提前动作,一般的压力波保护系统使用压力传感器检测,这种系统动作具有一定的滞后。我们可以利用 ATP 的位置信息进行优化。不过压力传感器检测不能取消,因为列车交会时的压力波保护难以采用预告的方式实现。200 km/h 的 CRH1A 型动车组使用由司机按压隧道按钮进行压力波保护,此种方案并不适用于高速列车,整体反应时间长,人工涉入太多。

9.5.3 车辆定位信息在故障分析中的应用

对于高速列车的诊断系统，如果想当然地去猜，我们可能会认为任何系统监控出来的故障都应该可以通过车组诊断系统的记录知道这个故障是什么时候发生的，在哪个地点发生的，故障内容是什么。

这个想法对于大部分动车组的诊断系统来说是不对的。主要是因为故障地点难以记录，而故障时间确认相对容易。欧系动车组的故障代码只与时间进行关联，查得到故障代码是什么时候报出来的，什么时候消失的，当时的速度是多少，但是没有故障地点信息。如果我们确实需要故障地点的信息，又怎么办呢？我们不要忘了，自动列车防护系统必须建立在有精确的位置信息的基础上。所以很简单，找 ATP 部门要动车组运行的位置——时间数据，根据已有的时间定地点。

ATP 系统的这些位置信息，还有很多重要的应用可以开展。

9.6 动车组驾驶相关问题

9.6.1 车辆系统的自动速度调节功能

除了有 ATP 监控速度，确保运行安全外，为了减轻司机劳动强度，动车组上一般设计有自动牵引制动功能 ASC（Automatic Speed Control）。司机设定目标速度值，列车网络控制系统自动调整牵引制动力，按司机设定的速度值运行。确定速度后，遇到下坡自动上制动，遇到上坡自动上牵引，不用烦劳司机根据坡度调。注意此 ASC 功能并非是自动驾驶 ATO。

有些动车组设有专用的目标速度调节手柄，有些设置有目标速度显示仪或者在司机显示器设有专门的界面进行目标速度显示，以辅助司机驾驶。

如果我们直接将 ATP 系统生成的速度监控曲线通过总线通信的方式提供给列车网络控制系统，那么列车可以再进一步实现自动驾驶。不过前面讨论过此种方式涉及到司机驾驶敏感性的降低，我国没有采用。

9.6.2 电务设备与司机驾驶台布置

本章讨论的 ATP、LKJ、CIR 是与司机驾驶作业关系极为紧密的设备，划入行车安全设备，由专门的电务部门进行维护。我国动车组司机在专业分工上只负责驾驶，车组线上技术故障电务设备外的部分由随车机械师负责。

ATP、LKJ 显示屏在司机室驾驶台的布置一般位于正中间，CIR 则位于司机容易操作的地方。

除了三电外，与司机关系极为密切的还有自动安全装置 ASD（Automatic Safety Device），也有叫司机安全装置、警惕装置等等，此设备主要用于确认司机的驾驶能力。司机必须在固定的周期内触发 ASD 系统的脚踏或按钮，否则控制系统认为司机离开了驾驶座位或者是司机因各种突发原因如急性疾病发作丧失驾驶能力，如图 9—20 所示。车组第一次报警会给出声光提示，如司机仍未反应则自动停车，通过这种方式确保行车安全。

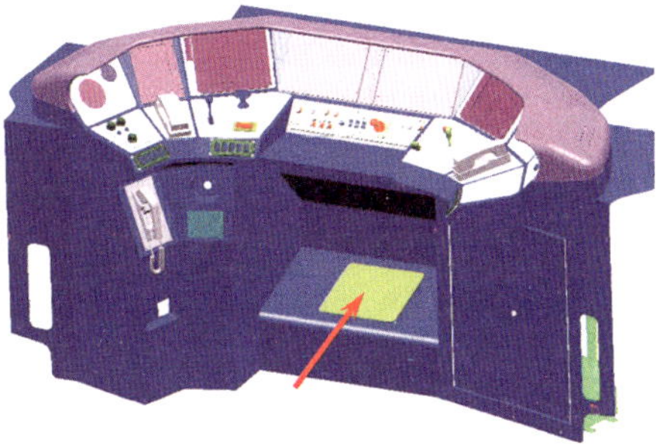

图 9—20　CRH5A 型动车组驾驶台布置及 ASD 脚踏

驾驶台的其他设备非常多，如车辆显示屏、制动组件、高压组件、雨刷前灯汽笛、门、连挂解编、司机室空调以及各种故障开关等等。为便于司机操作，一般分功能组，按使用频次分级布置。设备布置需要尽量减少误操作的可能。

最后元件设置还要综合考虑简洁的原则，控制元件设置过多的功能也会给使用造成干扰。

讨　论

1. 试讲述三种车地控车信息传输通道。
2. 试简述 ATP 系统与车辆系统制动控制上的接口。
3. 试简述 ATP 系统精确位置信息的应用。

第 10 章
车端连接系统与动车组的连挂

10.1 车端连接系统概述

我们在第一章中谈到，为了提高列车曲线通过性能将很长的车身分成了一节节的车厢。所以，车端既要能连接，又要保证各车厢间可以相互错动以匹配轨道。这一章我们来讨论车端连接系统的情况。

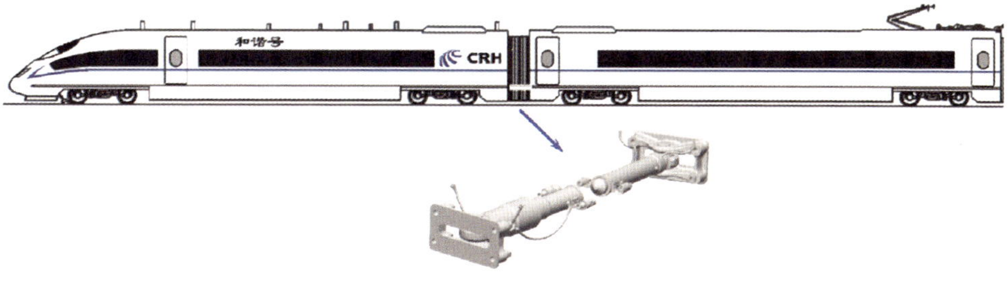

图 10—1

我们可以在动车组玩具上很直观地看到最原始的车端连接需要实现的基本功能。

这种连接关系和第一章讨论的转向架一样，需要形成一种灵活的机械连接，连接点一般都要设置减振装置。

从机械的角度讲，本来应当接着整体机械运动原理讲车端连接机构，但是车端连接尤其是头车前端机构部分综合性比较强，牵扯面大，涉及到牵引、制动、网络等多个系统，现场应用又较多，我们前几章偷偷地把铺垫工作做完后，可以放在本章讨论了。本章篇幅较大，我们第一节讨论车端连接系统的整体情况，后面几节再讨论动作原理。

梳理一下动车组的车端连接，它包括了多种连接，除了机械钩的连接（传递牵引制动力）外，还包括有制动风路的连接、各种电路的连接，如图 10—3 所示。

给水卫生系统的水路一般在单节车内分配，不涉及车厢与车厢间分配的问题。

图 10—2　玩具动车组的车钩

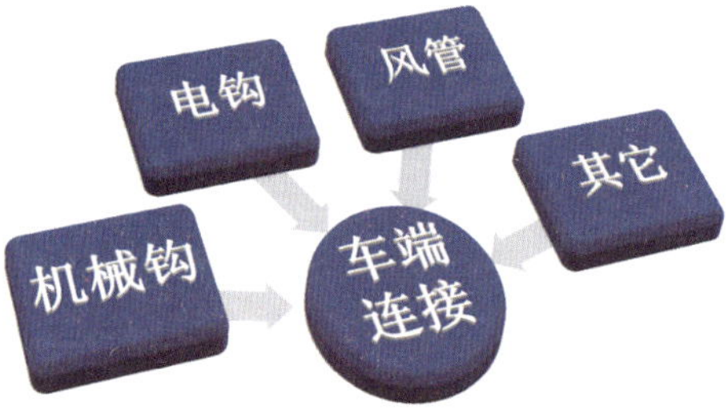

图 10—3　车端连接的构成

此外，车端连接还设有一个旅客通道，将车厢与车厢之间包起来形成一个过渡空间，称为风挡。

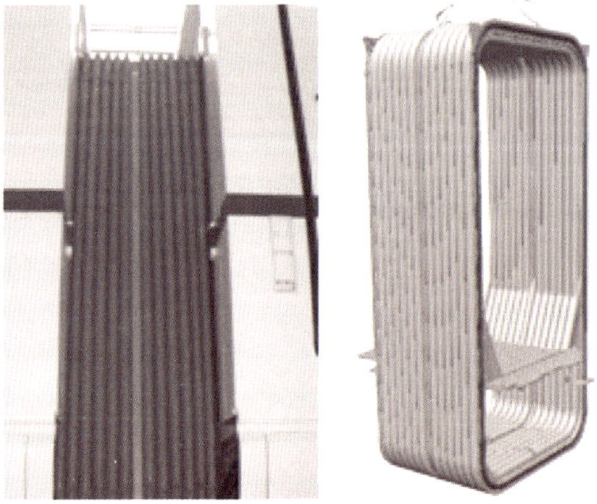

图 10—4　内风挡

10.1.1 头车自动车钩

对于8节车厢编组的动车组而言，根据需要可实现两列动车组重联成16节运行，如图10—5所示。

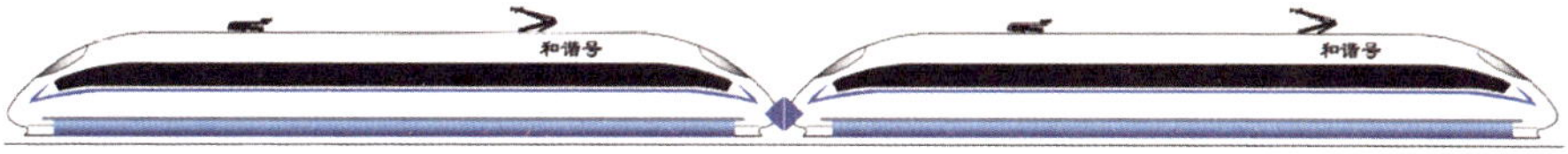

图 10—5

我们自然希望两列动车组的机械、气路、电路的对接能够尽量自动完成。所以，头车最前部的车钩功能多，结构自然比较复杂。

图 10—6 CRH5A 型动车组自动车钩

10.1.2 过渡车钩

动车组除了与动车组连挂外，某些特殊的情况下如车组故障或要通过非电气化区段时，还需要使用机车去拖动，但动车组车钩与机车车钩是不一样的，有时候甚至连水平高度都不一致，两者没有办法直接相连，必须再使用一个桥接用的车钩。这种车钩称为过渡车钩或者紧急车钩，如图10—7所示。过渡车钩平常放在动车组上，仅在需要时才搬出来。

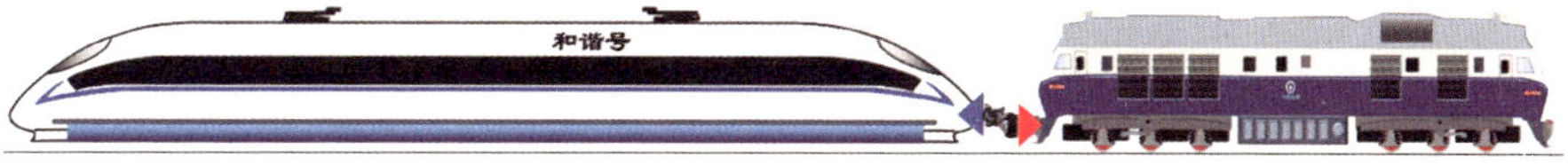

图 10—7

过渡车钩实际上是很沉的，图示的过渡车钩重达100 kg即200斤。现场作业

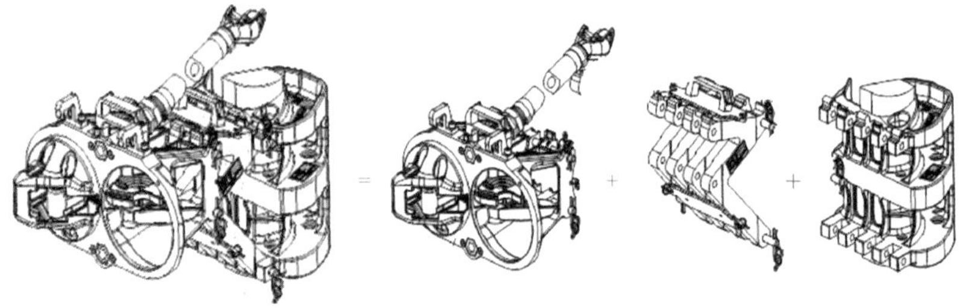

图 10—8

不是那么方便,需要“大力神手”。为了提高可操作性,过渡车钩设计时被分成了三大块,使用时再拼接在一起,其他车型根据情况也有拆成两块的。

过渡车钩上一般还附有风管,风管一头复合在车钩端面上,通过车钩连挂自动对接,另外一头需要手工连接。

过渡车钩是比较脆弱的部位,要给予特殊的照顾。在机车拖动动车组的时候,过渡车钩对速度、坡度有一些限制。

10.1.3 半自动车钩

对于直接是16节车厢的长编组列车,由于没有重联的需求,头部的车钩不需要这么复杂,只要能实现救援调车就可以了,一般采用半自动车钩并且去掉了电钩连接的部分。半自动车钩的伸缩需人工操作,机械连挂可以自动完成。“半自动车钩”这样的名字容易把人搞糊涂,这种车钩是需要手动伸出的。

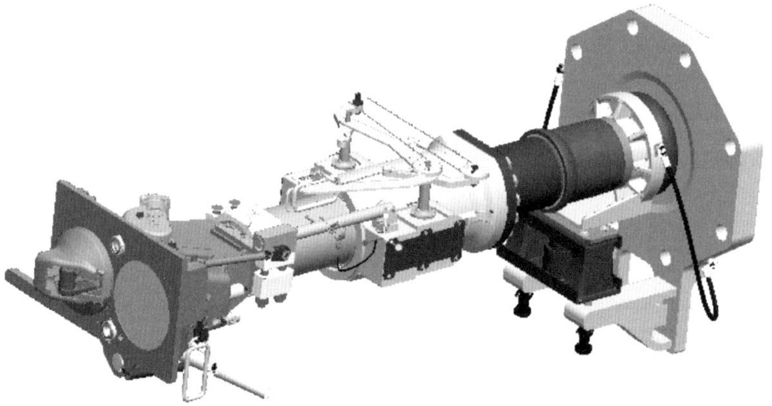

图 10—9 CRH380BL 型动车组使用的半自动车钩

半自动车钩既可以直接与动车连挂,一样也可以通过过渡车钩与机车连挂。

也有些长编动车组采用了能直接与机车匹配的车钩，如CRH1E型动车组。但这种情况就只能使用机车而难以使用动车组进行救援了。

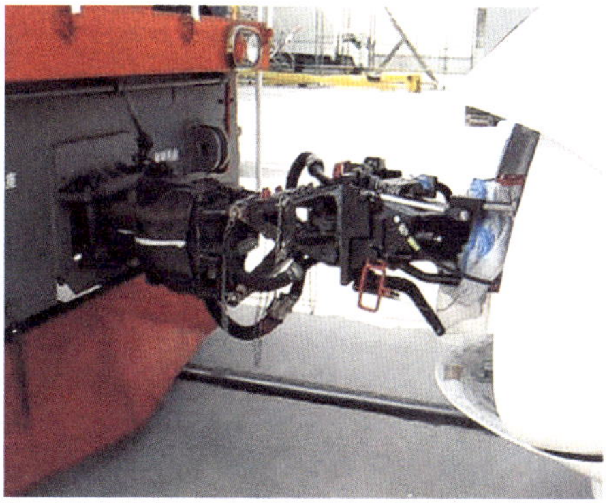

图10—10　半自动车钩动车组通过过渡车钩与机车相连

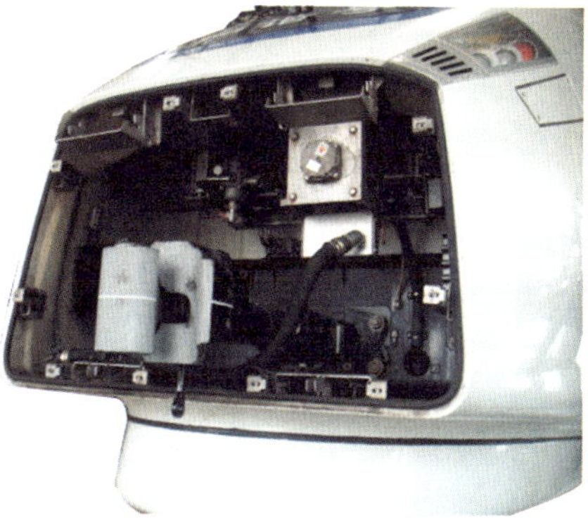

图10—11　CRH1E型动车组前端机构

10.1.4　前端导流罩

动车组头部车钩在没有连挂的时候是很丑的，一般使用导流罩将车钩遮蔽起来，保护车钩并使车头形成一个完整的空气动力学外形。

导流罩位于车组最前方，当然“首当其冲”，是极易撞击异物的地方，尤其是苍蝇、蚊子等跑不过动车组的各种小飞虫和小飞鸟。车组入库时这个部位往往散发着一股难闻的味道。

导流罩根据开口方式可以分为左右开与上下开式导流罩。上下开式的导流罩动作时要应对重力的作用，左右开式的承重与开关驱动力分离，效果好些，故障率低些。

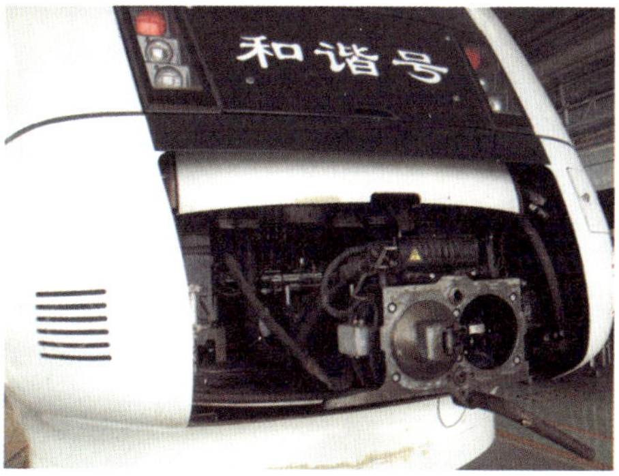

图10—12　CRH1A型动车组上下开式导流罩

图10—13　CRH5A型动车组左右开式导流罩

左右开式导流罩一般采用转动式开启方案，它的动作有一个关键点，需要注意防止导流罩运动时与车体的干涉。

导流罩在未打开时要求与车体平顺搭接，而通过直接转动开启时有些车型如CRH3C、CRH5A的导流罩基于其具体的结构设计，强行转动会出现导流罩与车体间挤压的现象。为了解决这个问题，设计导流罩动作原理时增加了一个小步骤，导流罩两侧与车体相接的部位动作时先往中间缩一点，CRH3C型动车组称为2度开，腾出空间后方可旋转开启。

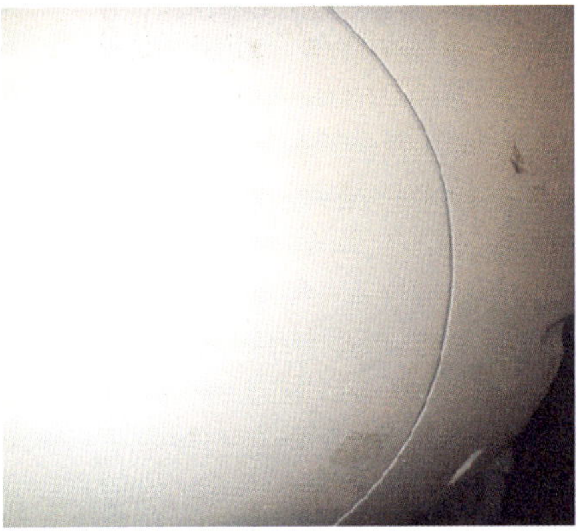
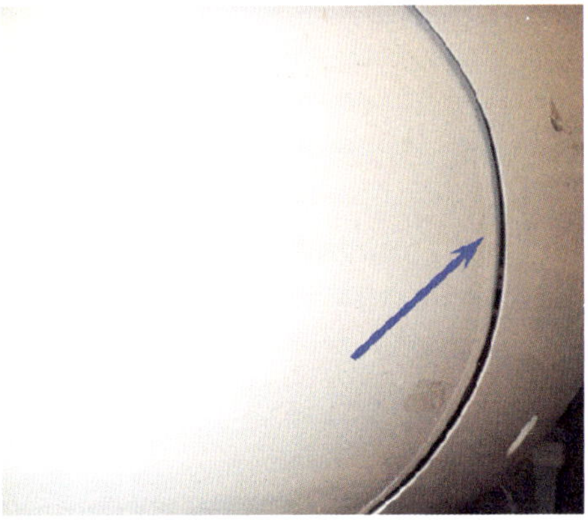

图10—14　CRH3C型动车组导流罩2度内缩对比图

CRH2系列动车组车体部位较鼓且搭接结构不一样，没有此问题，解锁后可直接打开。

图 10—15

图10—16　CRH2系列动车组导流罩

对于16节长编组列车，导流罩的动作和半自动车钩一样使用人工操作，也不需要设计成自动的。

10.1.5　中间车钩及车间连接

除了头车前端外，动车组内各车厢之间使用中间车钩连接。动车组是固定编组的，平常车厢间不解开，使用的是半永久车钩，功能少，结构简单但强度大。所以动车组与传统列车要求不一样，线上头车或尾车制动气路故障时都允许将该车厢的制动切除。

有些动车组将中间车钩设计在风挡内部，在动车组外面是无法看见的。保养时需要从车内翻开车间渡板才能够得着，如下图所示。

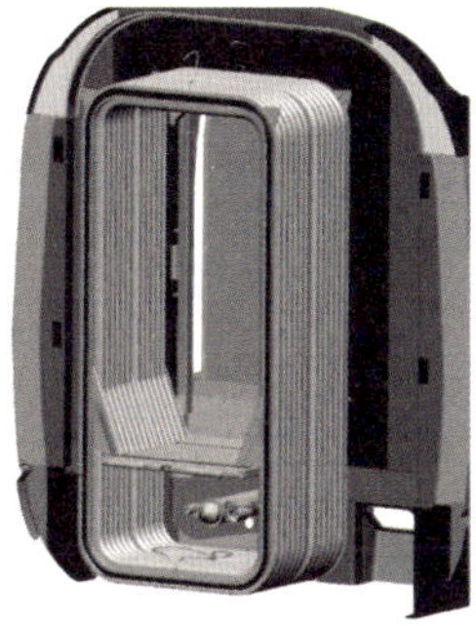

图 10—17

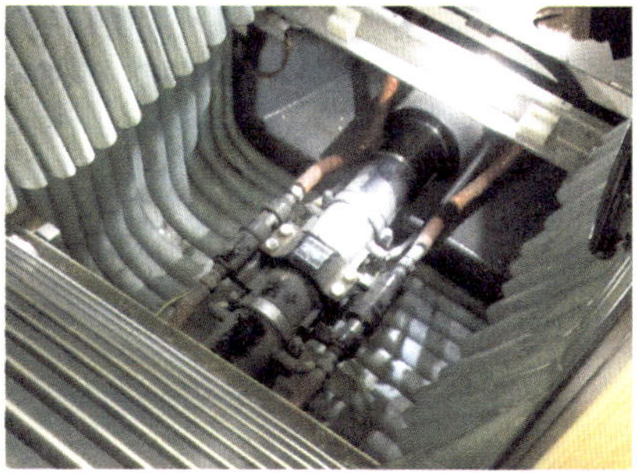

图 10—18

在半永久车钩的结构上，有些车型如CRH2系列动车组使用了自动车钩的弱化版作为半永久车钩。

中间车之间的连接还有跨接电线、风管连接，都比较直观，不展开讨论。

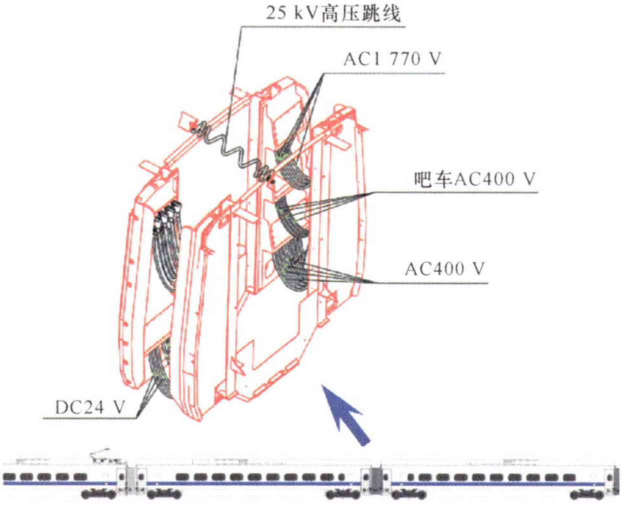

图 10—19　车间跨接电缆

10.1.6 缓冲器

本章第一小节里讨论到车钩需要复合一个缓冲器，用于吸收能量减振。动车组车端连接用的缓冲器有各种不同类型。

摩擦式的缓冲器设置有内、外金属环弹簧。通过两个环弹簧滑动斜面间的摩擦力来消耗冲击功，吸收能量。

平面拉压型缓冲器则由多片橡胶板和金属基板粘接而成，金属基板提供安装基础并在缓冲过程中起散热作用。缓冲器的缓冲作用主要是通过压缩或拉伸橡胶板，或者使其剪切变形，让橡胶分子互相摩擦生热而吸收能量。

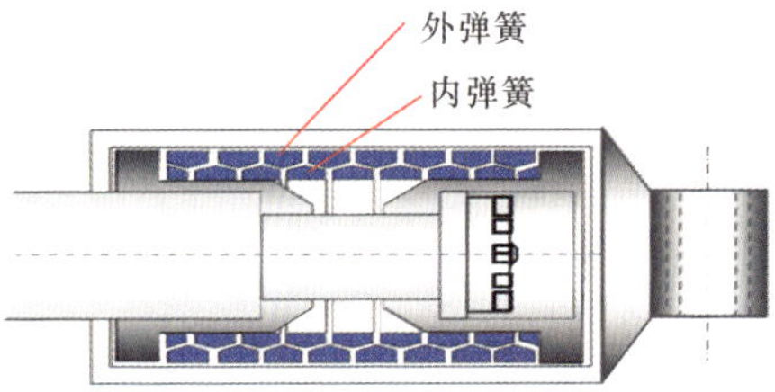

图 10—20 环簧缓冲器

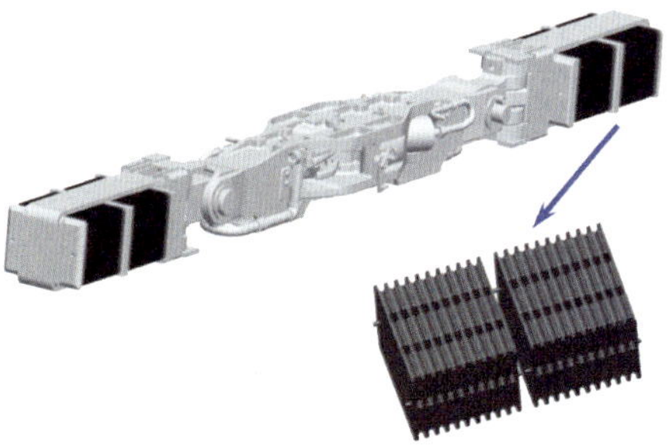
图 10—21 橡胶缓冲器

此外还有气液缓冲器、液压缓冲器、弹性胶泥式缓冲器等。不同类型的缓冲器优缺点不一样，各有适用范围，动车组上有些时候也使用组合式的缓冲器来拼接各种缓冲器的优点，如 CRH5A 型动车组的自动车钩、CRH3C 型动车组的半永久车钩中就使用了金属环簧与气液缓冲器的拼接结构。

10.2 自动车钩机械连挂原理

动车组与动车组的机械连挂是如何实现的，我们讨论一下这些内容。世界各国高速列车的车钩有各种丰富多彩的设计，这里仅讨论目前我国 CRH 高速动车组上广泛使用的沙库以及柴田两大类型车钩。

10.2.1　沙库车钩

沙库车钩的连挂机构的具体组成如下图所示。

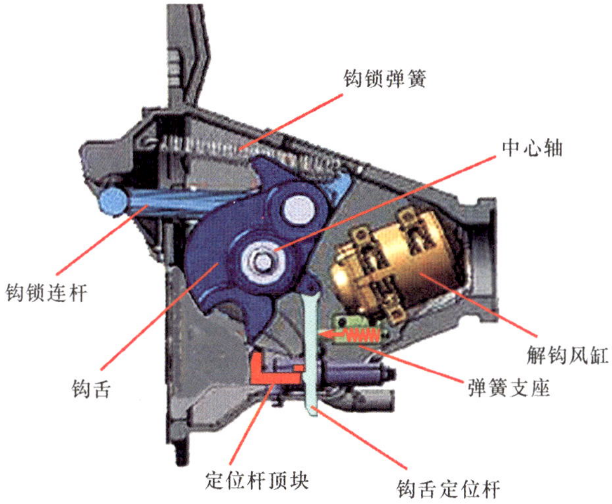

图 10—22　沙库车钩连挂机构的组成

10.2.1.1　未连接时的待挂状态

两列动车组尚未连挂时，沙库车钩内设置的高能钩锁弹簧处于预先被拉伸的状态，它经钩舌定位杆被卡住，无法缩回到原长。

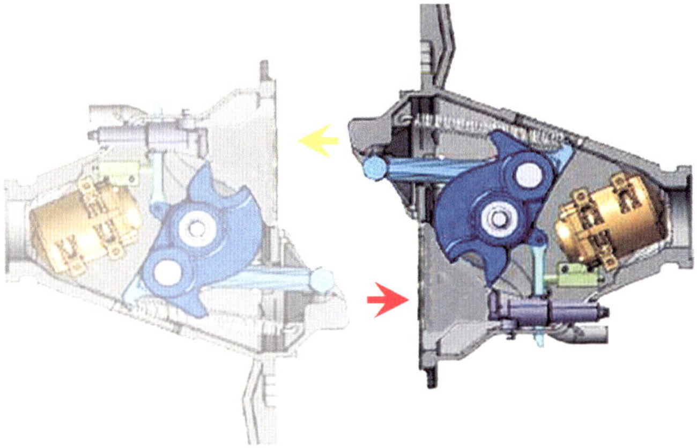

图 10—23

连挂时，两钩的凸锥体伸入对方的凹锥孔后，凸锥推动定位杆顶块，使得钩舌定位杆被释放，钩锁弹簧也被释放如图 10—24 所示。

这时,钩锁弹簧的回复力使钩舌作逆时针转动,带动钩锁连杆伸进相邻车钩钩舌上的钩嘴,完成机械连挂。

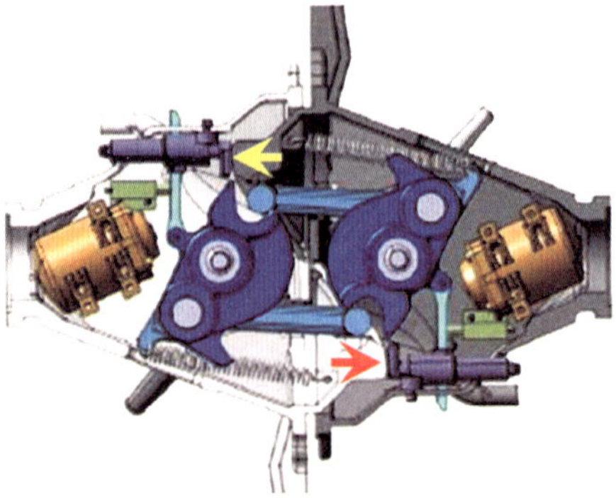

图 10—24

10.2.1.2 连挂成功后的锁闭状态

连挂完成后,两钩的钩锁连杆和钩舌形成了平行四边形的连杆机构如图10—25所示。

不必担心牵引制动时车钩自己解钩,因为如果车钩要解钩,需要有使钩舌转动的力矩,而不管是牵引还是制动,钩锁连杆的拉力都是等值同向的。当两车钩间相互挤压时,压力通过两车钩壳体凸缘传递。当车钩受牵拉时,拉力由两钩的钩锁连杆均匀分担。两种情况都不会产生使钩舌转动的力矩。当然,这种连挂状态还通过钩锁弹簧的回复力进行"锁定",弹簧力可抵抗解钩方向的力矩。

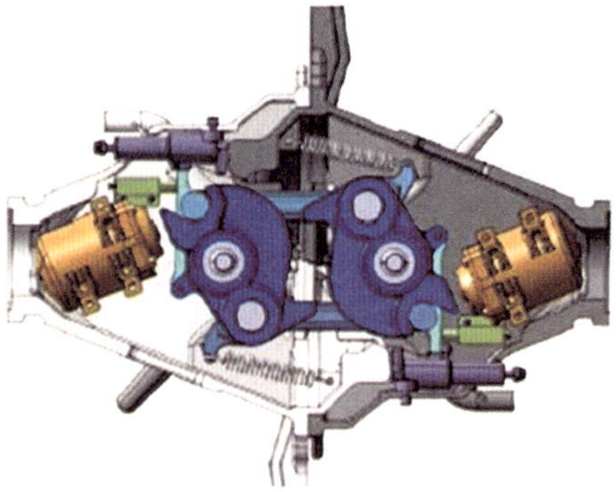

图 10—25

10.2.1.3 解钩

需要解编时,给解钩气缸充风,产生解钩所需转矩,它克服钩锁弹簧的力,推动钩舌顺时针转动,两钩的钩锁连杆脱开对方的钩嘴。钩锁连杆退缩至钩头锥体内,重新回到被定位杆顶块锁住的状态,钩锁弹簧则重新被固定在较大拉伸状态,如图10—26所示。

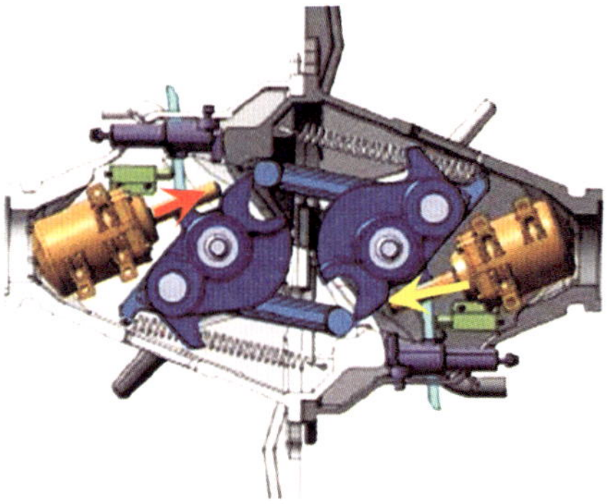

图 10—26

为了提高系统的可用性,车钩上设置有手动解钩的功能,也可人工拉动钩舌转动,模拟解钩气缸动作的效果,实现解钩。

车钩内部机构的动作讲起来有点抽象,有了几个典型工况的示意图,我们可以做成动画,看起来直观得多。

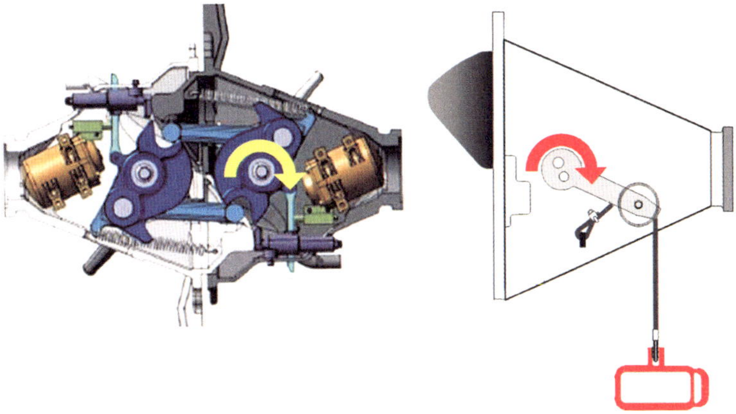

图 10—27　人工解钩手柄拉绳

图 10—28　解钩拉绳

10.2.1.4　车钩连挂前自对中的实现

我们能够想象得到，动车组与动车组连挂时并不一定是在一条直线上，而且实际生产中各个部件的外形与理想情况也有一定的偏差，一般两个车钩都不是理想的正对。所以连挂首先必须考虑车钩如何实现自对中的问题。沙库车钩在车钩的最前面设置了凸锥、凹锥与导向杆结构。

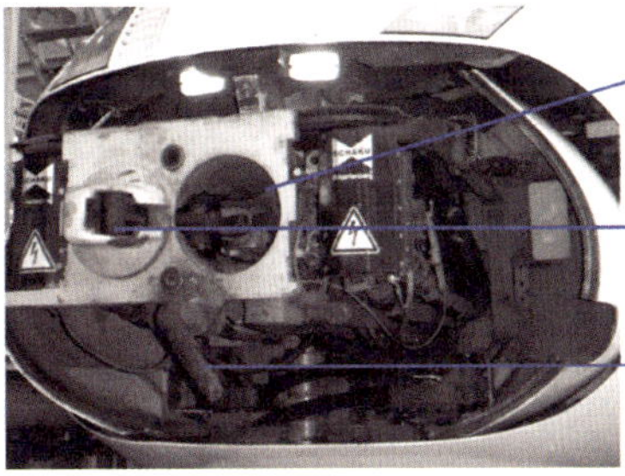

图 10—29　凸锥、凹锥与导向杆

凸锥、凹锥结构在各个方向的自对中极易理解，这里不详述。

但是导向杆又是如何工作的呢？这个不太直观，很多人误以为导向杆是风管。

导向杆在上下与左右两种工况下对中过程如下列各图所示。图10—30中右侧车钩连挂前比左侧车钩位置高。随着两者的靠近，右侧导向杆与箭头所指左侧配合横杆互相推挤，左边的车钩被导向杆顶起，右边的车钩通过导向杆被横杆压下，如图10—31所示。两者基本持平后，通过凸锥凹锥的配合进一步找正，最终完成连挂！

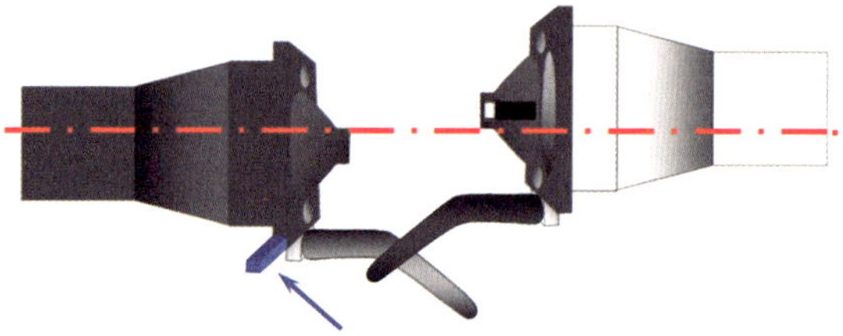

图10—30 导向杆配合部位

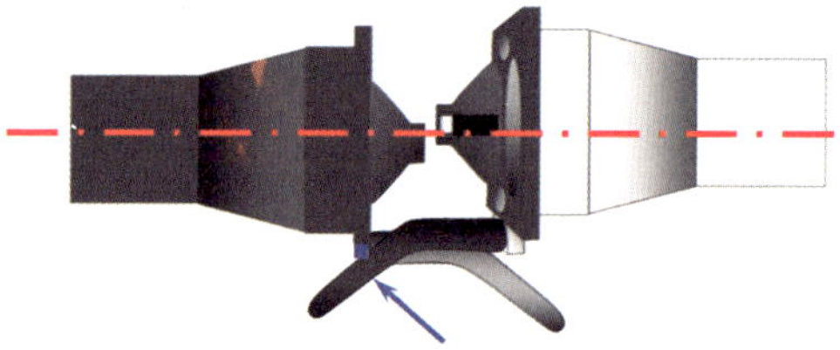

图 10—31

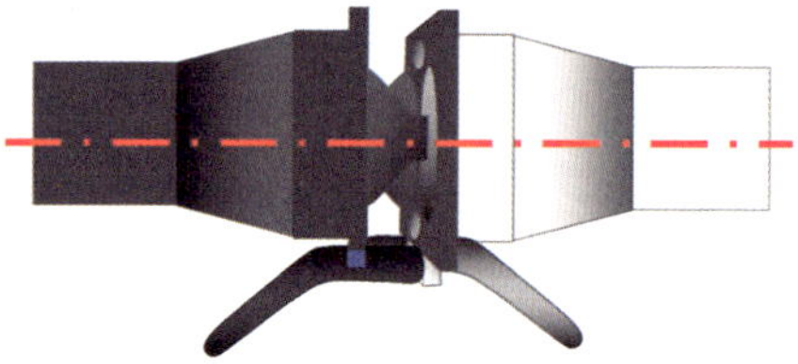

图 10—32

左右对中的情况则如图10—33所示，导向杆相互推动，形成初步对中。最后一样再通过凸锥凹锥的配合进一步对正，完成连挂。

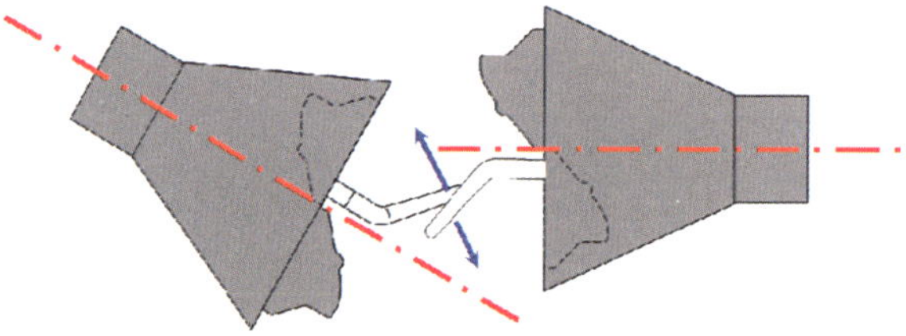

图 10—33

由于在曲线上连挂受力状况不是很好，与直线上比安全风险大，可能导致车辆连挂时车钩异常摆动，很多车组不允许在曲线上连挂。上面的这些设备只是在尽量提高曲线下连挂的成功率，在实际动车组运用中我们应当尽量避免在曲线上进行连挂。

沙库 Schafenberg 车钩也有翻译为夏芬博格车钩，是卡尔夏芬博格于 1903 年发明的。CRH5A 型动车组使用的丹纳车钩也使用了沙库车钩的原理。

10.2.2　柴田车钩

1929 年柴田卫氏提出了一种密接式车钩的设计方案，这种车钩的钩舌是一个可以转动的半圆。连挂或解编时，两个半圆相互配合。

图 10—34

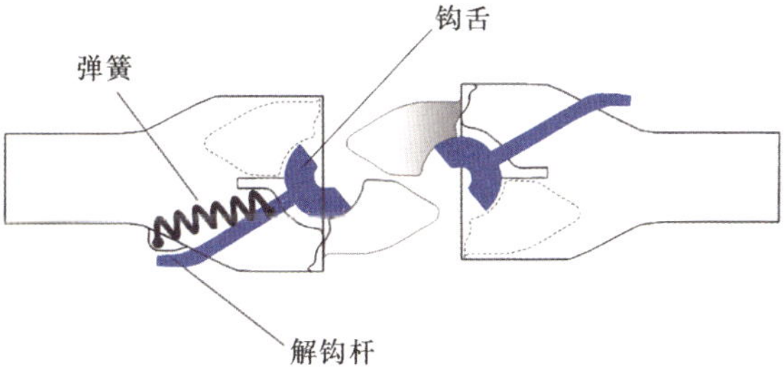

图 10—35

连挂时，凸锥插进对方相应的凹锥孔中，凸锥在前进中推压对方的钩舌使其转动。这时钩舌旋转，弹簧不断受拉变长，储存能量，如图 10—36 所示。

当两车钩连接面接触后，凸锥不再压迫对方的钩舌，为钩舌转动腾出空间，如图 10—37 所示。这样钩舌被释放，可以自由转动了，由于弹簧的作用，使钩舌向顺时针旋转，恢复到最初的状态，两车钩被钩舌卡在了一起，完成了两车连挂，如图 10—38 所示。

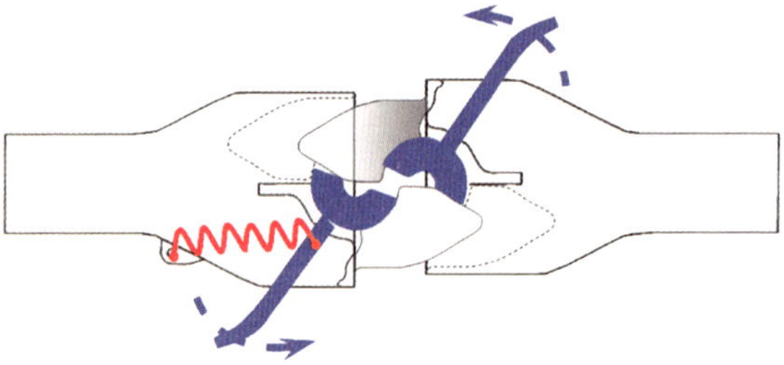

图 10—36

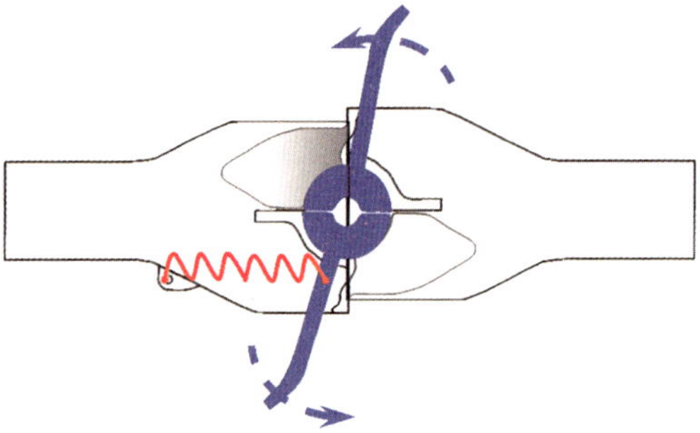

图 10—37

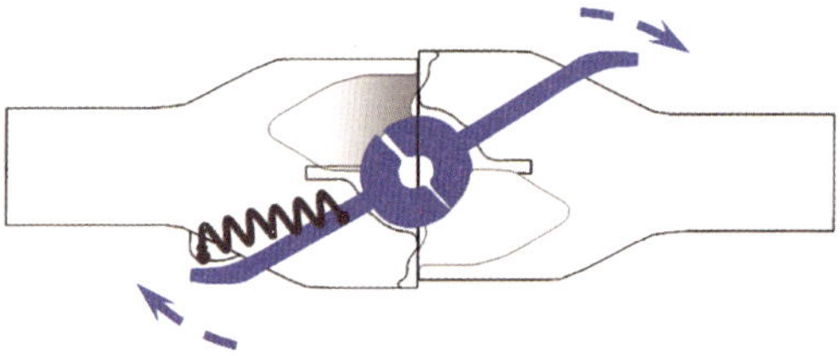

图 10—38

解钩时，解钩气缸推动解钩杆，使得钩舌逆时针旋转，钩舌解锁，如图 10—39 所示。

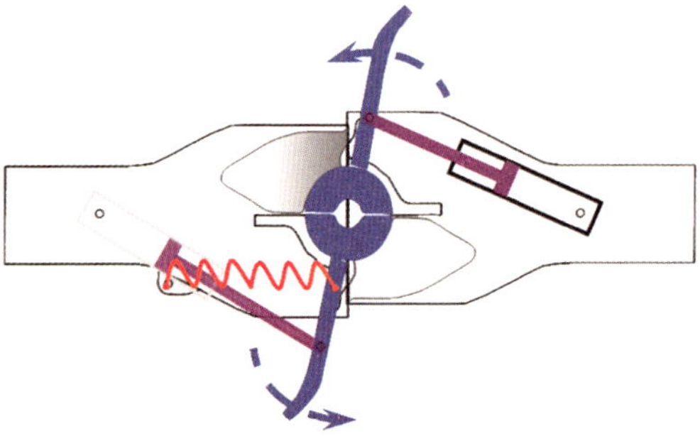

图 10—39

10.3　导流罩与车钩的通用动作控制模式及手动动作

10.3.1　主体结构的驱动及其位置检测

导流罩和车钩可以统称为前端机构，两者往往采用一体化的设计。前端机构各部件的动作一般是由压缩空气推动气缸活塞来提供驱动力的，压缩空气供给再由电磁阀控制，这样就形成了一个电磁阀与驱动气缸的“黄金搭档”。

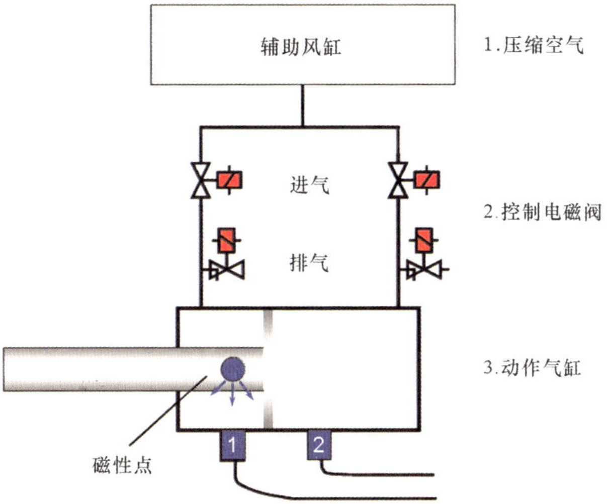

图 10—40　机构动作基本控制模式

对于其他一些形体较大的机构，如导流罩，常常采用两个气缸在两侧平行推动的方式驱动。

为了确认动作结果，在机构的起始和终止两个工作位一般都设有位置传感器。

10.3.2　运动部件的锁闭及锁闭状态的检测

这些运动机构不管是在起始位还是在终止位，运动到位了以后，为了防止在动车组运行过程中错动，必须再设置机械锁闭机构将其固定在位置上。

锁定机构一般都是插销式的，在运动部件上设置配合孔，到位后将锁销插入。插销一般也是气缸驱动的，一样也设置传感器对其位置进行检测，以确认是否锁闭到位。动车组中也有少数锁闭功能使用了一些部件间的特殊配合来完成。

当然你可能要问，这个思路可以无限往下嵌套递推，锁闭机构本身还可以再设置锁闭机构啊？一般的设备都没有这样设计，否则系统就太复杂了，故障率高。

综上两大点，动车组的控制系统就知道了两个事情，一个是相关动作部件运动到哪个位置了，是在起始位，在终止位，还是在中间状态；二是锁闭了没有。这些是实现自动化控制的基础。比如，我们知道对于设有车钩伸缩功能的动车组而言，必须先开启导流罩后才能够伸出自动车钩，否则车钩将把导流罩顶坏。系统只有通过前述的检测，才能确认每一步的进行情况。一旦检测到哪一步没有到位立即起保护停止下一步的动作，才能避免设备的损坏，同时还可以根据当前点的情况给出检修人员精确的帮助信息。

不管是车钩还是导流罩，这些基本道理是相通的。这样我们对前端机构自动控制是如何实现的就有了一个具体的概念。

10.3.3 导流罩与车钩的手动动作

对于经常需要连挂的短编车组而言，导流罩和车钩的动作一般都是自动完成的，我们仅需按动司机室相关按钮即可。但如果系统故障，为确保应急需要，动车组一般都设有手动功能。

除了我们在前面已经讨论过的解钩的手动功能外，现在我们补充一下前端机构开关过程中的手动功能，动车组在前端机构动作中压缩空气的供给、电磁阀动作、气缸驱动三个环节都设有一些手动替代方式，如图10—41所示。

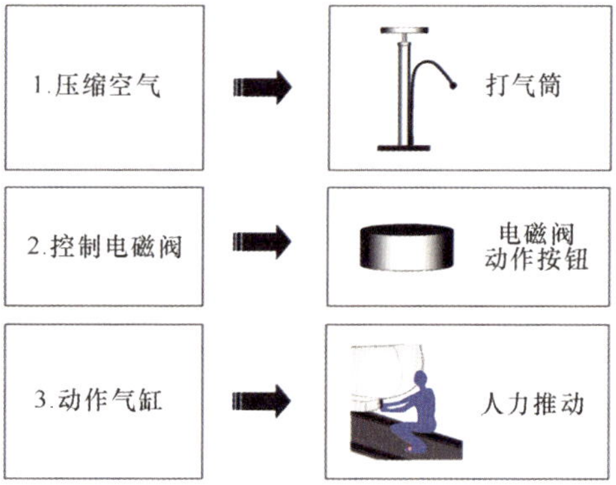

图10—41　人工操作办法

10.3.3.1 压缩空气供给的人工替代方式

在车组停放过久或故障导致压缩空气气压不足的情况下，沙库车钩可以通过人工打气的方式进行补给，如图10—42所示。

图10—42　CRH3C型动车组车钩人工打气接口

10.3.3.2 电磁阀动作的人工替代方式

车组设计时各驱动气缸控制电磁阀上面一般都再附有一个小开关，可手动控制电磁阀通断。也有动车组直接在操作面板上设置强制动作开关。

由于前端机构各部件的驱动以及起始、终止两个位置的锁闭机构一般都是通过气缸——电磁阀控制的，所以手动开关数量很多，有导流罩开启、导流罩开启位锁闭、导流罩关闭、导流罩关闭位锁闭等等。CRH1A 型动车组车钩与导流罩手动开关全部集成在一起，总共有 10 个。

图 10—43 CRH1A 型动车组车钩与导流罩的控制电磁阀及其手动开关

如此繁多的开关，怎么操作还是个不好处理的问题，因为有很严格的顺序要求。人工操作电磁阀开关实际和车载计算机的控制流程是一样的。动作是否到位由计算机确认变成人工去确认，各部件动作的先后顺序也得人工卡控。比如打开导流罩，首先解开导流罩在关闭位置的锁闭机构，确认解锁到位后打开导流罩，确认打开到位后，将导流罩在开启位置再次锁住，并确认锁闭到位。导流罩打开后才能进行车钩的伸出，车钩伸出也是类似的，先解锁后伸出，在伸出到位后再重新将其锁定。

实际操作中我们可以制作如图 10—44 所示，来引导有关人员，但是每一步动作是否已到位的确认需要人工完成。

对于其他型号动车组，我们依然可以依葫芦画瓢以提高作业效率。CRH3C 型动车组把导流罩与车钩的手动开关分开设置，两类加起来也是 10 个。以导流罩部分的控制为例，一样可以制作如图 10—45 所示。

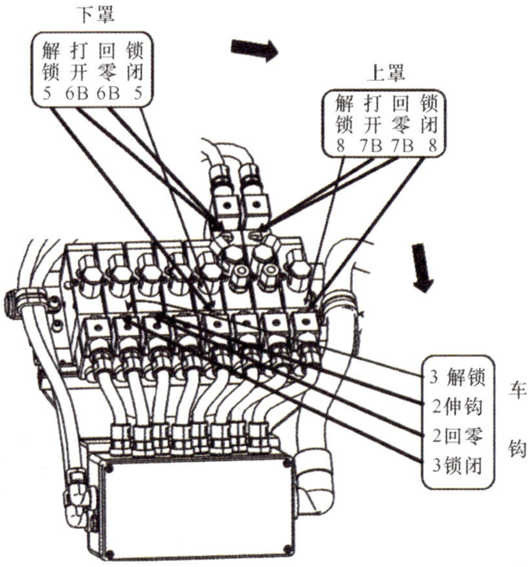

图 10—44　CRH1A 型动车组车钩手动伸出操作顺序

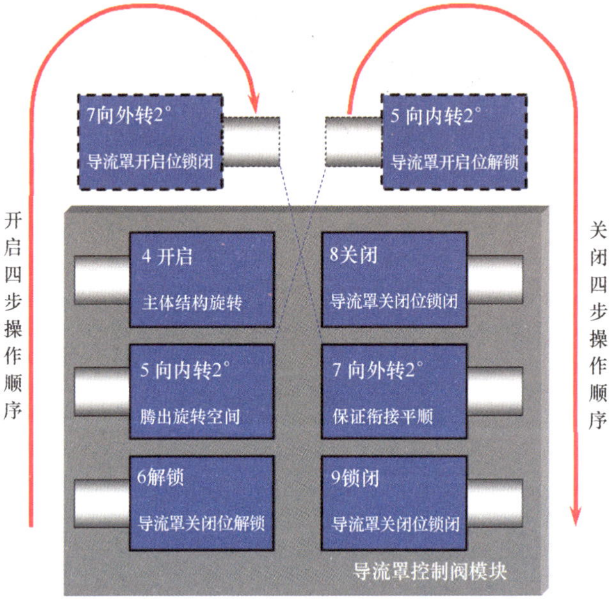

图 10—45　CRH3C 型动车组导流罩电磁阀手动操作顺序

10. 3. 3. 3　气缸驱动力的人工替代方式

车钩与导流罩某些部件的动作，如 CRH3C 型动车组导流罩的解锁及其动作、车钩的解锁等都是可以直接通过人力完成的。操作时注意先切断风源，有些时候还需要借助一些工具。

这种方式完全绕开了电控部分。所以对于这类部件而言，人工操作有两种方式，可操作电磁阀的手动开关，也可以直接去扳动部件。实际应用中，各种方式需有机配合起来，实现最大的便捷性。

半自动车钩及其导流罩的手动开关与此类似。

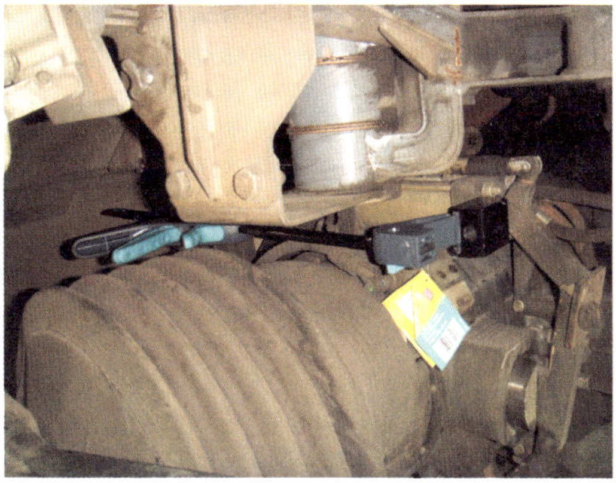

图 10—46　车钩锁闭机构的人工解锁及解锁卡钳

10.4　风管与电钩的连挂解编动作

沙库车钩风管及电钩设计比较复杂，我们依然以它为主讲述。

10.4.1　风　　管

沙库车钩所涉及到的风管如图 10—47 所示，含解钩风管、总风管、制动管三种。这种车钩风管的连接全部是伴随机械连挂动作自动完成的，没有再引入电控机构。

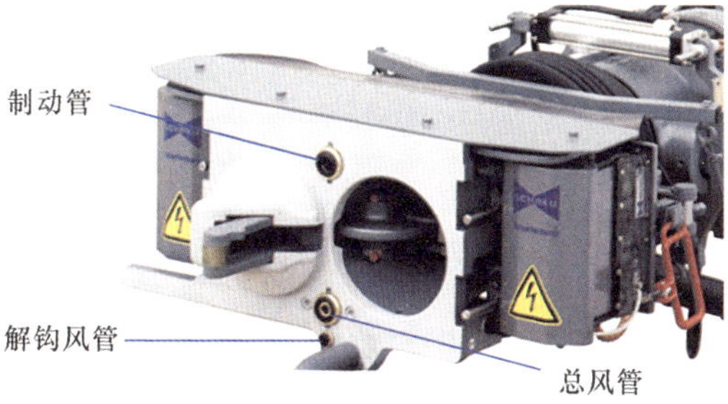

图 10—47　车钩连接面上的风管接口

解钩风缸管是一根直通的管路，当处于连挂状态的任何一组车发送解钩命令时，它能把本车解钩风缸的驱动压缩空气提供给重联的另一个车，以便两车同时解钩，提高容错性。

总风管接头复杂些，常态下利用弹簧压力将接口堵死，连挂时阀杆被连挂车推入，克服弹簧作用力将阀门打开，两列车总风管贯通。

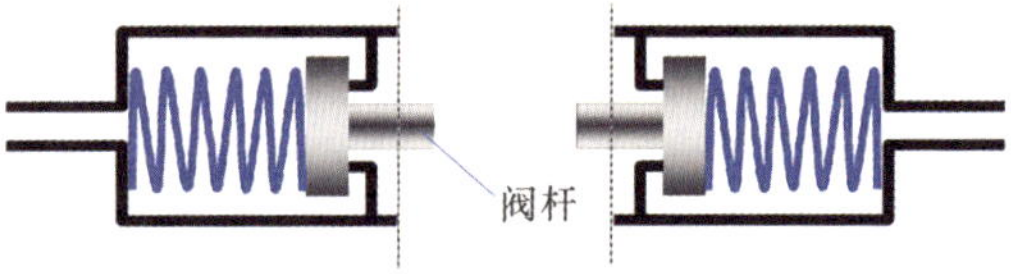

图 10—48

制动管的自动连通原理比总风管更复杂。尽管制动管与总风管都要求单编时截止，连挂后自动导通，但是考虑故障安全的原则，我们希望在动车组意外被拉断的情况下制动管能排风以产生紧急制动，所以制动管采用了不同的方案。其阀门的开启是利用钩舌转轴联动来实现的，具体如图 10—49 所示。

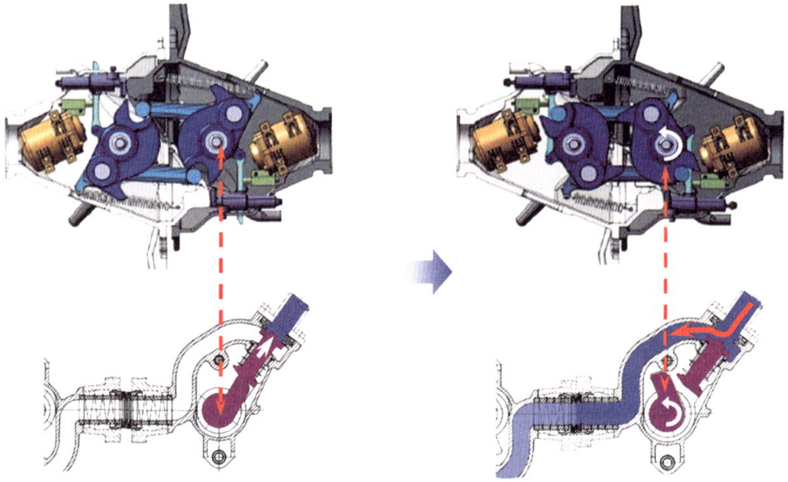

图 10—49　制动管与钩舌中心转轴的联动

当车钩意外被拉断后，由于钩舌没有恢复，制动管依然处于开口排风状态，车组在气路层面上增加了自动施加紧急制动的机制。

10.4.2 电　　钩

电钩就是车钩中用来进行电路连接的机构，它是安装在机械钩上的电路“插座”。CRH3C 型动车组电钩打开以后的形态如图 10—50 所示。

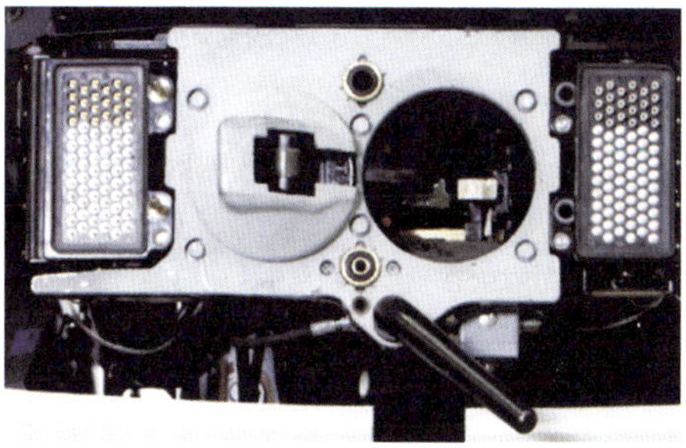

图 10—50　CRH3C 型动车组机械钩两侧电钩触点

图 10—51　CRH1A 型动车组电钩及其驱动风缸

电钩的动作一般也是通过气缸驱动的，在上一节中我们已讨论过这种动作方式。

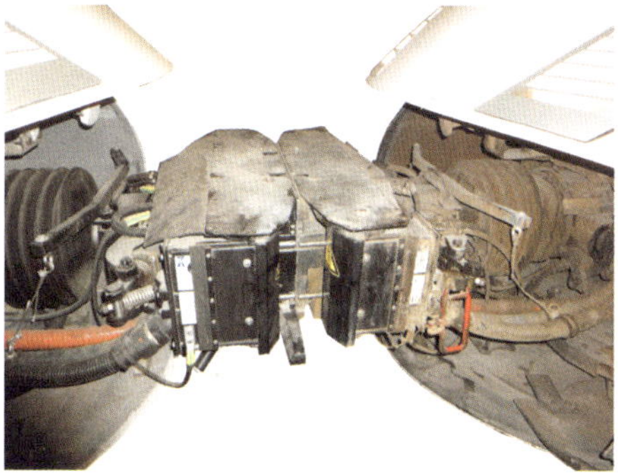

图 10—52　机械钩连挂电钩未连挂

图 10—53　两侧电钩连挂后

不过，电钩控制的特殊之处在于电钩的伸出必须建立在车组机械钩已连挂好的基础上，否则电钩先伸出再进行机械钩的连挂电钩容易损坏。而解编时，一般也要求尽量在机械钩解钩之前，先缩回电钩。

为了实现这个要求，在电钩的控制上与前面讨论的制动管导通非常类似，电钩动作风缸的供风也与钩舌中心转轴联动，如图 10—54 所示。

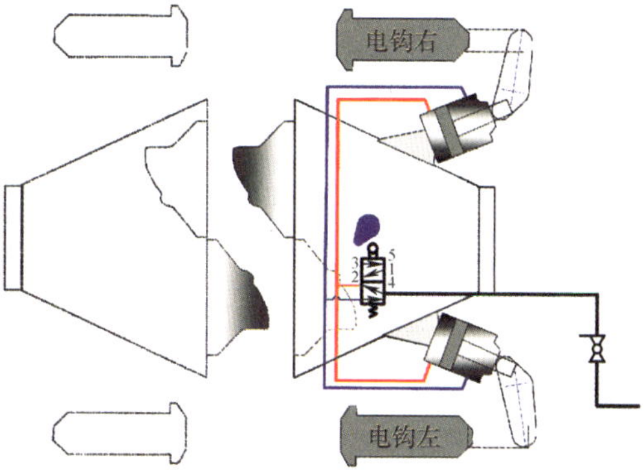

图 10—54

车组机械钩连挂后，电钩驱动风缸的供风气路方才自动导通，伸出电钩并对接。

与钩舌中心转轴连动的功能我们讨论了制动管贯通、电钩的伸缩，实际上 CRH 系列动车组中 CRH3C 型动车组还有一个车钩对中功能的控制与此相关。这个车钩对中功能在未连挂时将车钩固定在中间位置，避免车组高速运行时车钩的摆动，连挂后该功能自动取消，提高过曲线的能力。需进行弯道连挂时则可提前人工取消该功能，提高车钩摆动的范围，方便连挂。

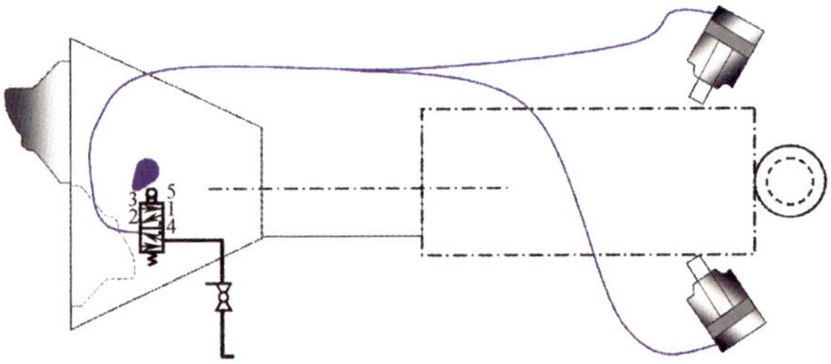

图 10—55

10. 4. 3　柴田车钩的电钩与风管连接

对于 CRH2 系列动车组所使用的柴田车钩，电路气路连接没有做得这么复杂，电钩使用机械联动，没有风缸伸缩机构。车钩端面上只设置总风管接口，未设制动管接口。总风管连挂完毕后通过电控的空气管开闭器控制其导通。使用机车拖动需要连接制动管时，预留了人工风管连接接口，如图 10—56 所示。此外车钩未设有伸缩功能。

从整体上讲，这种设计自动化程度低些，但可靠性较高。

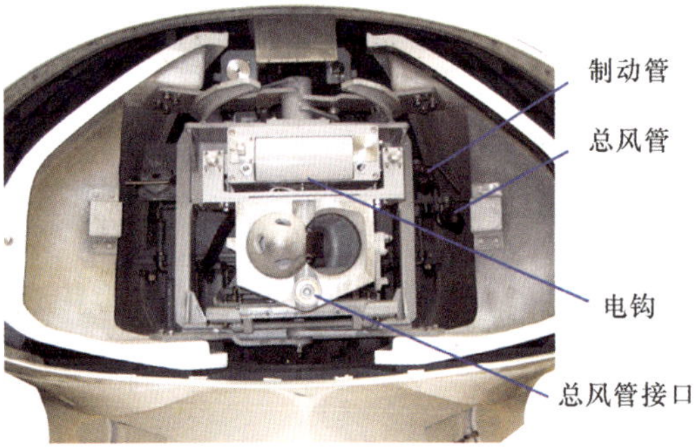

图 10—56

10.5　动车组的连挂解编

前面讨论的是很重要的基础知识，有了这些以后，我们可以来讨论动车组连挂和解编过程了。

如果能够理清车组连挂解编时系统的动作过程，对动车组各个系统的联动才有一个整体认知。CRH3C 型动车组在各型动车组中结构较为复杂，我们还是以它为例讲述连挂解编过程。

10.5.1　可见情况

两列动车组连挂前，我们按要求在司机室触发各车的"连挂模式"，让车组的自动控制系统知道后续要进行的是连挂作业，车组会自动做好动作准备。两列车进行连挂端导流罩开启、车钩伸出的作业。

司机驾驶其中一列动车组以很低的速度与另一列动车组靠近并对接，"哗"的一声响，两列动车组重联成了一列。系统动作完毕后司机退出重联端司机室，到外端的司机室重新激活，连挂结束。

这些是我们看得见的部分，实际情况要复杂得多。

10.5.2　实际动作

选定连挂模式后，除了自动开启导流罩伸出车钩外，被连挂车组会自动做准备，预先施加紧急制动，对于设有停放制动的动车组停放制动也会施加，确保连挂时车组不会因为连挂冲击而串动。主动连挂的动车组在选定连挂模式后一般会自动限制可运行的最大速度以限制冲击力。

司机驾驶主动连挂车靠近被连挂车组，车钩自对中及机械钩的内部连挂过程如前文所讨论的将自动完成。车钩面接触后总风管导通。钩舌旋转后制动管导通，同时限位开关将钩舌动作信息反馈，主动连挂车知道已连挂后也会触发紧急制动，这个就是连挂后我们听到的"哗"的排风声。当然，即使紧急制动命令失效，对于设置有间接制动系统的 CRH3C 型动车组，由于被连挂车组原来处于紧急制动状态，它的制动管还一直是开口的，连挂贯通制动管后，主动连挂车制动管也会通过被连挂车组排风口排风，在纯粹气路层面也会起紧急制动作用。

到这一步还远远没完，机械钩连挂成功后，两列动车组在机械上已经形成一列新动车组。不过,此时两个动车组在电路上还是完全独立的。

机械钩连挂完毕,紧跟着进行电钩的伸出与对接。对接完毕后,控制系统通过确认电钩中的一组配合触点是否形成回路来判断电钩对接是否已成功。就此,方可进行电路和网络的配置。以安全回路为例,这个时候,才通过接触器的通断,把两列车各种安全回路由原来两个独立的小环组合成一个大环。

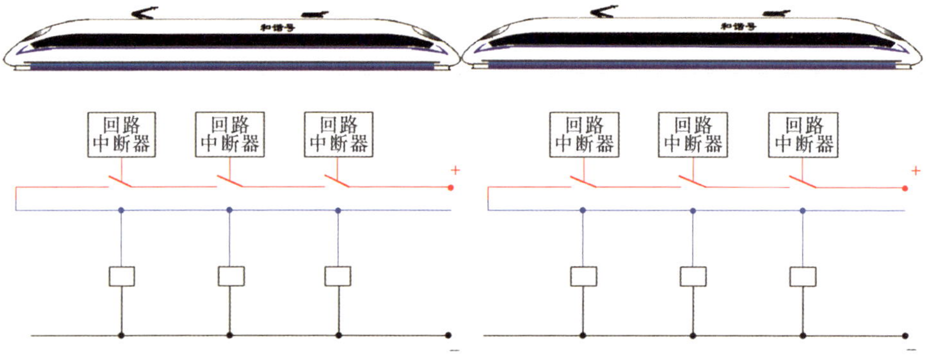

图 10—57　机械上虽然已形成一组车,但电路依然各自独立

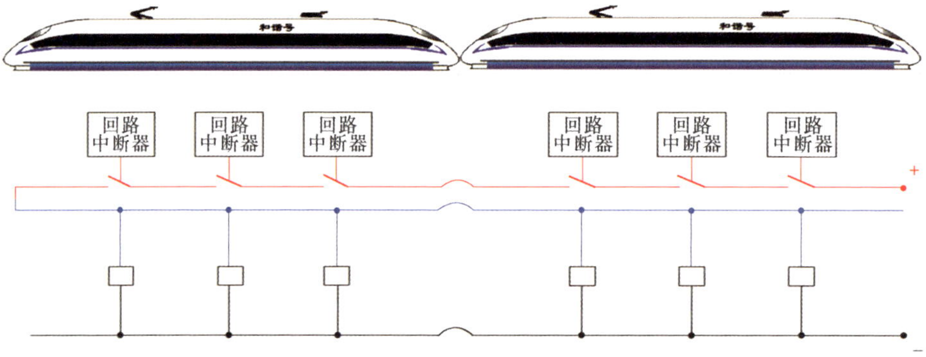

图 10—58　配置后合并成一个大回路

列车级总线网络满足动态节点的功能,检测到有新的节点了,WTB 也进行重新配置。

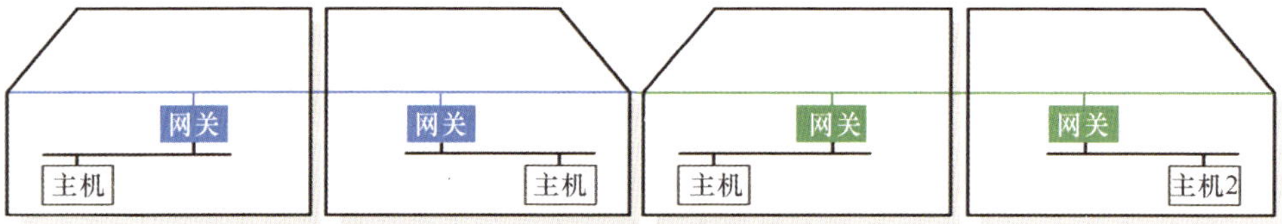

图 10—59　列车级网络重新进行动态节点配制

确认上一步再进行下一步，这是保证系统正常工作的基本思路。整个过程这么多的作业，把车钩、制动、总线通信、安全回路全用上了，是不是容易出错呢？一般是不会的，各车型在整个过程中司机室显示器会自动地提示步骤信息。

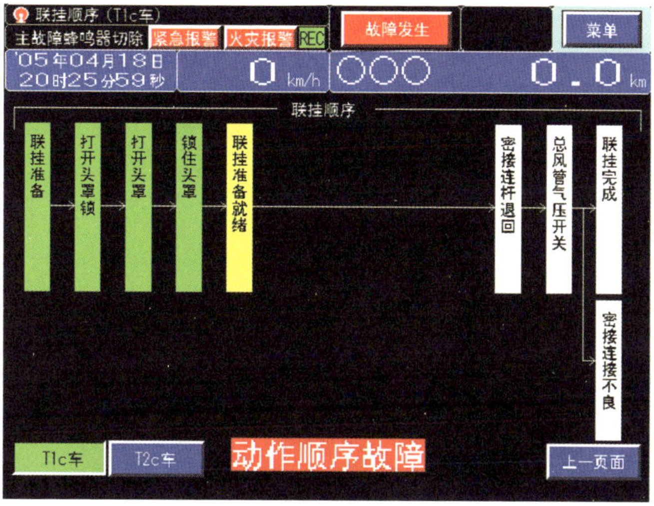

图 10—60

最后，司机换端，激活车组，两个车组重联成一列车组。解编过程与重联过程相反。

10.5.3 只连挂机械钩的特殊连挂模式

电钩相连的前提是硬件结构相同且软件协议相容的同型动车组，作为一种运输车，必然有一种只是提供推拉力的机械拖拉的模式，和我们日常见到的汽车一样，完全不同的两个车至少可以相互拖拉。动车组就是这种只连挂机械钩、不连挂电钩的模式。

只连挂机械钩的特殊连挂模式在动车组运用过程中非常重要。

这种模式实现了动车组与机车之间以及不同类型的动车组之间的相互救援，因为它不涉及到任何电路接口问题。比如由 CRH5A 型动车组改造的 0 号高速综合检测列车在全国各线路运行，途中出现故障需要救援，但是很多路局并没有配属该动车组，若使用机车去救援的话由于机车的速度慢，可能需要很长的奔赴时间。这个时候可以考虑使用 CRH3C 型动车组只联挂机械钩的方式救援，目前，我国 CRH 动车组过渡车钩已在开展统型匹配的工作，以后可以使用 CRH1、CRH2 系列动车组救援，但依然是使用只挂机械钩的模式。

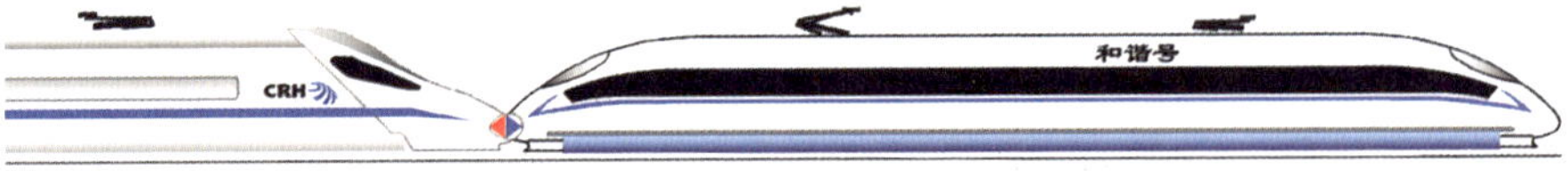

图 10—61

即使是同型动车组的相互救援，有时候在动车组电控制系统故障的情况下，我们也使用此种模式，以避免故障又“传染”给前来救援的动车组。

这种连挂必须阻止电钩的动作，需提前将电钩供风阀门关闭，避免连挂进行时电钩自动打开。

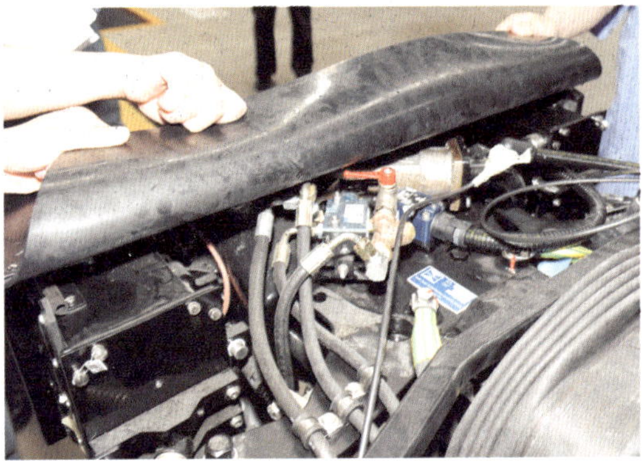

图 10—62　电钩供风阀门

此种连挂模式只是机械的拖拉，控制上前后两个车组互相不知道对方的信息。被救援车组的制动信号只能通过制动管风压来传递。在这种情况下会有很多问题需要讨论，比如 CRH3C 型动车组救援 CRH5A 型动车组时，若前车没有启用备用制动，而是正常驾驶，那么后车是否有常用制动？若前车启用了备用制动，那么后车是否有常用制动力？这就是我们在制动系统一章中所讨论的纯气动间接制动系统，结合直接制动和间接制动的知识，我们都可以分析出来。

对于未设置纯空气间接制动系统的 CRH1、CRH2 系列动车组，只连挂机械钩和制动管时又是什么情况呢？我们在制动系统一章已经讨论过了。它们的制动方式需要电控制的介入，可靠性差些。因此 CRH1、CRH2 系列动车组在前端车钩处设有外接电源插头，必要时可由机车供电，或者增加一节发电车供电。CRH1 系列动车组在机车拖动速度较高的情况下还可以利用牵引电机发电。

CRH2 系列动车组车端连接处还预留了总风管接口，当机车设有总风接口时可人工连接，提高供风速度。

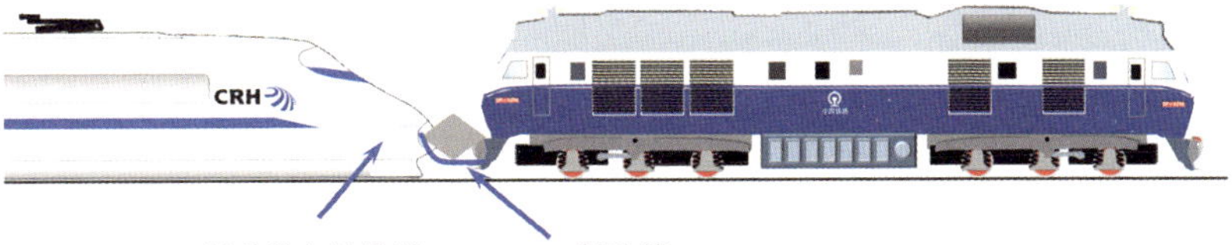

图 10—63 CRH2A 型动车组制动命令转换器

动车组间相互连挂以及同机车的连挂过程中往往还会出现各种突发故障，如何处置呢？经常会碰到懂车钩的不熟悉制动，懂制动的又不清楚车钩的情况，这种综合应用要求较高。本章所讨论的是最重要的框架知识，这些主干知识掌握了以后，其它的细节再结合具体的车型、具体的情况进行分析，水到渠成。

10.6 自动车钩存在问题的改进

功能设置多了，结构自然变得复杂，现场应用中会经常出故障，德国的高速列车也如此。车钩专家们在原型车的基础上，对德国新一代 VelaroD 动车组车钩进行了一些优化，如采用了与 CRH2 系列动车组类似的不可伸缩车钩的方案。

车端连接系统是体现轨道交通系统精髓的一个地方，很重要，但是讨论起来会比较吃力。我们下一章来讨论一个轻松一点的、与日常生活联系比较紧密的系统。

讨 论

1. 试简述导流罩与车钩的动作控制模式。
2. 试阐述沙库车钩连挂的原理。
3. 试讨论动车组连挂的整个过程。
4. 只连挂机械钩的模式有什么应用？

第 11 章 高速列车空调系统

标题里写的“空调”指的是广义的空调系统，在欧洲标准中往往称为 HVAC，即加热、通风和空气调节（Heating ,Ventilation and Air Conditioning）。

11.1 温度调节的基本原理

如果我们想要主动控制气温，那么我们需要研究下物理世界中有关吸热、放热的现象。热学的东西比较生僻，我们想多讨论一下。

11.1.1 利用物态变化伴随的吸热来降温

在生产生活中，人们观察到物态变化时会伴有吸热、放热的效应。液体气化要吸热，锅炉必须有火在烧，否则开水就不会持续地沸腾成水蒸气。反过来气体液化要放热，我们知道被水蒸气烧伤比被开水烧伤还厉害。

既然物态变化可以吸收或者放出热量，那么利用这些现象，如果我们能够通过人工的方法在特定的地方进行特定物态的转化，就可以实现温度调节了。比如室内需要降温，我们就故意使得某个物质在室内进行气化吸热。

但是，前面讲的锅炉烧火开水吸热的气化属于强迫它气化，一边加热升温，一边被动的气化吸热降温，这样弄屋子里的温度只会升高，对降温来说没有意义。我们得想办法制作一种在常温常压下能够自发气化的液体。

图 11—1　气化吸热即可降温

11.1.2　如何制作常温常压下能自发气化的液体

这个问题其实是如何进行物态间的人工强制转化的问题，研究物态间的转换需要了解一点物质微观结构的知识。

我们知道，物质一般都具有一个单元级别的颗粒结构，物理学里面为了简便统称为分子，分子在不断地运动着（物理学里面的分子是个广义的微粒的统称，仅强调其单元级别以及运动特性，与化学上的分子严格上不是同样的含义，它可以是化学的分子，可以是化学的原子等）。

微观分子的不同的聚集状态，宏观上形成不同的物态。比如分子运动激烈，分子间离得很远的时候是气体，运动稍弱一些但距离靠近一些的是液体，再往下就是固体等等，如图 11—2、11—3、11—4 所示。

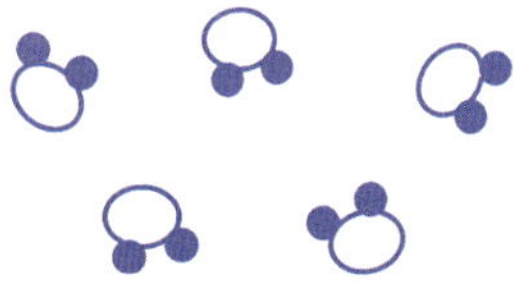

图 11—2　气体的微观结构

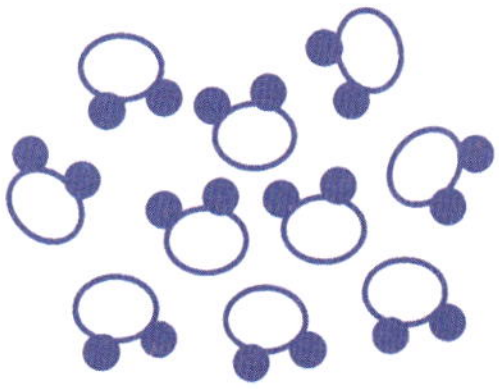

图 11—3　液态的微观结构

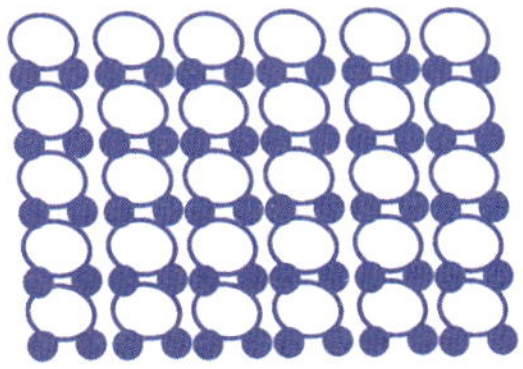

图 11—4　固态的微观结构（示意）

根据这种微观解释，我们可以想出一些人工控制物态变化的方法，比如，通过加压可以使得物体不断往聚集密度大的物态转化。一堆气体分子，如果你压缩它们，它们挤在一起就成了液体，如图 11—5 所示。

还有我们可以给它降温，吸收他们的能量，冬天降温以后，河流结冰，就是通过降温将液体强制转换成固体的例子。温度反映分子运动的平均激烈程度，高低温的物体放在一起，两类分子群体间激烈碰撞，激烈的分子与不激烈的分子相互中和。整体上看，高温物体分子运动减弱，则温度降低；低温物体分子运动增强，温度升高。所以当物体能量被低温的外界环境吸收走后，分子运动激烈程度降低，分子间靠得更近，达到一定值时也可转换为另外一种物态。

图 11—5　气体压缩成液体

图 11—6　降温强迫河水结成冰

既然两个因素都能够影响物态的变化,我们描述物态变化时这两个参数都是重要的。一个是温度,一个是压力,对于气体液化来讲,两个因素某种程度上说是等效的。所以在不同的压力下,液化温度是不一样的。

11.1.3　气体液化的实现——冷媒剂的选择

前面我们讨论了使气体液化需要加压或者降温,而我们的目的就是为了实现室内降温,当然这时我们还没有降温的技术,只能利用加压,那么就使用加压。猛加压力,在常温下就可以将某些气体液化了。

说得容易,真正要实现还是有一定困难的。因为一般情况下的气体很难被压缩成液体,比如空气,我们打气的时候很用力去压它,但是从来没有见它液化过。

所以得选择特别的材料，在常温常压下是气体的物质，一压缩很容易变成液体，且伴随大量热量的吸收和排放，最后选中的就是有名的氟利昂。在一个地方先进行原料制作，强迫将其压缩成液体，存入压力容器中。然后将其运输到我们需要降温的地方，把压力容器打开。这种物质由于原来常温常压下就是气体，解除了对它的加压以后，它必然自发地膨胀回原来的状态——气体，液体气化后吸热，就可以把室内温度降下去了，如图 11—7 所示。这样，我们就利用压力控制解决了自发气化的问题。

图 11—7

制作出来的液体具有强烈吸收热量的能力，可以把人冻伤。所以我们接触到后会感觉到寒冷，俗称雪种。

11. 1. 4　雪种的再生与制冷循环

如果我们把使用完的雪种气体通过某种方式收集起来，拿到其他地方去，再加工回原来的液态，源源不断地进行，形成一个循环，这个就是空调。

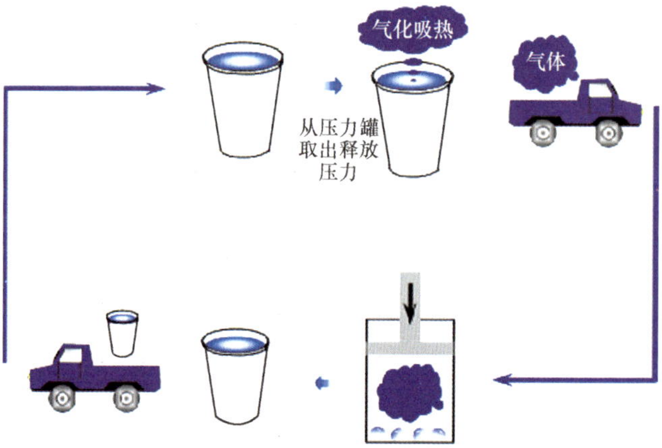

图 11—8　形成循环

将这个过程放入一个循环管路中让它往复进行，一个放在室内，一个放在室外，就是一个制冷基本循环。具体实现的时候，不是用卡车运输，是使用“管道运输”，液体压力释放是通过膨胀阀进行的。还有，压缩机压缩完后，发现制冷剂很热。为避免把这些热带到室内，进一步提高制冷效果，先保持其压力放在常温下面冷却一下，所以增加了一个冷凝单元。

与前文中所讨论的各个过程相对应，空调系统的4个经典环节就出来了——压缩，冷凝，膨胀，蒸发。动车组的客室空调、餐车的制冰机、冷藏柜全部是这个原理。制冷剂汽化时它吸热，就像搬运工把包裹扛上了肩；液化时它放热，就像搬运工把包裹卸下来。

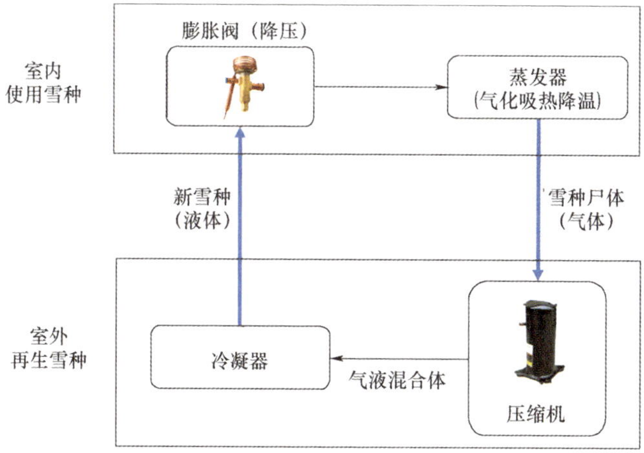

图11—9　空调基本制冷循环

制冷空调反过来也可用来做加热，因为设备的功能是完成热量搬运，搬出方是制冷，搬入方就加热。通往室内室外的风道连接对换一下就可以了，这个就是我们常说的热泵。我国动车组上的空调系统冬季制热时都没有采用这种方式，一般直接使用电加热。使用热泵，系统的复杂性会提高。

11.2　高速列车空调系统

前面讲述的是制冷的通用基础，适用于各种场合，并不是专用于列车的技术，家用空调的基本原理是一样的，有些低速列车的空调系统直接使用家用空调改造而成。

这一节我们来讨论下空调系统中与动车组较为密切相关的问题。

图 11—10

11.2.1 车内外热隔离

空调实现的是热量搬运功能，以在车内车外产生一种温差。那么首先得切断车内外热量的随意交流。我们进行隔热，制造一个热独立空间，否则制冷效率极低。独立即隔离不受环境干扰，防止环境的渗透，或者叫屏蔽。我们这里可以称为热屏蔽。

图 11—11　CRH3C 型动车组侧墙绝热材料

在动车组的很多资料中，把所使用的这种屏蔽材料 Glass wool insulation 翻译为玻璃棉防寒，严格上讲是不准确的。历史上发明热水瓶的人原来并不是要发明热水瓶，而是冷水瓶，发明出来后他自己都没有意识到他的发明也是个热水瓶。它的原理类似于棉被，棉被并不是“发热”而是“保暖”，使身体散发的热量不散失，本质上都仅仅是绝热。物理学里有一个结论，在非常热的特殊环境下，人也需要穿棉袄，其实也是这个意思。防寒材料也是防热材料。CRH1A 型动车组原型车 Regina 在瑞典运营，很多人会说因为考虑到可能在寒带运营，故保留了原来的防寒材料设计。这样的解释不准确，并不是说如果完全在热带运行就可以把防寒材料去掉，因为它

图 11—12　CRH1A 型动车组车底的绝热棉

实际也起防热的功能。如果把这些去了,夏季空调制冷的效果将被车体的热传递抵消一部分,降低制冷效率,浪费电能。故应该把防寒材料翻译为绝热材料好些。

11.2.2　新风、废排和回风的基本概念

我们已经有了一个热密闭系统。需要吸入新鲜空气——设置新风口,我们还要呼出废气——设置废排口。

为了提高舒适性,加大空气的流动,还把室内的气体抽一部分回来再循环,这部分空气称为回风。

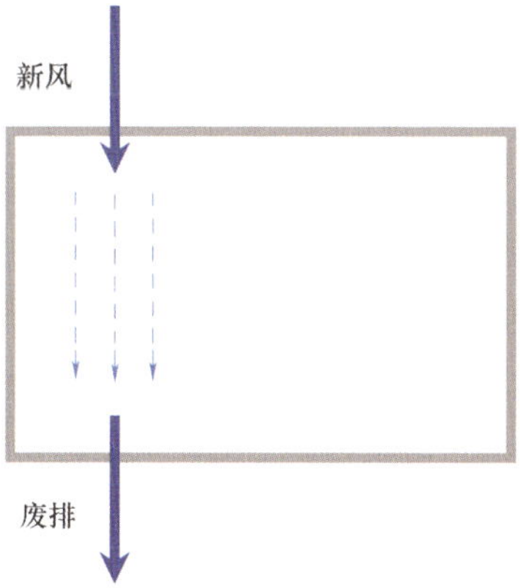

图 11—13　新风与废排

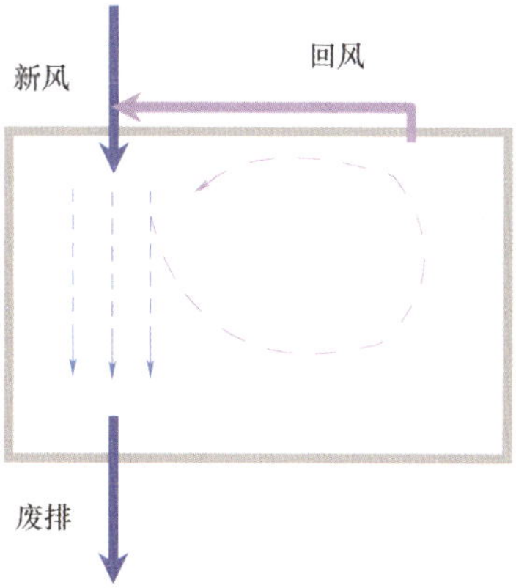

图 11—14　设置回风循环

这三种气流一般对应设有相应的风道、分别为新风道、废排风道以及回风道。所以,废排与回风的气源有一部分是一样的,这些是通风系统里面的基本概念。

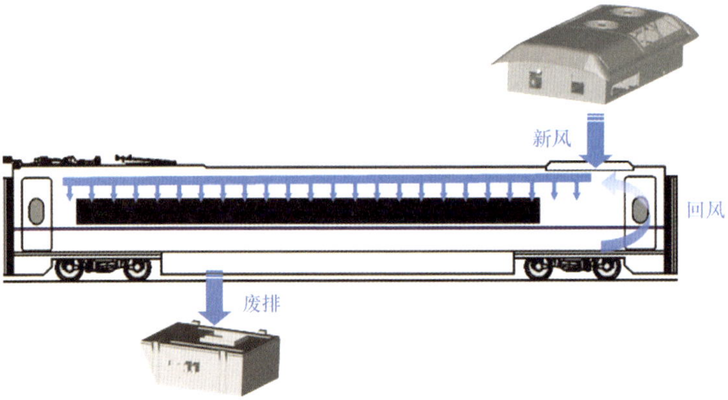

图 11—15　新风、废排与回风

11.2.3　单元式还是分体式的空调

传统的空调有两种结构形式，有分成室内机和室外机两部分的分体式空调，也有直接组合在一起的单元式空调。CRH3C 型动车组客室部分采用的是单元式空调，司机室因空间不足，采用了分体式的空调，如图 11—16 所示。

如果从稳定性的角度考虑，因空调设备是比较沉的，放在车下好些。车组重心低不易侧翻。

但从风源质量的角度，因为风道设置与空调的位置密切相关。一旦空调设置在车顶，那么，风道的主体就会沿着车顶布置，如 CRH1A、CRH3C 型动车组，如图 11—17 所示。当空调设备设置在底架上时，风道就沿着底板布置，如 CRH2A 型动车组，见图 11—18。

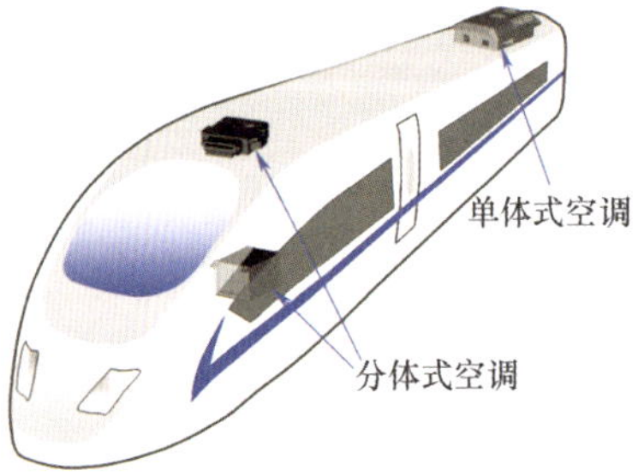

图 11—16　单元式与分体式的空调

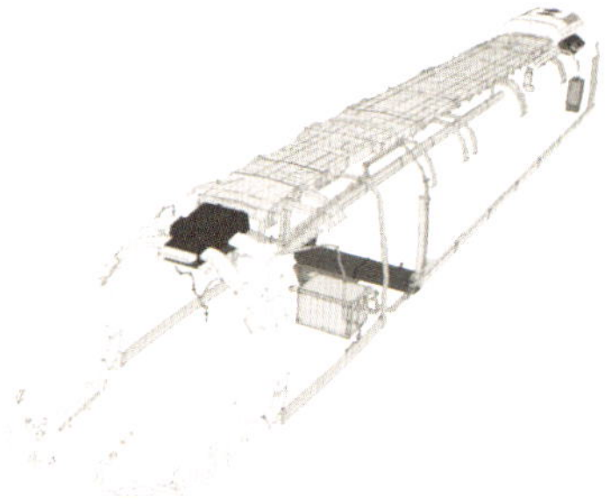

图 11—17　CRH3C 型动车组的风道布置

空调设于底架时，从车下面进新风又不好，沿路的一些脏物容易吸入。CRH2 型动车组早期新风口设置在车下，无法满足我国环境的实际情况，后期只好改变了新风口的位置。

综合考虑这些问题，CRH1A 型动车组客室的空调使用分体式空调。如图 11—19 所示，将压缩冷凝单元放在车底，既降低重心，又提高新风质量。

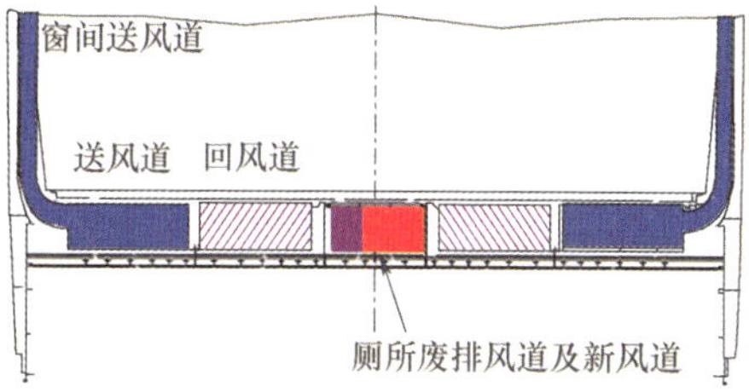

图 11—18 CRH2A 型动车组的风道布置

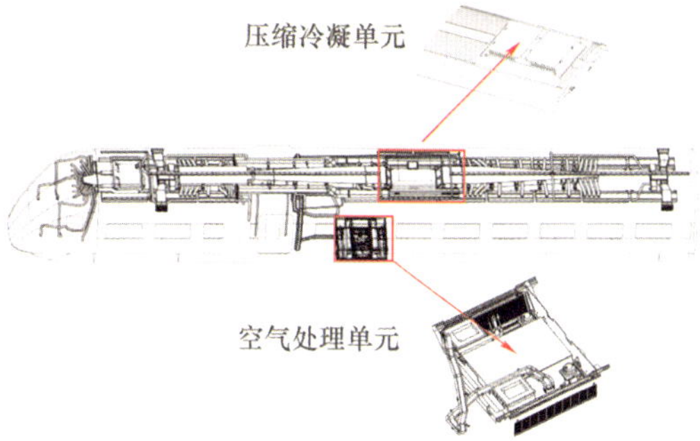

图 11—19 CRH1A 型动车组客室空调

但是分体式空调也不是完美的，因为需要贯穿车上下的管路，会带来可靠性的问题，故障率较高。

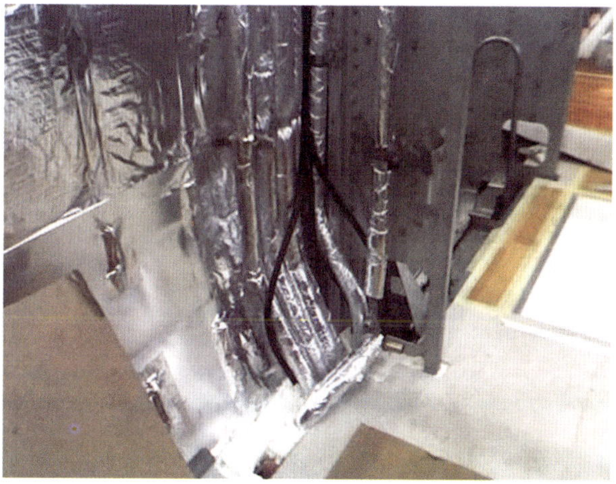

图 11—20 CRH1A 型动车组贯穿车上下的冷媒管

11.2.4 风道设置与温度场、风速场

有了这些概念后，我们可以考虑如何在室内分配冷热气了，基本要求是要舒适、均匀，防止局部过冷或过热。

新风风道是把新风分配到车厢内的通道，通过的气流量大，所以体型一般也比较大。

图 11—21　CRH3C 型动车组新风风道

废排风道除了从客室把气体抽走外，我们希望把厕所、电茶炉、餐车厨房设备产生的气体直接排除，不要再循环。我们还希望电气柜有更好的散热条件，所以废排风道还直接引到这些设备的上方区域将废气排走。

回风风道，体型比较小，只回一部分的风。有些车直接在空调机组上开口，把客室区域的风直接导入新风，没有设置专门的回风风道。

再考虑出风口位置设置，有些动车组设置得比较周到。比如 CRH3C 型动车组根据热风具有往上走、冷风往下沉的特性设置不同的出风口的位置，冷风设置在车顶，热风在地板，使用一个阀门对风道通路进行选择，如图 11—22 所示。

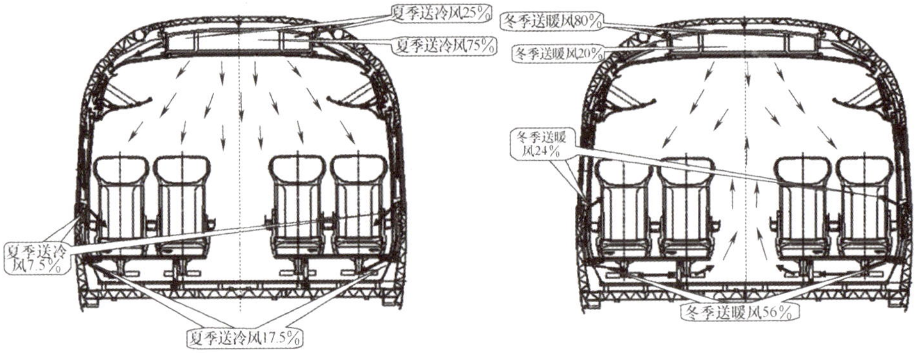

图 11—22　CRH3C 型动车组的气流组织设计结果

风道设置很大程度上影响客室气流整体分布，设计时要计算温度风速分布情况，我们不讨论这个。司机室有单独的风道设计。但目前动车组司机室空调依然有直吹人体或者制冷容量不太够的问题。

在门口区域往往无法照顾得到，需在各处使用小电加热器进行补偿。动车组中一般在门立柱后面可找到这类加热器，如图 11—23 所示。

这里讲述的就是车组的空气流，加上前面冷酶管中讲述的制冷剂流形成了空调系统的两条主线。

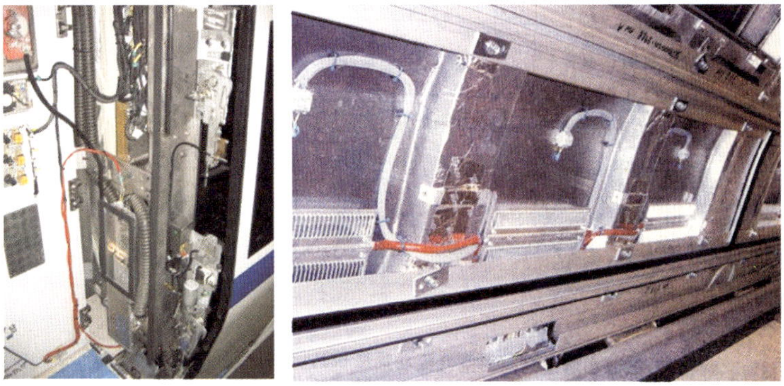

图 11—23　CRH1A 型动车组门立柱后面与侧墙的电加热器

11.2.5　压力波保护系统

动车组高速通过隧道或者两列动车组交会时,会有空气动力学效应。这种情况经常被用打气筒来做类比,实际上不贴切。这种气动效应不是压紧,而是时紧时松,是一个很大的波动。

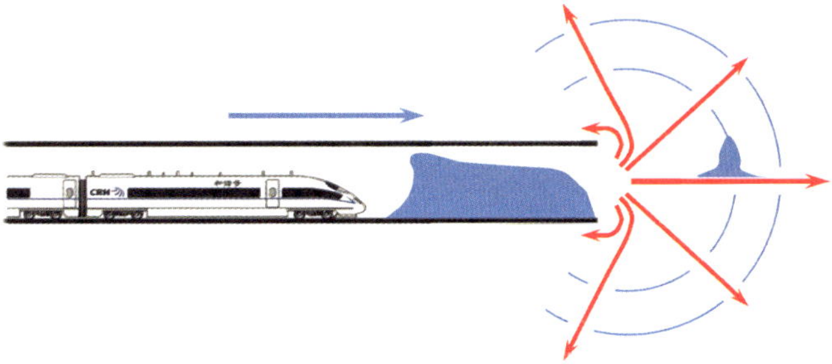

图 11—24

压力波会对旅客舒适度产生严重影响,鉴于此车体必须密封。越是高速列车,越关心此项,所以动车组乘客区域侧窗和传统的绿皮车不一样,是无法打开的。空调系统的新风口与废排口是车体密封的一个开口,必须采取措施,否则车外压力顺着风道就进到车内了。

压力波保护系统一般的实现原理是检测到压力突变时即刻关闭风门。为了提高风门关闭的速度,一般使用压缩空气驱动,如图 11—25 所示。

CRH2A 型动车组则采用了完全不同的原理来实现压力保护。人体无法忍受气压的剧烈变化,但对气流流动快慢不敏感。所以如果我们控制风机,使得室内的气流具有较高的速度,外界气压有变动对室内气压的影响就会被原来的高速气流所冲

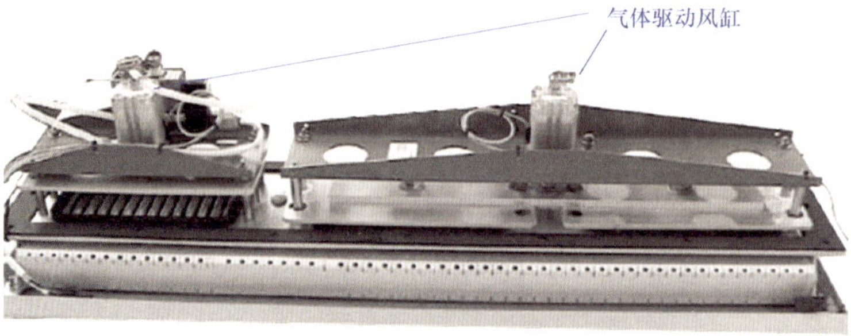

图 11—25

淡,从而起到压力波保护的作用。利用这个原理即可减缓隧道及会车时室外压力向对车内压力的影响。

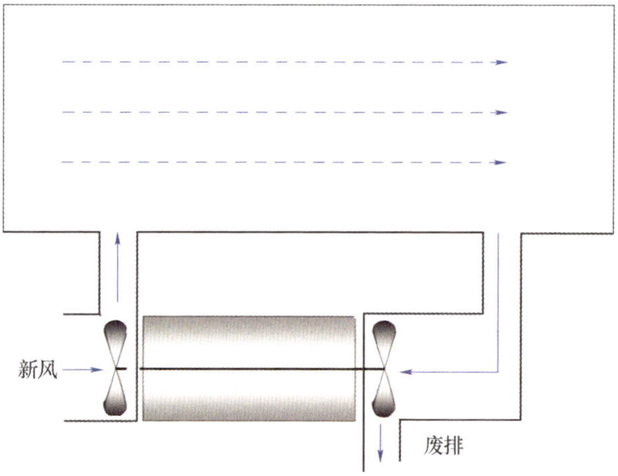

图 11—26 换气装置示意

此种压力波保护原理具有较高优越性,系统故障率极低,在隧道多时不会因为风门关闭而导致新风不足的情况出现。但随着速度的提高,此种原理依然无法满足压力波保护的要求。速度在提高后,可以与第一种压力波保护原理复合应用,同时加设对风门开启度的动态调节功能。

压力波保护的实质是滤波,实际上可以尝试使用我们在牵引系统中讨论的“交直交”原理来做,设置一个中转供风风缸,对新风进行轻微压缩存储,再以稳定的速度释放。

11.3 动车组空调系统的可靠性

与家用的空调比,高速列车上空调的可靠性要求高一些。不只是要考虑振动等设备工作环境的问题，而且可能存在电源能量供给不足的问题。由于高速列车是个密封环境，空调故障后室内较为闷热。除了我们在辅助供电系统中已讨论过提高供电可靠性外，在无高压供电的情况下如何保证应急供风也很重要，一般动车组上都设置有紧急通风逆变器，通过蓄电池供能，驱动通风风机。

同时，对于空调本身，动车组上同一个车厢上的空调系统往往设置有两套制冷循环，以提高可靠性。

对于司机室空调，为提高司机的工作环境质量，各型动车组都设置单独的司机室空调。运行中为确保安全，防止司机作业受到干扰，不允许打开司机室进门通风。此种要求下一旦空调故障，司机会很不舒服。CRH1A 型动车组就存在此种情况。针对这个问题，我们可以在设计时从客室空调引一路供风管到司机室，平时关闭，司机室空调故障时再打开，后来发现我国其他 CRH 动车组早就想到并实现了！

11.4　动车组空调系统的改进

11.4.1　废排气体的再利用

夏天的时候，当我们从动车组废排出风口经过，你会感到相当凉快。为什么不用这些冷风去冷却牵引电机？一样的道理，牵引电机、变流器发出大量的热，冬天为什么不用这些热去加热室内气体？制冷和发热系统的能量消耗还是比较可观的。

废排气体直接冷却电机在夏天可行，但是冬天不适用，因为冬天废排排出的是热气。那还有一种方案，可以利用废排气体预处理新风气体，与新风气体先进行一次热交换，新风再送入空调机组进行进一步的调温。夏天预冷，冬天预热，依然可以有一定的效果。

这个道理和带有冰水功能的开水炉是一样的。首先利用已烧开的水把准备烧的水预热，在预热的过程中已烧开的水顺便进行第一步冷却，然后对开水再进行第二步的冷却。新导入的被预热的生水也类似，再进行第二步的加热。分析这个过程，因为我们最初是冷水，最后得到的也是冷水，烧开只是一个需要经历的杀菌过程。所以我们只需要能量的转移而不是能量的消耗。水开完以后，就可以把能量再导出来循环利用。

11.4.2　湿度控制

根据实际乘车体会，冬天乘坐动车组经常会感觉口渴，需要喝水。这个是现行空调系统未设计有很好的加湿设备，所以非常干燥。可以加装增加湿度的设备进一步提高旅客舒适度。

这些课题是否可以在未来的动车组上应用？我们拭目以待。

讨　　论

1. 试简述制冷系统的基本原理，经典空调系统包括哪些环节？
2. 空调系统一般设有几种风道？各自功能是什么？
3. 高速列车为什么要设置压力波保护系统？

第 12 章 外门、旅客信息及给水卫生系统

相对于其他系统来说，动车组外门、旅客信息及给水卫生几个系统的规模整体上小一些，我们放在一起讨论。

12.1 外　　门

外门也叫边门或者侧门。外门相当于是在车体上开的一个口子，必然是高速动车组安全相关系统。动车组高速运行时外门会承受巨大的荷载，又必须保证气密性。

动车组高速运行时是不允许开门的。为确保安全，动车组一般会把外门是否关闭并锁好作为牵引命令有效的条件。所以司机开车前需要确认外门全部已关闭并锁闭。行车过程中，若出现边门相关的故障，司机一般也会降速甚至停车，待将故障边门隔离或确认安全上不存在风险时方可继续行车。

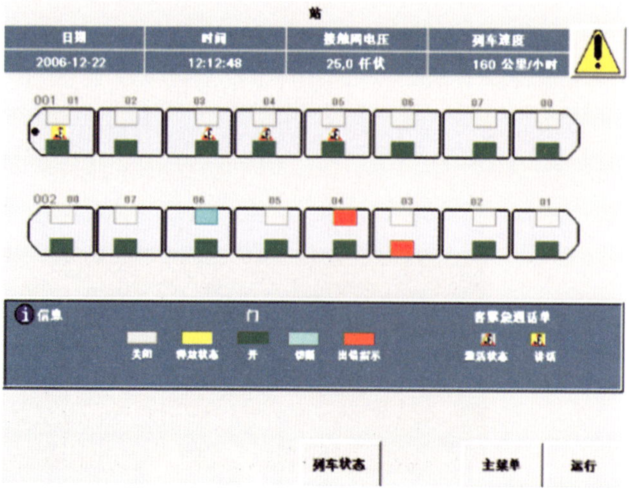

图 12—1　CRH1A 型动车组 IDU 车站界面中的边门状态信息

12. 1. 1　外门的动作及其机构

12. 1. 1. 1　门页基本动作

高速列车外门一般采用“塞拉门”。门打开时整体露于车体外侧。关闭时先拉回到门框位，然后往里塞，即动作时一拉一塞，所以称为塞拉门(Plug-sliding door)。这种动作特征与某些飞机门是类似的。

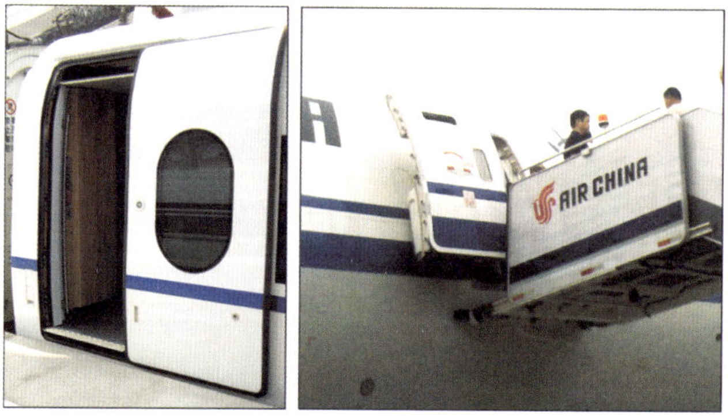

图 12—2

12. 1. 1. 2　门页的锁闭及锁闭机构在紧急状况下的解锁功能

除了驱动机构外，门关闭到位之后，为了防止运行过程中乱动，需要设置锁闭机构，这与我们前面讨论的车钩、导流罩的设计思路一样。

紧急情况下为避免乘客被困在车内，锁闭机构一般又需要在车内外设置紧急解锁装置，如图 12—4 所示。

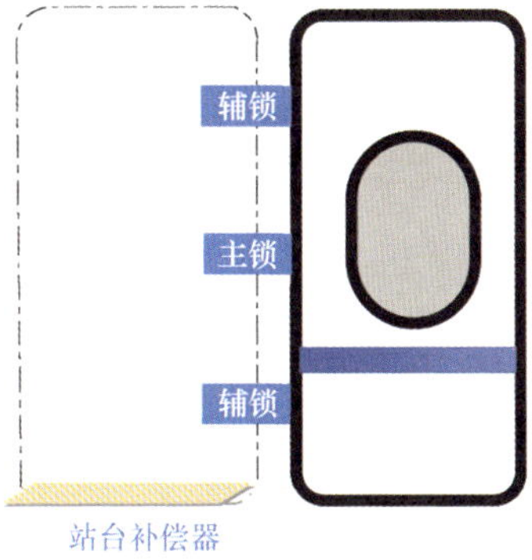

图 12—3　CRH3C 型动车组外门示意

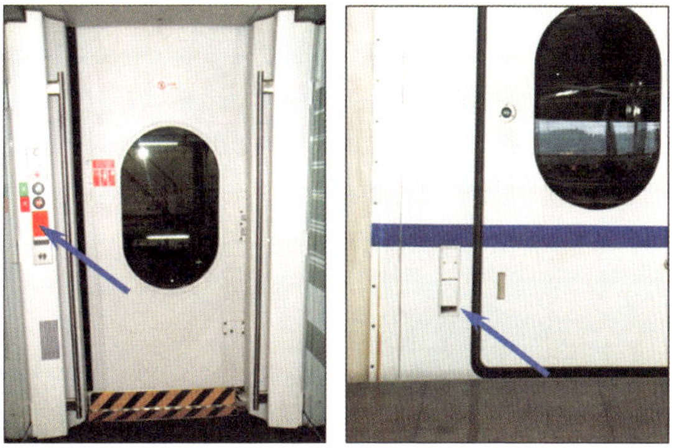

图 12—4　内外紧急解锁手柄

紧急解锁装置并不是任何时候都可以使用的，为了保证列车高速运行时旅客的安全，有些动车组车内紧急解锁手柄利用速度信号进行锁定，仅在速度小于 5 km/h 时有效，速度太高的情况下开门对旅客疏散没有任何意义。

12. 1. 1. 3　脚踏及站台补偿器设置

由于我国的车站目前设有高、低两种不同标准的站台，为方便旅客上下车，部分动车组上设置有低站台脚踏。

当车组与站台之间有较大空隙时，为确保旅客安全，设置了间隙补偿的脚踏板。这些机构需要与车门在控制上形成联锁。

图 12—5　CRH1A 型动车组下脚踏

图 12—6　CRH3C 型动车组的站台补偿器

12. 1. 2　门故障隔离功能的实现

由于外门数量较多，出现单一边门故障的几率还是比较大的，尤其是长编组列车。任何一个边门出故障时都会影响行车，所以对外门可靠性要求高。在万不得已边门故障的情况下，比如控制计算机失电、某些部件动作不到位等等，如何确保安全行车呢?

基本条件就是确保边门在机械上已经可靠地锁闭。所以针对故障情况，设计上专门设置了隔离机构，这个机构相当于在原来的锁闭机构的基础上增设的第二个锁定机构，如下图所示。

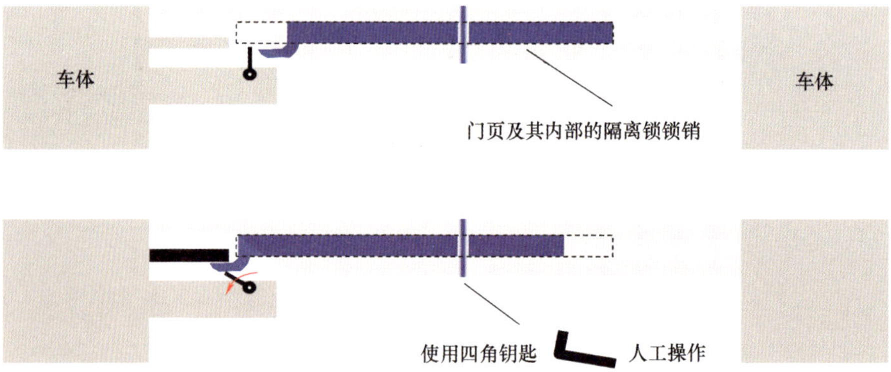

图 12—7

此外，隔离机构设有反馈开关。当反馈开关触点被激活时，首先是通知门控器边门已隔离，门控器不再进行开门等动作。对于设置有牵引安全回路的车组，还旁通该门在回路中的触点，使得车组能够应急行车。

所以，随车技术人员经常需要操作边门隔离开关。当然，机械隔离需要建立在外门机械结构没有严重故障的情况下，当门无法关闭时，也就谈不上隔离了，需另行处理。

图 12—8　边门上的隔离机构

当然，如果边门已被隔离，即被第二把的锁闭机构锁住，那么内外紧急解锁功能将失效，因为他们解的是第一把锁闭机构的锁。如确实需要使用，必须首先解除隔离后再行解锁。

这些设计基本原则在各种交通工具中都可以看到，地铁所用的车门一样需要设置类似机构，如图 12—9 所示。

不过目前对旅客传授这些安全机构设计概念信息的工作做得还远远不够。

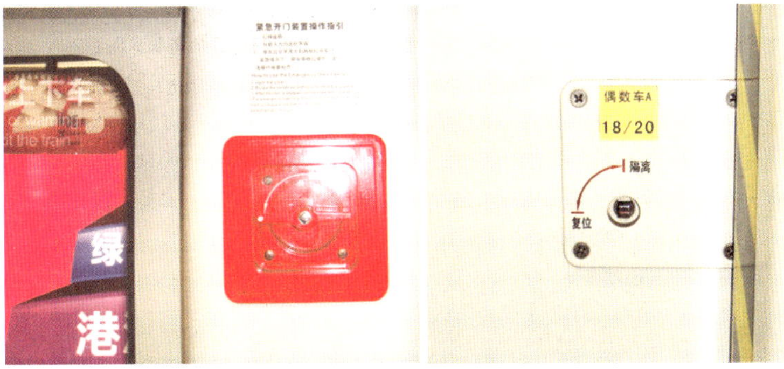

图 12—9　地铁列车车门的紧急开门及隔离机构

12. 1. 3　CRH2 系列动车组内藏式侧拉门

从整体上看，塞拉门结构是比较复杂的。CRH2 系列动车组则使用气压式的内藏侧拉门，门开启时直接放入侧墙中，这种门运行中没有飞出去的风险。门关闭时使用气缸压紧，保证气密性。

这种门从设计理念上说，整体上趋近于结构尽量简单及较低的故障率。比如，没有设置防挤压的功能，旅客上下期间乘务人员需特别关注。

图 12—10　CRH2 系列动车组的外门

12. 1. 4　动车组的手动门

有些动车组上对乘务人员设有个别登乘专用门，如 CRH2A 型动车组的司机登乘门，CRH5A 型动车组司机登乘门酒吧车的上货门等，这些门都是手动的。

图 12—11　CRH2 型动车组的司机登乘门

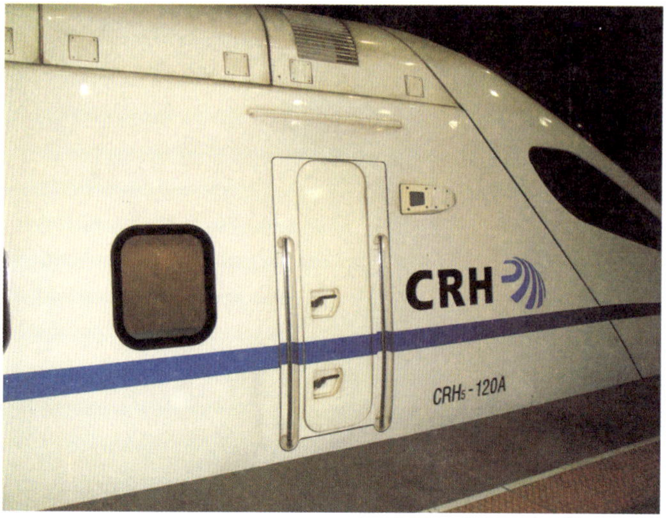

图 12—12　CRH5A 型动车组的司机登乘门

12.2　旅客信息系统

12.2.1　概　　述

旅客信息系统是提供给旅客各种支持信息的系统，简称 PIS（Passenger Information System）。旅客信息系统的基本功能可以划分为信息、广播、娱乐三大块，三个子系统共用旅客信息系统的各种设备。

它的各种信息通过外显、内显和视频电视的界面进行显示。

图 12—13　内显

图 12—14　外显

为了更好地提供给旅客信息，尽管不同车型，甚至是同一车型的不同车厢间外门设置的位置与数量经常不一样，但外显示器一般都紧跟在外门旁边。

喇叭系统则可以兼用于广播和娱乐音频信号。

PIS 系统的主控制器及一些人机对话显示屏一般设置在随车机械师的监控室内，可播音，可播放娱乐节目，可选择显示屏显示信息等，如图 12—15 所示。

日常应用中，尽管旅客信息系统设置了车厢间通话的功能，如图 12—16 所示，但乘务人员目前一般都直接使用对讲机或 GSM-R 手持机。

图 12—15

图 12—16

12.2.2　定点报站的实现

旅客信息系统的一个重要功能是提前报站。由于站停时间短，需要及时通知旅客提前整理行李等以加快旅客下车速度。

我国 CRH 动车组大部分利用 GPS 定位来实现报站功能。GPS 是全球卫星定位系统 Global Positioning System 的简称，通过卫星检测判断动车组的当前位置。

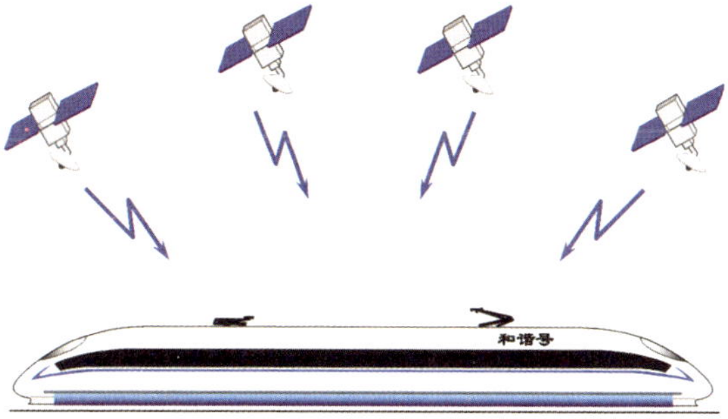

图 12—17

在旅客信息系统软件中预编制数据，存入各站点经纬度坐标，并输入运行计划中各个车次需要停哪些站点的信息。动车组发车前人工选择当前车次，动车组据此检索数据，确定播报点。GPS 天线实时接收到车组位置信息，当车组与目标车站的距离小于一定值时系统触发播报。

GPS 报站的方式由于需要通过无线来获取信息，有时候信息不是非常稳定。使用 GPS 定位的车组也有一定的优点，比如可以为动车组实时速度情况增加一路独立的信息源。

CRH2 系列动车组采用了不同的原理，它利用自身走行公里来计算，当然一样也需要预先录入交路的里程信息、站名等等。实际上，我们前面讨论过，由于 ATP 系统中带有准确的位置信息，我们也可以利用 ATP 的位置信息开发出来一个报站功能，但目前动车组均没有这样的设计。

12.2.3 旅客信息系统的重要性

旅客信息系统是安全相关系统，主要是它涉及到应急情况下的广播功能。在信息系统的设置上，可以没有旅客信息系统，但是不能够给出错误信息，以免扰乱旅客的行车。为了提高可靠性，旅客信息系统一般都有一些特殊的设计，比如本车厢喇叭有几个是由相邻车控制单元交叉控制的。在本车子控制单元故障的情况下，车厢内依然可听到播报。

12.3 给水卫生系统

12.3.1 给水系统及耗水设备的布置

12.3.1.1 供水系统原理

动车组供水系统与家用供水系统原理差不多。有重力式的供水系统，这种系统将净水箱设置在车顶，利用重力往下流。也有部分采用增压泵式的供水原理，水箱位置较低。压力开关在检测到供水管路压力较低后，水泵启动。此种方式噪音大些，经常可听到水泵起停的声音，但对水箱安装位置要求低一些。

12.3.1.2 耗水设备布置

为了减少管路的长度，供耗水设备如卫生间、电茶炉和吧台车内尽量集中布置，底架上污物箱也尽量设置于耗水设备下方。

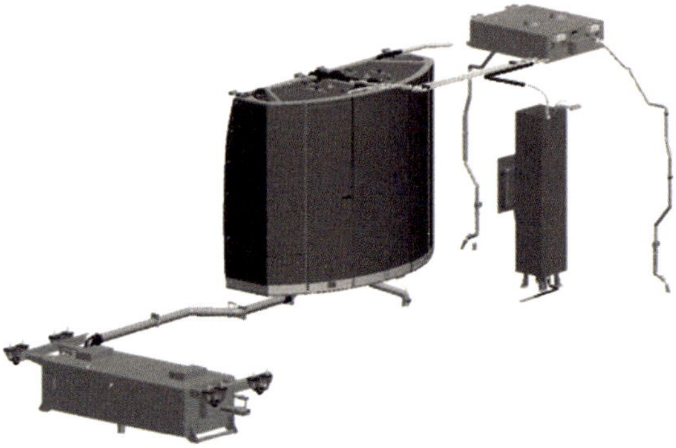

图 12—18

在辅助供电系统中，我们谈论过车内设置的电气柜占据空间比较大。这里耗水设备在车内占据的空间也不小。所以，大部分的车型都把耗水系统相对集中放在车厢的一端，而电气柜放在与之相对的另外一端，两类设备错开布置，如下列图所示。在车内作业时利用这些特征可以快速判别其他设备的位置。当然，这样的布置也不是绝对的。

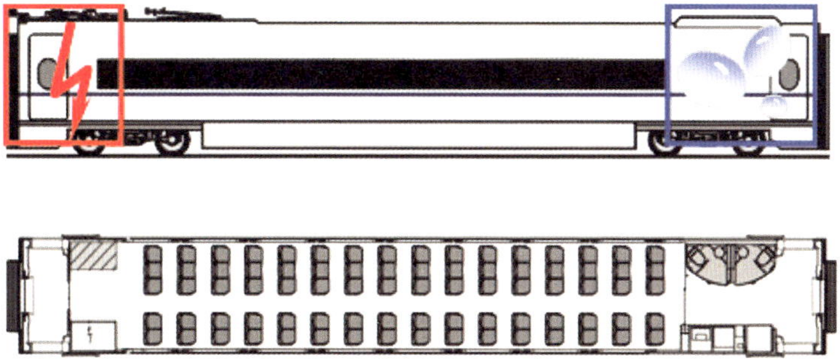

图 12—19　CRH3C 型动车组车内设备布置

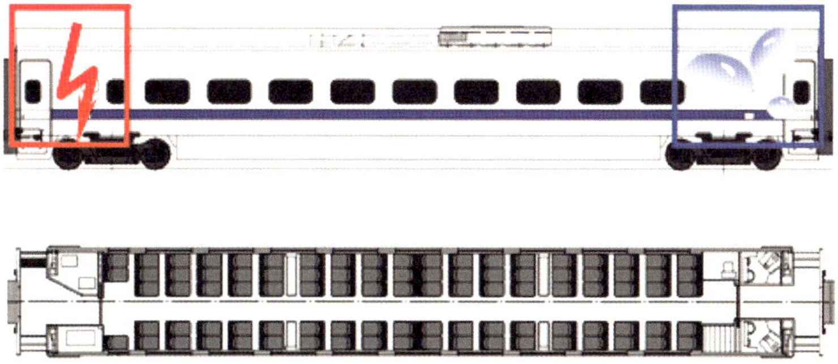

图 12—20　CRH5 型动车组车内设备布置

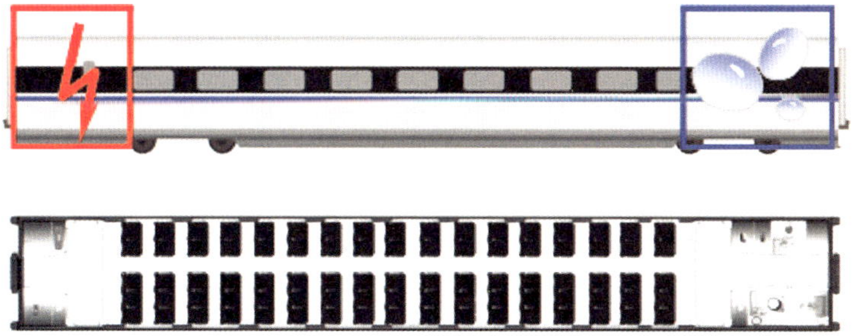

图 12—21　CRH380A 型动车组车内设备布置

除了这些耗水设备外，司机室雨刷等小型设备也要耗水。不过目前基本上采用的是单独加注的方式。有些车型如 CRH1A，需要在车头外侧打开雨刷下方的检修盖板进行加注，操作起来比较麻烦，可以再进行一些优化，比如改造成由净水箱直接转注，需要时人工开启加注阀门，然后根据比例补充清洁剂及防冻剂。

12.3.2 集便器

12.3.2.1 动车组集便器的动作原理

我国既有列车一般使用直排式厕所，垃圾直接排入轨道。虽然结构简单，但对环境有很大的污染，给铁路相关工作人员也带来了极为恶劣的工作环境。为减少对车站的影响，乘务员在到站前将厕所锁闭，到站前后厕所不允许使用，旅客使用不方便。

高速列车已不能再使用这种直排式的厕所了，这个不仅仅是环境问题，速度高了以后，厕所在列车交会或过隧道时可能反喷。我国CRH动车组都设计了污物箱来收集污物。

CRH2A型动车组采用的是重力式集便器。利用水增压器形成高压水，冲刷便盆，靠重力将污物排到污物箱中。这种集便器结构简单，成本低，检修工作量比较小，但对便器和污物箱的相对位置要求比较高。实际运用中味道比较大，后期没有再使用。

我国其他型号CRH动车组使用的集便器都是先抽真空，再利用大气压与真空的压差将污物推入污物箱的。不同车型只是产生真空的部位有所区别，如表12—1所示。

表12—1

真空集便器类型	产生真空部位	车型
在线式	排污管	CRH1系列
推拉式	中转箱	CRH3C、CRH2后续改进车型
保持式	污物箱	CRH380BL

CRH1A型动车组集便器使用安装在排污管路中的喷射器，首先在便器排泄阀与喷射器之间产生真空，后打开排泄阀，污物被抽到管路中，再经喷射器的压缩空气的带动，把污物推进常压的污物箱，如图12—22所示。

CRH3C型动车组采用的真空推拉式集便器则增设一个便器中转箱来代替CRH1A型动车组排污管路的吸便功能。在中转箱产生真空后进口阀打开，污物在中转箱负压作用下被吸到中转箱内，然后进口阀关闭，中转箱再产生正压，出口阀打开，污物在正压作用下被压到污物箱中。真空推拉式集便器维修非常方便，也称为紧凑式集便器。

CRH380BL 使用的是真空保持式集便器，污物箱一直保持有一定的真空度。使用厕所时冲便阀打开，污物结合水的冲刷被真空抽到污物箱内。冲洗力度较大，管路污垢较少，排污效率高。但整个排污系统需保持一定的真空度，系统的气密性要求比较严格，能量消耗较大，容易出故障。

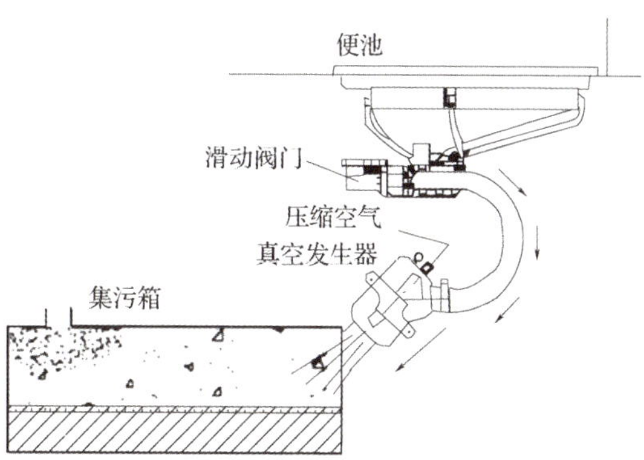

图 12—22　真空在线式

实际使用中，真空推拉式集便器故障率最低。

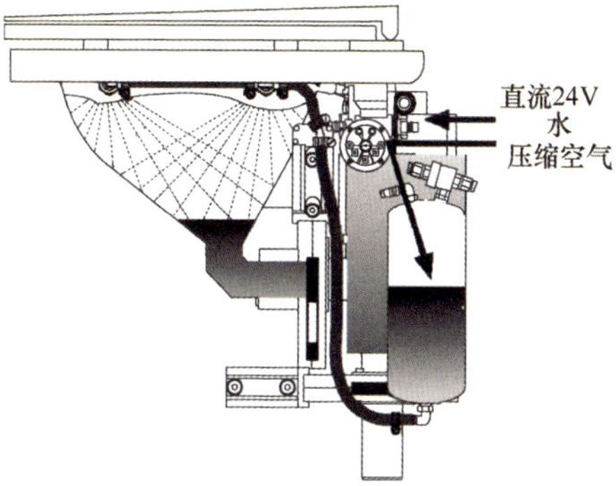

图 12—23　真空推拉式

12. 3. 2. 2　便器样式及堵塞问题

动车组的便器分坐式（西式）和蹲式（中式）两种。从公共卫生的角度，坐式便器实际使用起来时比较麻烦的。蹲便式则结构简单，清洁容易，旅客使用时也比较轻松，不需要增加坐便纸等很多辅助“工装”。整体上蹲式便器更适合我国国情。

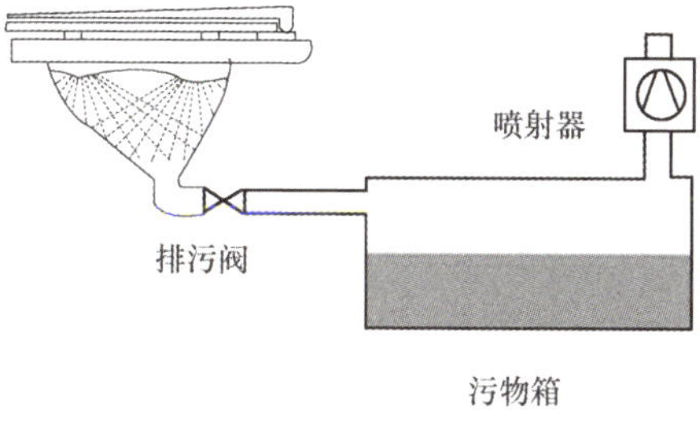

图 12—24　真空保持式

真空集便器管路较直排式厕所窄，容易堵塞。一般情况下，较厚的擦手纸都有可能造成便器出现卡滞的情况。为了方便便器堵塞后的疏通，设计人员利用已有的压缩空气设置了反喷功能。反喷时气势恢宏，异常惨烈，场面颇为壮观，需要十分小心。因反喷后需要进行大量的清洁工作，反喷是不适合在线上应急使用的。由于厕所不属于安全相关系统，“备用率”高，厕所堵塞时可先隔离入库再处理。

12. 3. 3　厕所系统的网络通信问题及防冻排空

厕所系统与列车网络交换的信息不是很多，很多车型的列车级网络系统直接使用几个数字输入输出通道与厕所系统对接，这在控制系统中我们已经讨论过。但厕所系统内部还设有自己的总线，有些用的是 Can 总线，用于联系集便器控制子单元、数字输入输出模块等，各种信号最后再转换成数字信号与列车级网络进行对话，这种方式可大大简化两者的通讯协议。

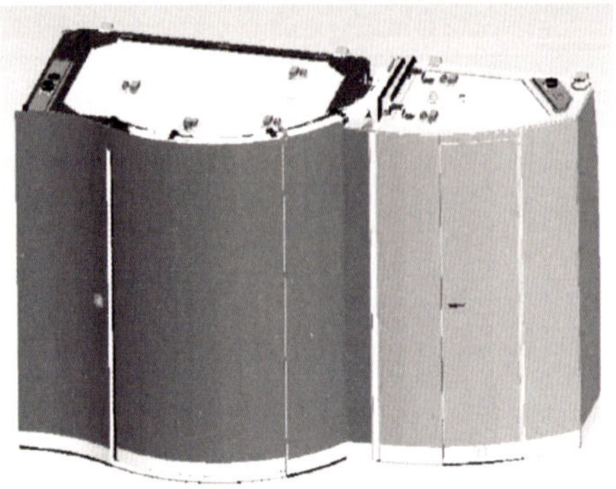

图 12—25　厕所模块

对于整车各车厢供水箱、污物箱的存储情况，如能接入列车网络在显示屏上直接显示，可以极大简化巡检作业中对各相关设备的状态确认，避免逐车人工检查。CRH1A 型动车组功能较为人性化，可以在显示屏查看到给水卫生系统的状态，如图 12—26 所示。有些车组如 CRH3C 则没有此设计，并不像想象的那么完美，还有进一步优化的空间。

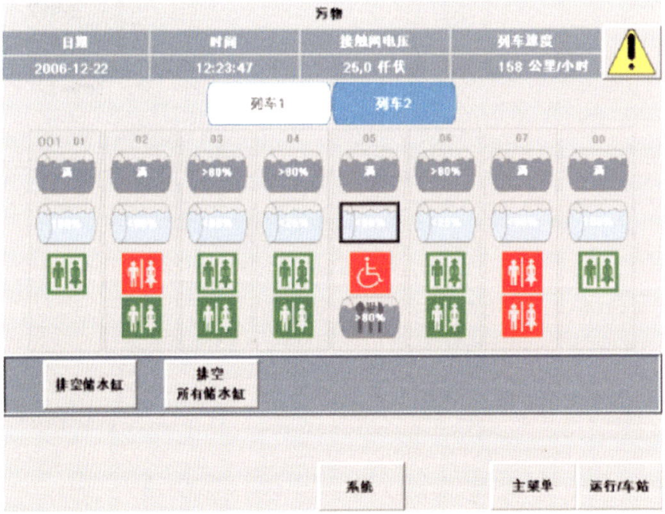

图 12—26　给水卫生系统的状态显示

与此问题类似的还有动车组的防冻排空功能，也可以进一步完善。为了避免冬季管路中的水结冰膨胀，破坏给水卫生系统，动车组设置有防冻排空功能。大部分的车型需要在各个车厢各个设备去触发排空功能，而且还有一定的顺序要求。尽管净水箱与厕所系统两者一般一次触发即可，但各车电茶炉和吧台都需要单独触发，有些还只有手动排空功能，再加上污物箱必须使用人工卸污作业，多道工序复合在了一起。

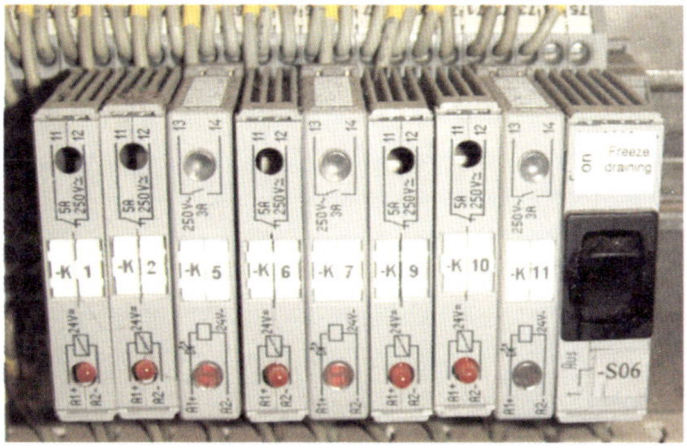

图 12—27　CRH3C 型动车组厕所面板上的防冻排空按钮

图 12—28　电茶炉防冻排空按钮

这种分散排空方式，操作起来非常麻烦，实际运用中采用升弓保暖的措施，尽量不进行防冻排空。所以可再进行一些改进，将厕所、茶炉、吧台通过数字信号实现集控排空，优化作业程序。

讨　　论

1. 试简述塞拉门机构的基本结构及功能。
2. 试讨论塞拉门隔离机构是如何实现的。
3. 试讨论 PIS 系统定点报站功能是如何实现的。
4. 试讨论真空在线式集便器的基本原理。

第 13 章
动车组车体结构

车体为动车组各系统的设备提供一个安装环境，结合前面的讨论，它还为动车组上的各种电路提供一个很方便的公共基准点，物理背景比较清晰，不属于我们讨论的重点。本章只是提供一些基础性的信息，使得我们能够对动车组形成一个比较完整的概念。

13.1 车体概况

除 CRH1A、CRH1B、CRH1E 型动车组为不锈钢外，我国 CRH 各型动车组车体使用的主要材料为铝合金。不锈钢硬度高，不生锈，耐腐蚀，所以不锈钢车体可以不进行喷漆，但是不锈钢是比较重的。

铝合金轻，抗腐蚀性能也好，但铝合金硬度低，疲劳性能不好，所以设计水平要求较高，是动车组的一项关键技术。

车体材料选择与结构的设计需要满足各种力学负荷以及火灾时热变形的要求。动车组车体体型较大，很难一次成型，一般需要分开加工。动车组车体一般可分为底架，车顶，侧墙，端墙以及司机室等几个部分，如图 13—3 和图 13—4 所示，各种车型类似。

图 13—1　CRH1A 型动车组未统一喷漆前的不锈钢车体

图 13—2　CRH5A 型动车组头车铝合金车体

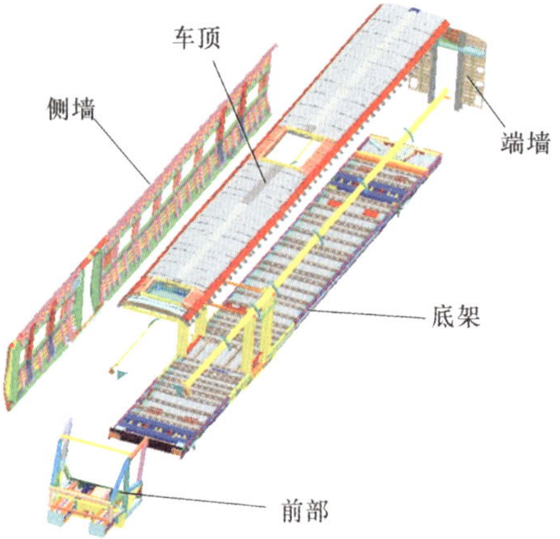

图 13—3　CRH1A 型动车组车体分解图

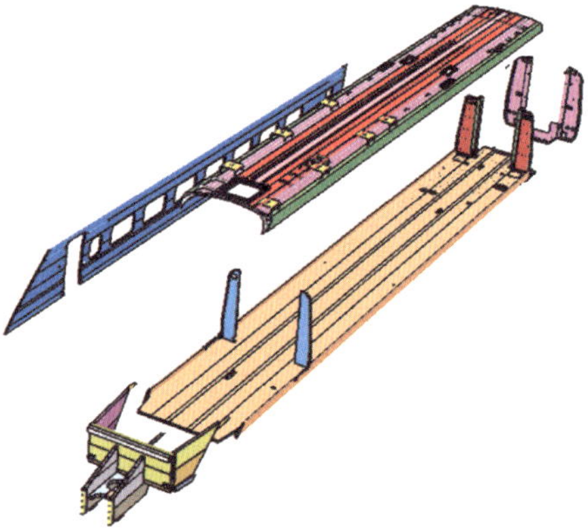

图 13—4　CRH5A 型动车组车体分解图

在生产上，对于有些车内大部件，需要在车体未封闭前先安装到车内。有些车型是先安装设备后封顶，如 CRH1A 型动车组，也有的是大件设备安装后封端墙，如 CRH2 系列动车组。

图 13—5　CRH1A 型动车组厕所模块吊装及车体封顶

13.2　车体流线型设计

为了获得良好的空气动力学性能，动车组都采用了流线型的设计，尤其是车头，典型的特征就是我们所说的“子弹头”。

我们去看看最早的高速列车，隐约有一种似曾相识的感觉。这是为什么呢？

图 13—6　新干线 0 系高速列车

主要是它模仿了早期飞机的头型。

图 13—7

后来设计人员逐步认识到两者对空气动力学性能的要求还是有区别的，因为运行机理不同。

那么动车组这个流线型车头是怎么生产出来的？CRH2 系列动车组车头里面设有支撑骨架，外皮是一块块焊接拼凑出来的，可以看成是微积分思想的另类的用法，此种方式对人工作业的质量要求很高。

图 13—8

图 13—9

其他各型动车组则基本上使用了玻璃钢外罩，先在模具上使用玻璃钢做出流线型外型，完成后套到车头上去固定，如下图所示。当然，除了玻璃钢外罩外，内部也有支撑骨架。

图 13—10　CRH1A 型动车组车体头部结构

CRH3C 型动车组头部使用型材整块焊接，仅在车头的前端机构部分使用玻璃钢罩。

图 13—11　CRH3C 型动车组

13.3　底架设备舱的整体结构

我们在前文中讨论过，动车组将大量的设备安装于底架上，那么，这些设备具体是怎么安装的呢?

13.3.1　设备舱概述

动车组封闭的设备舱示例如下图。封闭的设备舱减小列车运行中的空气阻力，保护了底架设备，增加车体外形美观效果。

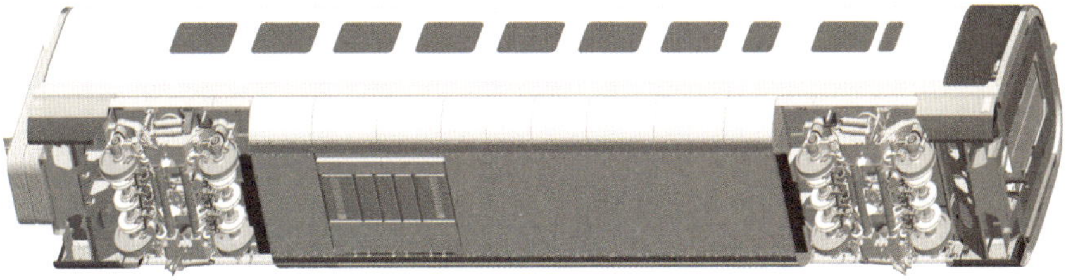

图 13—12　CRH3C 型动车组

为方便安装、检修车下设备，设备舱两侧设有活动裙板和固定裙板，如图 13—13 所示。裙板上根据需要设置有各种小盖板和观察口如图 13—14 所示。

图 13—13

图 13—14　制动指示观察窗

活动裙板一般设有三角钥匙锁闭机构，可以方便打开和关闭。裙板和车体之间设有安全吊钩或者拉绳装置，万一在锁失效的情况下安全吊钩可以钩住裙板防止发生事故，如图 13—15 和图 13—16 所示。

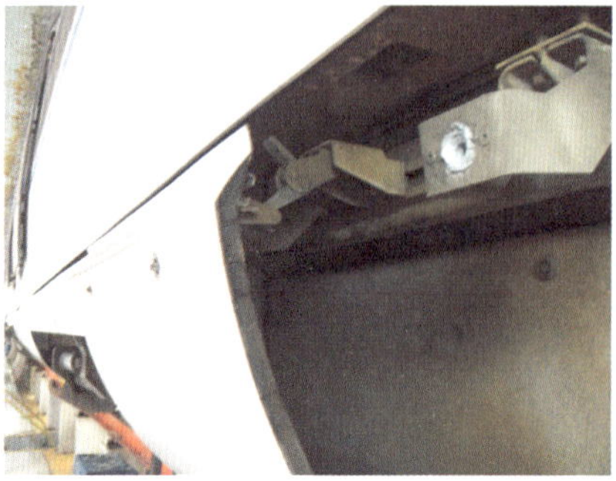

图 13—15　CRH3C 型动车组裙板及其挂钩

图 13—16　CRH1A 型动车组的裙板及其拉绳

13. 3. 2　底架设备吊装的简单概念

小型设备直接安装，与底架刚性连接。大型设备安装于底架的时候，则一般需要通过弹性元件进行连接。除了组装外，平时还要求能够对某些部件进行单独更换。

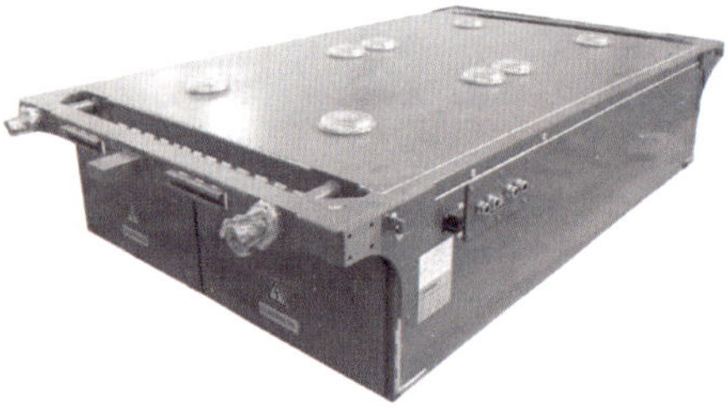

图 13—17　蓄电池箱及其吊装接口

图 13—18　CRH3C 型动车组底架设备吊装结构

CRH1 系列动车组使用了图示的安装梁将设备固定在底架上，安装梁再与车体进行连接。

图 13—19　CRH1A 型动车组底架设备吊装概念

设备安装所使用的弹性元件属于橡胶元件，有相对较短的寿命限制，一般不超过三年，需要定期进行检查。

13.3.3　底架设备的生产组装

在生产上，底架的安装基本上有两种模式。CRH1 系列动车组对底架设备进行预组，预组完成后将车厢落在底架上。此种方式便捷性提高了很多，车体落于底架的场面颇为壮观。

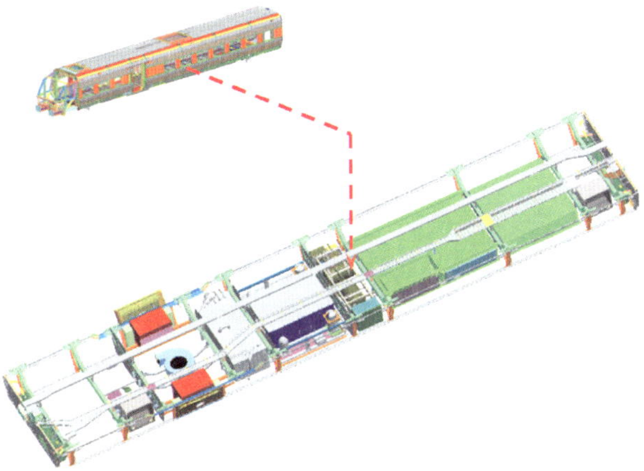

图 13—20

CRH2A 等型号动车组底架与车体设计成一体，底架设备安装时使用气垫设备，将设备托起，逐个安装。

图 13—21

13.4 “吸能三明治”与压溃管

动车组车体设计中对于运行安全给予了相当多的关注的，高速铁路行业与汽车行业是类似的，在车组结构上增加许多设备，确保异常情况下的安全。

比如 CRH1A 型动车组在车头上使用了“吸能三明治”结构。碰撞时此结构在被压扁的过程中吸收能量，减少对旅客的伤害。

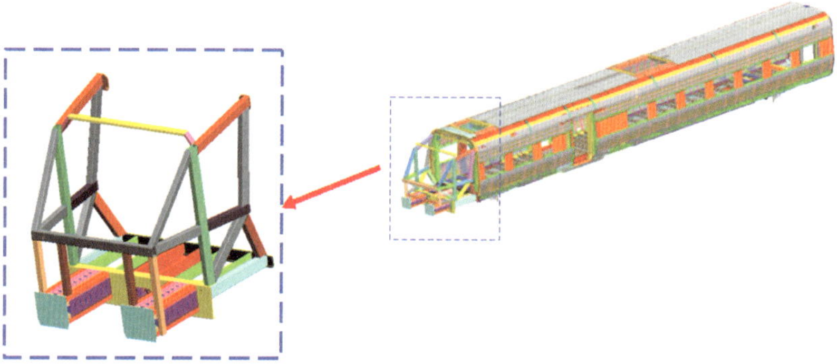

图 13—22

不仅如此，在车端连接装置上还设置了压溃管，它的原理与“吸能三明治”类似，车组受强烈挤压后，压溃管被压溃，也是吸收能量，如下图所示。

图 13—23 “吸能三明治”

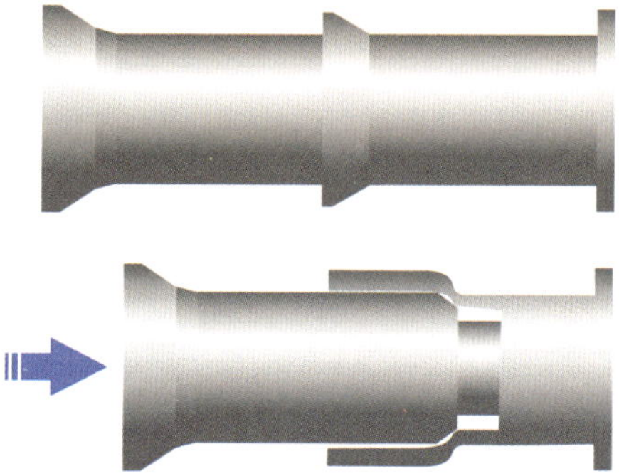

图 13—24

安全性提高以后，结构变得复杂，成本必然要相应增加。预留越多的安全余量成本也会越高，平衡点如何选择是设计初始阶段需要解决的事情了。

讨　论

1. 试简述动车组的车体材料及车体的构成。
2. 大型底架设备吊装结构为何要使用橡胶元件?
3. CRH动车组子弹头是如何制造出来的?
4. 试讨论动车组碰撞能量吸收装置。

第 14 章 动车组整车设备布置

设备布置是一个非常重要的课题，但是讲述这方面的资料特别少。看似很简单，没有什么东西，但是对现场作业影响很大，我们专门用一章来快速建立一些概念。

想要对任何设备进行作业，不管是生产组装，还是运营维护，首先得知道它位于车组的哪个部位。比如说，CRH3C 型动车组 2 车的空气制动切除塞门设置在列车右侧，那么 4 车是在哪一侧呢？换成是 CRH1A 型动车组又是什么情况呢？刚学习动车组的人就会开始乱起来，思路没理顺。即使满腹经纶，不研究这个，到了现场连想要找的设备在哪儿都找不到，下一步的工作无从谈起。

通过前面几章，我们可以看到，高速动车组系统很多，设备更多。尽管我们可以通过查找图纸的方法来找设备，但是不方便，实用性差。如果我们能够掌握车组的设计理念，大部分的设备直接可以“感知”它们的位置，对于提高作业效率很有意义。

14.1 描述设备位置的参考系

动车组设备布置涉及到三个层面，设备在单节车上如何布置，各车如何拼接成牵引单元，牵引单元如何拼接成整列车。为了表示任何设备在动车组列车上的位置，我们首先需要选择某个东西做参考,然后再说相对于此参考系,这个设备位于某处。

14.1.1 车厢参考系

我们知道,列车是由多节车厢组合而成。对于各个不同的车厢,在设计生产过程中为了节省成本并考虑生产的方便,按照模块化的设计思路,各车厢都尽量使用一个模子去做。最后,必然出现这种情况,车厢中的转向架、车轴、很多电气柜编号、座椅编号等等以车厢作参考看起来最简单统一,这样很有必要引入车厢参考系。

14.1.2 牵引单元参考系

牵引单元涉及到几节车,设备是布置在牵引单元左,还是在牵引单元右等等,各型动车组中此参考系使用得稍少一些。

14.1.3 列车参考系

列车参考系一般是从车号大的往车号小的地方看,如从8车往1车看,左侧就定义为列车左,右侧定义为列车右的参考系。动车组使用部门以整列车做参考的方式很常用,列车参考系还有一个变通的参考系,以武广线为例,我们定下了8号车厢必须朝着上行武汉方向的"潜规则"。那么以整列车为坐标,讨论列车的左右侧时就可以称为上行左,上行右。这种坐标对于故障简单记录来说,使用起来非常直接,如随车技术人员自1车向8车巡车,发现的所有故障设备,在左边的就是上行左,右边的就是上行右,记录很便捷。这种参考系对于不懂车的人来说很好用,不过这种参考系与列车的摆放方向有关联,列车未来得及调头时会带来一些问题。

当然,动车组的设备布置并非如此简单,动车组实际结构与这种方位标记在逻辑结构上必然不匹配。以整列为参考系的记录方式,最后检修人员还是要还原成以车厢做参考系的情况,否则就会出现一些问题,比如很难明确具有手性对称的配件如何选择。到底是使用"左手"件,还是使用"右手"件?因为左右手并不一样。最后还得这样处理,还原为以车辆做参考系,因为这个参考系下"左手"件还是"右手"件与车辆左右就具有确定的对应关系。从整体上来说,使用列车参考系还是"偷不了懒"。

所以实际使用时必然出现坐标系的不断转化。以这三个参考系为基础,我们可以进行设备布置原则方面的讨论了。

14.2 设 备 布 置

各种设备首先在单节车上布置,车厢与车厢之间在拼接成整列车的时候,根据牵引传动系统的设备布置,会先拼接成标准牵引单元,再由各个牵引单元拼接成整列车。

14.2.1 设备在单节车上的布置

前面讲到,如果各个车厢都设有某个设备,比如空调,那么我们总是希望,这个设备在不同车厢尽量位于同一位置,如图 14—1 所示。

满足这种设计理念的动车组的车厢,在生产厂进行组装的时候,只要将 1 端朝向固定,设备基本上会位于同一个位置,作业起来非常方便。

我国 CRH1 系列、CRH5A 型动车组基本上使用的是如上的设计概念,这种方式满足我们的直觉。

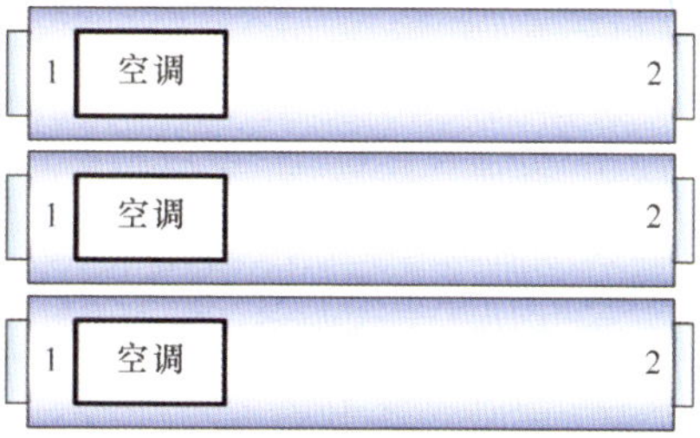

图 14—1

14.2.2 车厢间的拼接

14.2.2.1 各车厢朝向并不一致

车厢在编组成牵引单元或组成列车的时候,设计上考虑对称性或其他因素,所有车厢的 1 端并不是很规整地朝着一个方向,而是出现一些 1、2 端调换方向后编组成列车的情况,如下图所示。

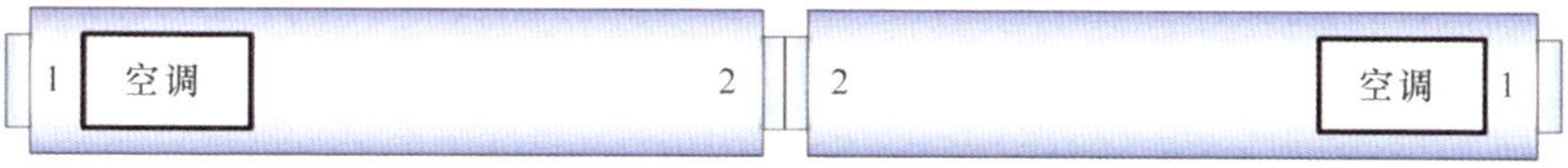

图 14—2

最明显的是两个车头,必然各自朝向两端,它物理上的 1 端、2 端不是朝着同一个方向,也可以说成如果以列车做参考系的话,车厢反方向拼接了。

图 14—3

为了清楚地表示各个方位，我们后面使用货车组来直观表现动车组，定义如下：

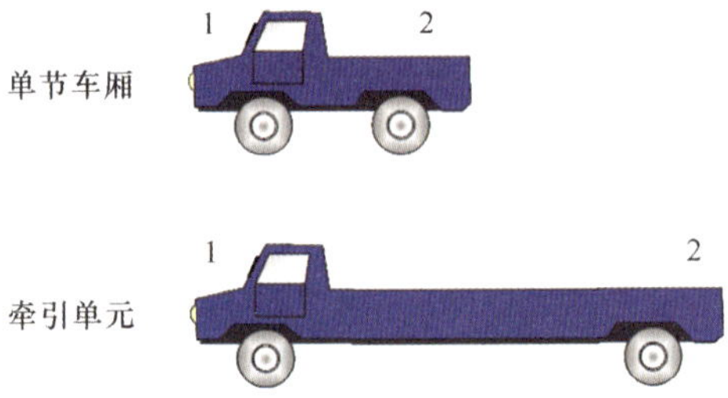

图 14—4

其中车头这一端为 1 端，牵引单元使用较长的货车来表示，实际包含有多节车厢。

14.2.2.2　牵引单元之间的拼接

在牵引单元的拼接上，欧系动车组如 CRH1A、CRH3C、CRH5A 型动车组概念如下图所示，属于左右中心对称式。如果最左边的牵引单元是 1 端朝左，那么与其对称的牵引单元必然 1 端朝右。

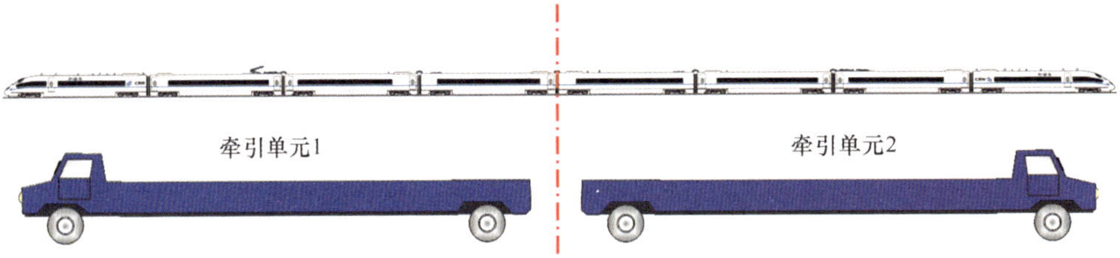

图 14—5　欧系车牵引单元拼接方式

上图所示为 CRH3C 型动车组的情况，只设有两个牵引单元，比较简单。CRH1A 型动车组设置了三个牵引单元，稍微复杂些。第 1、2、3 节车 Mc1 – Tp1 – M1 为第一单元，尾部第 8、7、6 节车 Mc2 – Tp2 – M2 为第二单元，中间第 4、5 节车 M3—Tb 为第三单元。根据“欧式对称法”第一和第二单元以中心线对称。第三单元方向则与第一单元一致。

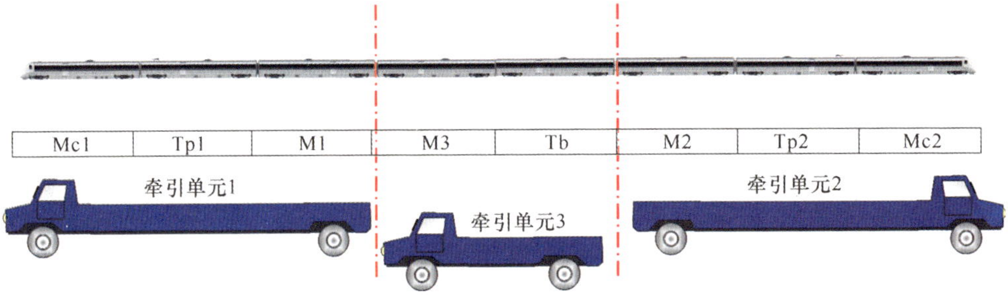

图 14—6

14.2.2.3　牵引单元内部车厢的拼接

在牵引单元内部，车厢也有不同的朝向，并非都是一致的。

在 CRH1A 型动车组牵引单元内部，第一单元 3 号车厢（M1）与其他车厢反向拼接（各车厢靠近外门一侧为 1 端或 A 端），如图 14—7 所示。

左右对称后，相当于货车组反方向开，那么，第二个牵引单元的尾部两个车厢必然与第一牵引单元的第三个车同向，如图 14—8 所示。

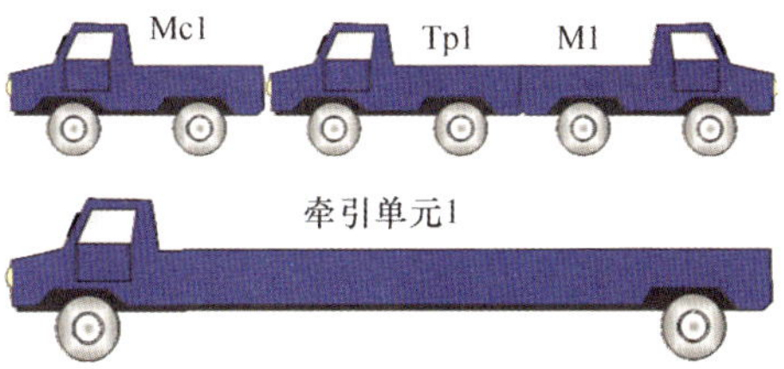

图 14—7　牵引单元 1

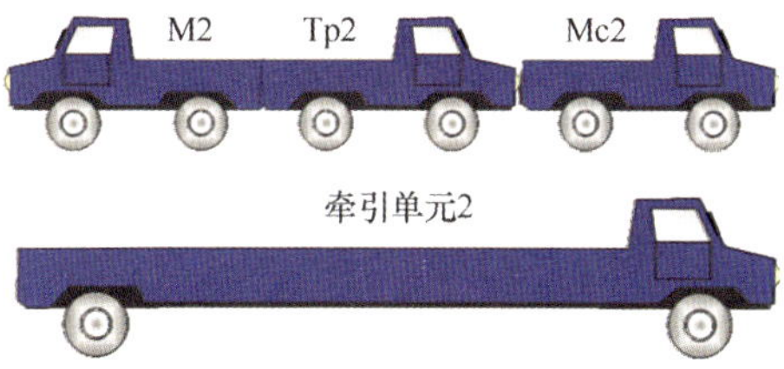

图 14—8　牵引单元 2

第三牵引单元在中间，所包含的两个车厢全部朝左，梳理以后，就是 3、7、8 车与其他车反向，如下图所示。

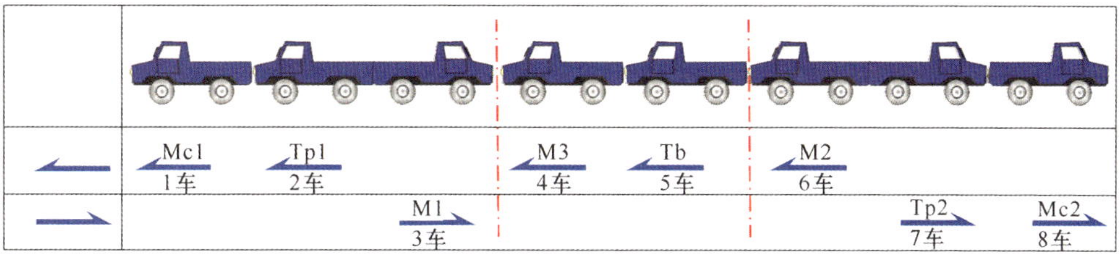

图 14—9

转换成技术图样，看起来就有点繁杂了，实际上概念就是上面讲的这样简单。每节车厢前是 A 端，后是 B 端，转向架、轴的编号以车厢做参考系从前往后编。

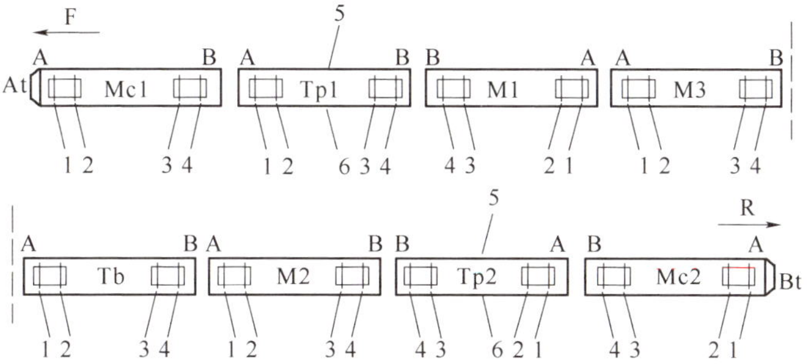

图 14—10　CRH1A 型动车组车厢朝向

实际应用的时候，如切除车组制动的时候，需要下车打开侧边的裙板进行操作，所以我们非常关心是在车组的哪一侧进行操作。CRH1A 型动车组每个车的制动控制面板严格设置在车辆右侧。因为各车厢朝向的不一致，所以每个车都得确定位于哪边才能作业，比较麻烦。其他很多作业也与此种情形类似，如手动紧急缓解停放制动，断蓄电池的5个总开关进行大复位等。

最后，我们不得不放弃通过推理来指导我们的作业，而是采用直接示意图查询的方式进行作业，或者直接记住3车、7车和8车反向。

非常啰嗦地讲这么多的意思就是CRH1A型动车组的这种设备布置原则虽有利也有弊，需要不断地变换坐标系。当车组只有8节的时候没有很大差别，升级到16节时还可以容忍，一旦再加长就很不好用了。

14.2.3 CRH2系列动车组的改进

为了解决这个问题，CRH2系列动车组与欧式动车组有明显区别，它放弃了两个头车参考上的对称性，把另外一端的头车当成局部特例进行处理。

图14—11 CRH1A、CRH5A牵引单元拼接

图14—12 CRH2系列牵引单元拼接

以CRH380A为例，如下图所示。结合图示牵引系统主要设备的布置情况，我们

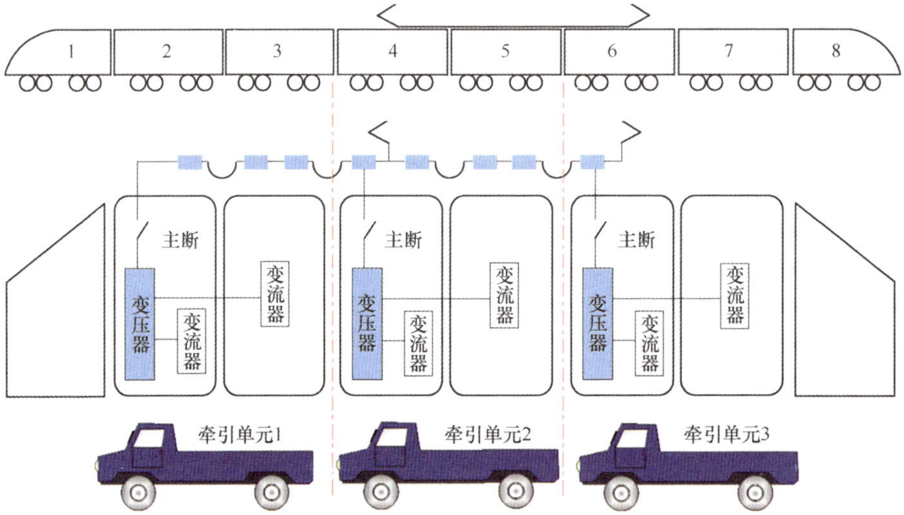

图14—13 CRH380A单元构成方式（同向式）

能够很明确地体会到顺向拼接的意思。这个就是为什么 CRH2 系列动车组在 4、6 车上设置受电弓的原因，习惯于 CRH1A、CRH3C、CRH5A 型动车组的人员往往一下子看不明白，因为完全没有相对于中心线对称。

所有的牵引单元以及牵引单元内各车厢方向相同，列车参考系与车辆参考系是一致的，列车左右与车辆左右高度统一。

但是两个头车的对称问题怎么办？CRH2 系列动车组的编号规则有一个需要注意的。最后一个车连接处编号为 1 端，导流罩所在处反而变为 2 端，与左边的第一个头车相比反过来了，所以此车最靠近前端机构的轴轴号为 4 号。两个头车虽然长得一样，但在图纸上的“标记”是不一样的。

图 14—14　把 8 号车厢当成一个特例处理

这种拼接方式非常容易记忆，旅客也较容易使用车组设备。在 16 编组的动车组优点尤其突出，列车越长优势越明显。

14.2.4　CRH3 系列动车组的改进

CRH3 系列动车组又与 CRH2 系列不同，它改变了设备在车厢内的布置规则。对于车内、车顶设备的布置保持类似 CRH1 型动车组的理念，但对于需要经常接触到的底架设备，采用了牵引单元内同侧的原则。

CRH3C 型动车组车厢朝向如下图所示，可总结为每两节车反一次朝向。

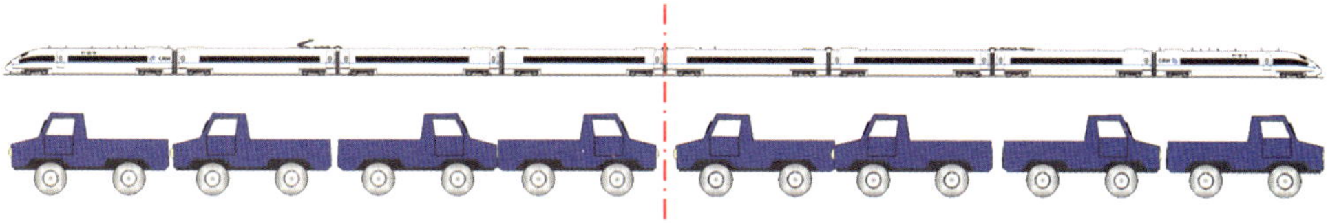

图 14—15　CRH3C 型动车组车厢朝向

在这种规则下，以牵引变流器为例，尽管 1 车与 3 车车厢的朝向是相反的，但是同一个模块 A100 全部位于牵引单元的左侧。对于辅助变流器定位、制动控制面板及其阀门等等大量的设备都使用了此概念。

这样，当我们在现场作业的时候，就不再需要记住过多的布置规律，只需要知道位于牵引单元的哪一侧就可以了。这是对 CRH3 系列动车组设备布置而言最重要的一个规则。

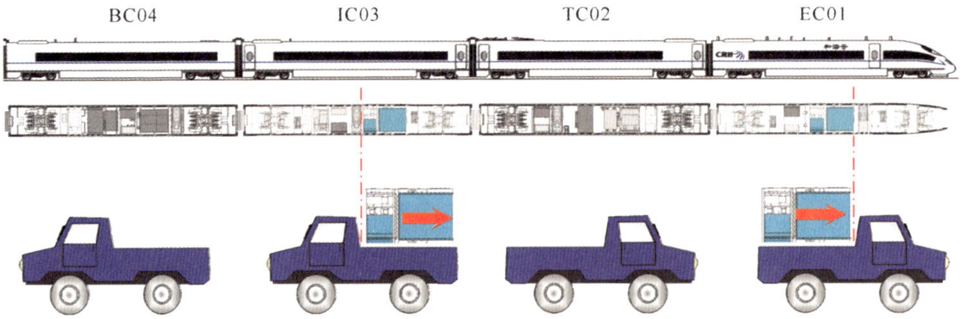

图 14—16　牵引单元内的两个动车的牵引变流器朝向一致

但这种方式从车厢 2 端往 1 端看，底架上同一设备的布置将不再一致。带来的是设计和生产上的走线等各方面变更，与模块式的设计理念有冲突，不可避免地也会存在一些问题。

以故障处理为例子，如车组报 12 车 1 轴牵引电机故障，对于 CRH380AL 来说，站在 12 车上，面向 1 号车，第一根轴便是，很简单明了。但 CRH380BL 型动车组需通过参考系的转换来做，比较容易出错。不过在现场还可以想出来一些特殊的识别办法，比如借助一些特殊设备（标志性"建筑"）的布置，如 CRH380BL 空调都位于 1 轴侧，借此可知故障电机在靠近空调的那一侧，到现场时通过空调间接辨别。

所以处理故障时，其他车型就感觉没有 CRH2 系列动车组明确，经常需要反复确认。

14. 2. 5　设备布置原则的简单应用

前面所建立的这些概念掌握了，各个车型上设备布置的规律就有一个整体的把握了。我们来应用一下，前面讲的是轴的编号，现在我们来讨论下轴端的编号，每根轴两侧是两个轴端，装有大量传感器，现场很常用。

还是以 CRH1A 型动车组为例子，它的轴端编号是以车辆坐标系为参考严格一致的，从车辆右到车辆左，从前到后，由 1 编到 8，比较容易理解。

CRH3C 型动车组则不是每个轴端一个数字序号，而是以车辆左右做分别，比如 1 轴分成一轴左、一轴右进行标记。

不同车型在编号样式的选择上还会有一点点变化。如前面讲述的有些用 1、2 等阿拉伯数字编，有些用 A、B 等字母来编等。前面讨论的内容是一个公共基础。

通过前面的讨论，结合我国长距离、大运量、长编组动车组比重大的情况，使用车厢之

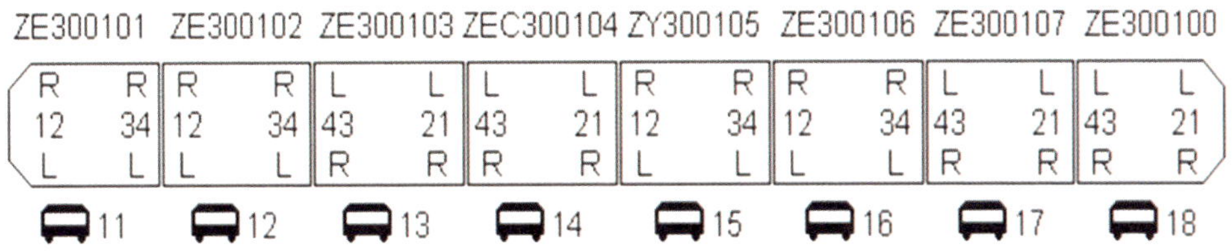

图 14—17　CRH3C 型动车组显示屏上轴位编码方式

间同向拼接的方案较优。但我们可以在 CRH2 系列动车组的基础上改改尾部端车的车辆朝向标记方法，将车端两接触编号定义为 2 端，使得该车与左侧头车完全一致。

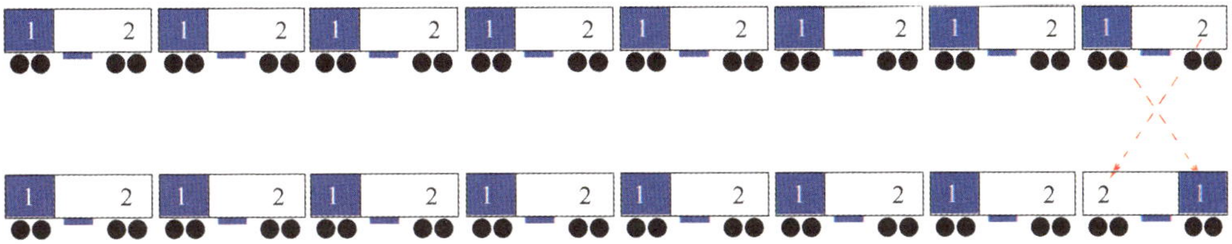

图 14—18

在这种情况下，尾部端车与倒数第二节车必然出现车厢 2 端和 2 端相接的情况，以线槽为例，对于走线有左右线槽之分的接线必然会出现交叉，我们将交叉线槽设置于倒数第二个车 2 端即可。这样两头车可以达到编号与实际物件的统一，两头车还可以共用一套图纸。

图 14—19

这种设备布置方式综合考虑设计、生产、运用维护整体性能，可供我们在开发新车型的时候参考。

讨　论

1. 车辆参考系与列车参考系是什么概念？

2. 结合 CRH3C 型动车组的方位朝向图，假设 1 车有个 H 阀在车辆底架左侧，那么 3 车的 H 阀一般会在车辆哪侧？如果不是 CRH3C，而是 CRH380A 呢？CRH5A 呢？

3. 从设备布置方面，讨论下动力分散方式有什么缺点。

第 15 章 动车组火警等安全相关系统

15.1 防火系统

动车组属于相对封闭的系统，一旦运行中出现火情，处理起来比较麻烦。目前我国 CRH 动车组上是全程禁止吸烟的。尤其是对高寒动车组来说，防火非常重要，因为高寒动车组电加热功率大，存在火情的风险相应增大。所以动车组设计时进行了专项的防火考虑，对各个系统的设计都有防火的具体要求。

15.1.1 防火要求

图 15—1 CRH3C 型动车组中间车厢的起火模型

首先应尽量使用阻燃材料,减少火灾的出现。同时,需特别关注电气设备的容量、走线等设计。

起火时为防止火势蔓延,在动车组结构上构造出各种隔间,在各个方向阻碍火情的扩展。有些直接利用各壁板形成防火墙,必要时也有单独设置的防火墙。

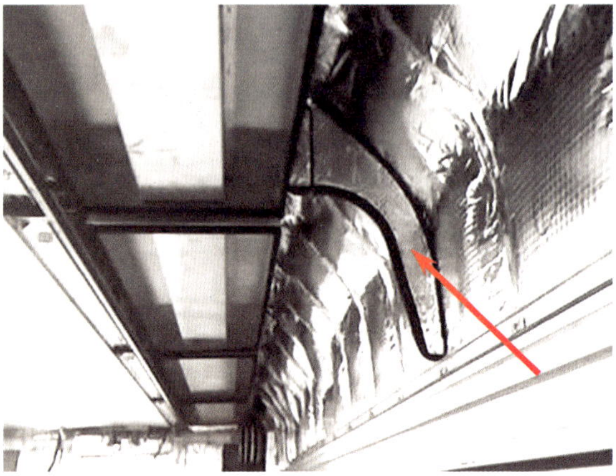

图 15—2　CRH1A 型动车组车顶设置的防火墙

人员从起火车厢疏散后,隔离该车厢两端的内门,也是利用隔断结构,减少火情的蔓延。所以动车组内门会使用阻燃材料,一般可抵抗火烧 10 min。内门设计后进行实物的防火型式试验,确认其整体性能。

其次,为尽早发现火情,设置火灾报警系统。对司机室、乘客区、电气柜、厕所等重点部位安装检测传感器进行火警监控。传感器有检测过热、检测烟雾等各种类型,可结合使用。火灾时通过显示屏报告给乘务人员并激活相应的声光警报。

图 15—3　火警探头

检测到火情后控制系统会自动采取相应动作,空调停止通风,以减少空气流动产生的助燃效应,受控类的内门还可以自动关闭(但可手动拉开以疏散人群)。

最后,备好灭火器,司机室以及吧台区域的灭火器配置需进行特殊考虑。

在设计上,欧洲标准提出火警时动车组需要保证有一定时间的持续运行能力,以避免车组停于隧道等不适合紧急疏散的位置。设计上需考虑过热时车体刚度丧失车辆变形以及电气线路局部破坏对持续运行能力的影响。CRH3 系列动车组设计目标是保证至少以 80 km/h 的速度运行 10 min。

图 15—4　CRH3C 型动车组客室灭火器布置

当然，对于防火来说，还有非常多细致的要求，比如说减少垃圾的堆积等等。

实际动车组运行过程中发生的火警大部分是由于旅客在卫生间内吸烟造成的，卫生间内设置了烟雾探头，乘务人员通过火警系统可进行精确定位。很多旅客误以为厕所内安装了摄像头，提着裤子往外跑！

15.1.2　火灾报警系统操作元件的设置

各型动车组火警系统元件的设置是类似的，基本上都包含两类，一类是火警确认按钮，一类是火警系统故障开关。

设计火警确认按钮的目的，是计算机系统可以通过按钮的动作，确认该故障已得到乘务人员的注意，确认后报警声消除。但是为了确保安全性，在烟雾未散去的情况下，确认是无效的，或者也可以看成确认有效，但是又被二次触发了。这种设计主要是为了避免出现乘务人员确认后声光警报消失但依然有火未被扑灭的情况。所以遇到火情时应当先灭火去除烟雾，再操作确认按钮。故障开关则用于处理火警系统故障时反复误报警的问题，以免干扰正常的工作。

各种动车组火警系统的设置基本上都遵从此原则。CRH2 系列动车组还设置了乘客发现火警时使用的人工报警按钮，如图 15—5所示。

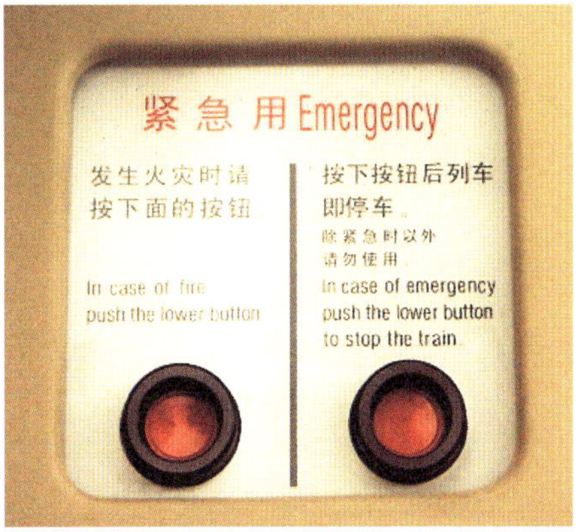

图 15—5

15.2 乘客紧急制动

“乘客紧急制动”中的紧急制动并非是我们在前面制动系统中讨论的紧急制动，而是指乘客发现了紧急情况，请求制动。乘客紧急制动一般为最大常用制动，仅个别车型设计成真正意义上的紧急制动。和火警系统一样，为避免列车停于不便疏散的区段上，各型动车组乘客紧急制动都可由司机进行暂缓。

动车组中每个客室都设有乘客紧急制动手柄，在乘客发现异常的情况下使用。当然，这些设备需要避免乘客的误操作，所以有些车组手柄被设计在较高的位置上，如图 15—6 所示。

CRH1A 型动车组乘客紧急制动手柄旁直接设置有与司机对话的通讯单元，如图 15—7 所示，乘客可以将情况及时告知司机，地铁上也有类似的设计。这种设计值得推广，因为发生情况时司机往往难以马上知道发生了什么情况，如果能和当事人立即对话就再好不过了。但目前的这种设计都是采用半双工的方式，每个时刻只能有一个人在讲话，使用起来不是很方便。

图 15—6

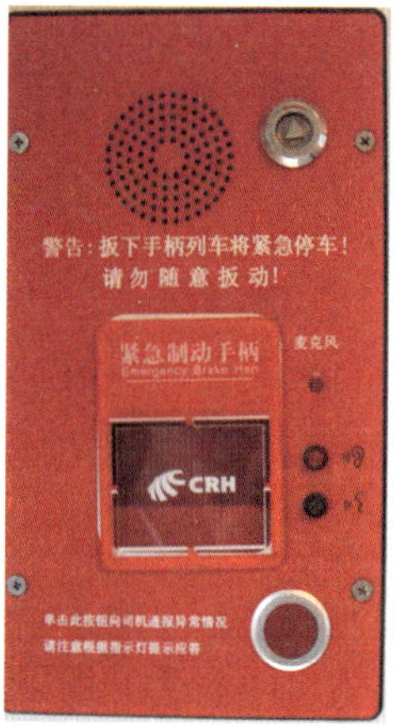

图 15—7

15.3 紧急疏散

运营中的动车组发生紧急情况的时候，需要对旅客进行疏散。

疏散时可从本列车疏散到邻线救援列车上，也可以疏散到地面上。对于高速铁路线路，在未确认邻线列车情况时，旅客自行下车是极其危险的，所以必须听从列车长的指挥。为便于疏散，车组中备有相应的设施。

对于特别严重的情况，使用我们在前面讨论过的边门紧急解锁逃生，或者需要击碎逃生窗玻璃。

图 15—8　疏散到邻车用渡板梯

图 15—9

图 15—10

在欧洲标准中对于司机的安全给予了极高的关注，要求司机室必须设置逃生窗。

图 15—11

CRH3 系列动车组中还设有专门的逃生绳索，如图 15—12 所示。

图 15—12

15.4 高压电气设备作业安全防护

前面三小节中讨论的主要是与旅客密切相关的一些安全事项，这一节我们要讨论的是与动车组检修维护工作密切相关的高压作业安全注意事项。

15.4.1 电气设备作业安全防护

高压设备作业需要采取防护措施，尽所有可能避免触电。第一步肯定是断电，如果一个设备含有多种制式的电路，则每种制式都要进行断电处理。对于含储能元件如电容、电感的设备来说则需要把他们当成独立的电源进行处理，对储能元件进行放电。

图 15—13

但是电源断电后可能还是会有人误操作再把电源合上。在家用电路维修中，我们经常会使用禁止合闸标志，就是想避免这种情况的发生。

15.4.2 高压系统的进一步要求

对于电压非常高的系统，使用标志提醒的办法是不可靠的，因为标志可能被拿走，可能有人是文盲看不懂等等，依然存在有被合闸的可能。所以高压设备除断电外，还要求断电后直接将其锁住以防止开关再次被闭合。这和我们出远门一样，除了要关门，还要将门锁住，如果只是关门没有很大的意义，随时都可以打开。

锁定的实现方式一般就是钥匙机构。锁机构的作用原理有几种，实际工作中用到较多的是机械锁闭机构，比如动车组上锁闭机构与受电弓的供气联动，锁闭时切断受电弓的供气，这样动车组升弓没有了源动力就不会再导入接触网高压电。也有使用电气锁闭的方式，比如用钥匙机构切断高压设备使能安全回路等。

15.4.3　最后一道防线——短接并接地

对于高压电来说，更进一步，如果有人真的破坏了锁闭机构，并送上电怎么办呢?

所以采取最后一招，将电源线短路并接地。万一又来电时可以将人短接，导走大部分电流，避免触电。通过短接，意外来电时形成的大短路电流可以导致电源侧的保护机构响应，触发跳闸断电。因为有些电源是接地的，单线来电也会导致触电，所以一般情况下除了进行短路外还进行接地，本质上还是短接。对于有几路电源同时引入的设备，或者负载可能含有储能元件的设备，都需要进行短接。

有些动车组则设置了标准化的连接短接电缆的球极，方便电缆的连接，如图15—14所示。

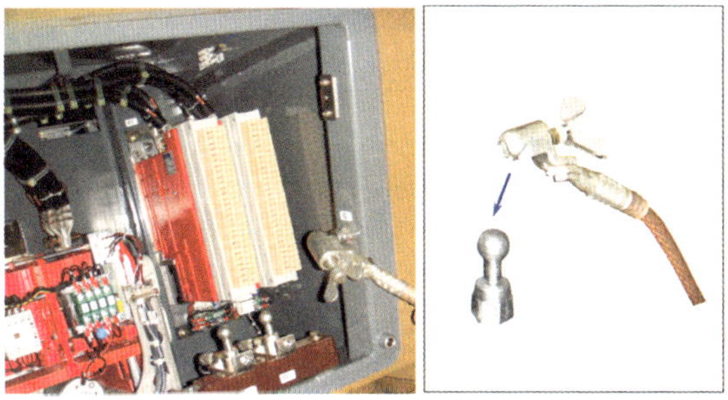

图 15—14

为了提高作业效率，很多高压设备直接设置了接地刀闸，如图15—15所示。

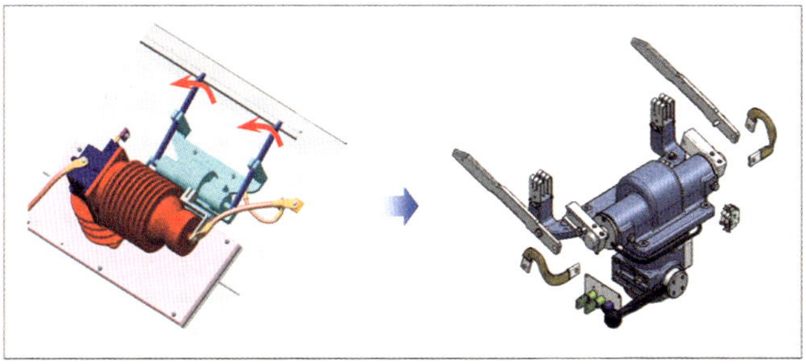

图 15—15　CRH3C型动车组主断及其接地开关

部分车型牵引变流器放电使用放电电阻自动进行，而短路操作则设置了手柄。这些替代了使用外接电缆进行短接操作，如图15—16所示。

图 15—16

此外，我们还需要考虑高压设备的断电、锁闭作业一样也存在着一定误操作的可能。比如切错电了，本来应当切断A路电源，实际切断了B路电源，或者只是断开了一部分开关，没切除所有通电路径，或者设备有故障储能设备放电功能失效，那么直接短接就是一个大火球。所以在进行短路操作前，需要先使用高压测量设备，确认无电方可进行，如图15—17所示。

图 15—17

欧洲标准中，这些措施已被吸收进去，并增加了一条使用明显的标志封闭并隔离设备附近的带电区域的要求。这样，我们按操作顺序重新梳理汇总形成了电气设备作业的五条安全原则：

1. 将设备断电；
2. 保证电源不能被再次接通，即锁起来以防止高压电被二次接通；

3. 检查设备是否无电；
4. 接地并短接；
5. 封闭并隔离设备邻近的其他有电区域，用明显标志标出。

15.4.4　动车组高压设备安全防护互锁系统简介

将五条安全原则应用于动车组上，CRH 各型动车组都设计了钥匙互锁系统。通过钥匙互锁系统，可确保每一步都做到位后才能进行下一步，卡控作业者的安全。

首先是降弓断电，然后通过钥匙切断高压系统的使能回路（有的车组还要求切断压缩空气供给）。然后对牵引变流器中间直流环节电容等进行放电，使用接地开关对高压母线接地，最后对外接电源以及三相中压系统进行接地。各种动车组接地互锁的设计需要结合动车组的具体结构进行，略有区别。

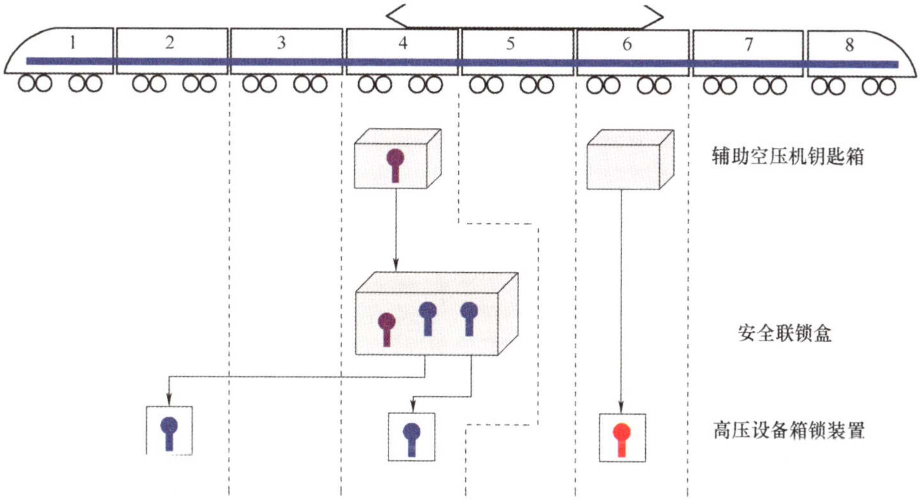

图 15—18　CRH380A 型动车组的安全互锁钥匙系统

图 15—19　CRH380A 型动车组安全连锁盒

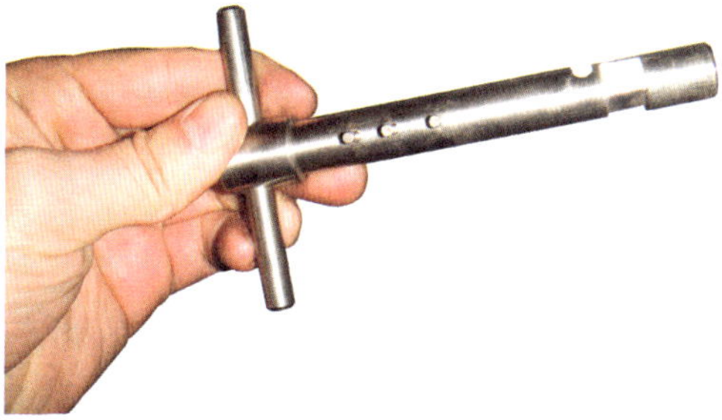

图 15—20　CRH380A 型动车组的高压互锁钥匙

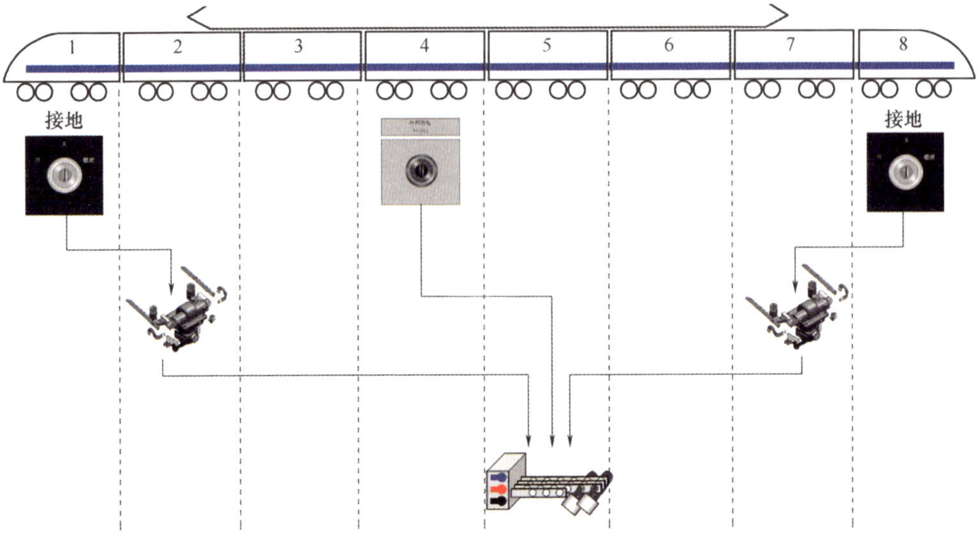

图 15—21　CRH3C 型动车组的安全互锁钥匙系统

CRH1 系列、CRH5A 型动车组也设有类似的安全互锁钥匙系统。CRH5A 型动车组受电弓钥匙互锁装置及整车钥匙交换器如图 15—22 所示。

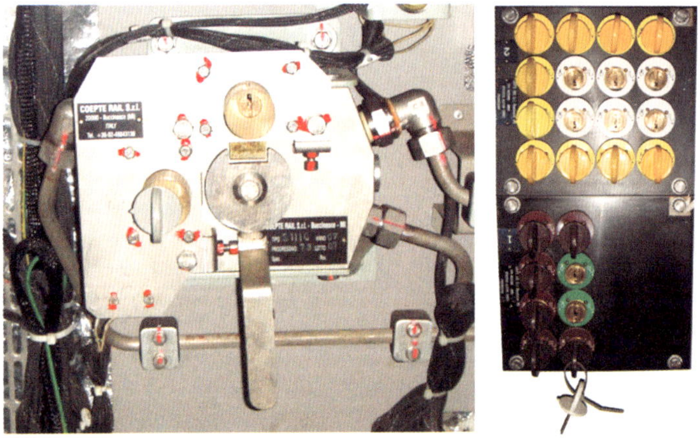

图 15—22

接地互锁系统的对象一般是高中压电，根据前面的原则，检修时需要切断所有的电，其他制式的电源如直流 110 V 一般通过断空开关的方式进行。

当然目前高压互锁系统的设计依然有值得改进的地方，有些车组接地系统设计没有引入对高压设备箱的检修盖板的锁闭，最后一级反而是开放的，有些接地钥匙互锁操作过程过于繁琐。

储能元件快速放电系统也会有故障的时候，这时还可以通过在辅助电源中讨论过的接地检测分压电路进行放电,不过速度相当缓慢。静置两天把电放完后方可进行作业。在设备故障的情况下作业,接地操作需要进行特殊考虑,必要时需要增加测量点。

从整体上讲,严格遵守接地互锁流程,安全可以卡控,但是过程是比较繁琐的。如何获得安全与生产效率的最大化呢?目前高速列车领域已在研究高压作业接地互锁过程的自动化。

不过这个系统对可靠性有极高的要求,因为系统一旦误动作将导致直接把高压线短接,后果很严重。CRH2 系列动车组车顶接地开关是电控气动型开关,曾经出现过在运行中误动作的情况。为了确保运行安全,正常运行中均把接地开关的控制电源切除。这样,需要使用时就得先逐车恢复电源后才能发送接地命令,还是比较麻烦。

15.4.5　动车组高压锁闭

对于高压设备动车组在软件层面上也设有锁闭功能,乍一听不太好理解,到底什么东西叫“锁闭”呢?

这种锁闭和前面讨论的实物锁机构的初始目的是一致的,高压锁闭在设备故障的时候用得特别多,当软件诊断到一些危险的情况出现的时候,为了避免不清楚情况的人重新将设备投入使用,重新上载高压电后导致设备的进一步破坏,将相关设备在软件层面锁闭,即使有人操作了相应的开关,软件也不允许设备工作了。

所以当动车组高压设备故障锁闭的时候,不可盲目用软件解开锁闭,否则有一定的安全风险,需要首先去确认出现了什么问题,然后再根据情况进行具体的处理。

讨　论

1. 空调及内门系统在火警触发时一般会有什么响应?
2. 乘客紧急制动与司机施加的紧急制动有什么区别?
3. 紧急疏散时,旅客为何要听从列车长的指挥?
4. 欧洲标准中电气设备作业五项通用安全防护原则是什么?

第 16 章 动车组维护与检修

16.1 动车组维护与检修概述

本章讨论动车组维护检修的概况。对于设计人员来说，这些内容也是重要的，不考虑后期维护的设计不是好的设计。动车组是比较庞大的 个集成系统，它的维护检修涉及各个系统的很多工作人员，那么它的维护检修是按照怎么样一个整体思路来组织的？

我们知道，对于机械设备而言，即使某段时间没有生产需要也要定时进行一下开机保养，否则设备会以很快的速度老化。这和工作一样，天天熬夜超劳会提前退休，长久无所事事战斗力也会下降明显。这与锄头也是一样的，长时间不用将很快生锈报废，适当的使用和维护可以延长其寿命。所以有组织的定期对各系统进行保养是很有必要的，而不是等到故障时才去修复。这个简单的思路叫计划性预防修。为了减少动车组线上故障发生的几率，要做好保养工作。

为了便于集中检修，大家协商一致，在某些统一的周期进行维护。一般由动车组集成商根据前期经验，提出来几个“标准周期”，各子供应商调整各自设备的维修周期,尽量往这些标准周期上靠。当然,有些实在无法调整的个别例外是允许存在。后期加改的设备也是按照这个整体思路确定设备的修程。

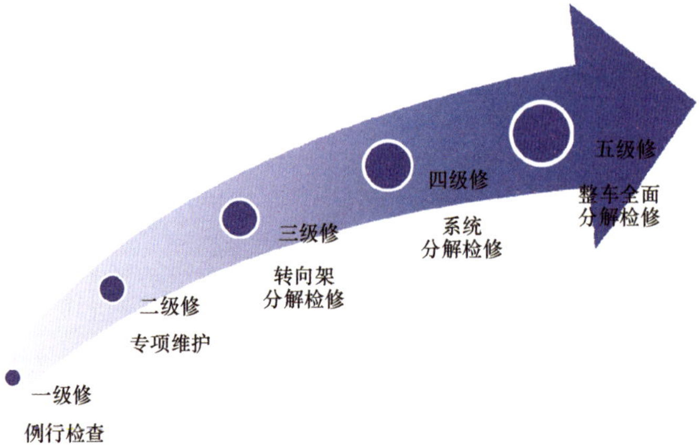

图 16—1　动车组的五级检修

CRH 各型动车组的定期检修基本上都被划分成五个等级,等级越高,需要做的检修越深入,具体的检修的检修周期如下表所示,实际执行过程中根据具体的情况还可能做出一些调整。

表 16—1　各型动车组维修等级及周期

维修等级	维修周期			
	CRH1 系列	CRH2 系列	CRH3 系列	CRH5A
一级	4 000 公里 或 48 小时	4 000 公里 或 48 小时	4 000 公里 或 48 小时	5 000 公里 或 48 小时
二级	10～120(不含)万公里 或 6～720(不含)天	3 万公里 或 30 天	2～120(不含)万公里 或 10～360(不含)天	6～120(不含)万公里
三级	120 万公里	60 万公里或 1.5 年	120 万公里	120 万公里
四级	240 万公里	120 万公里或 3 年	240 万公里	240 万公里
五级	480 万公里	240 万公里或 6 年	480 万公里	480 万公里

前述的这些检修属于有计划性的,作业内容相对固定的维护,动车组还有很多"计划外"的检修,比如有很多故障会突然发生,这些故障可能是在线上发现的,也可能是做定期维护的时候发现的。根据故障的紧急程度做不同处理,一般线上只做应急处置,确保安全并尽可能地减少对运输秩序的干扰。

从整体上可以看出，整个修程修制在传统的事后维修的基础上，大大强化了定期维护的理念。

当然执行周期表的过程还有很多的细节问题。比如，CRH1A 型动车组三级修原定在 120 万 km 时进行，但第一列试修时有意提前在 90 万 km 进行，那么这一列动车组第二次三级修时在多少 km 进行？

16.2　一到五级修分级简介

动车组一至五级修中一、二级修属于运用检修，以维护保养为主，一般在动车段相关动车所完成。

三、四、五级属于高级别维修，一般在动车段高级修相关车间或主机厂完成。高级修扣车时间较长，各部件分解较深入，可进行部分因动车所条件限制无法开展的项目，并可实施较大规模的改造，以恢复动车组的性能。

当然，动车组也不是想修就修、直接在车站就可以进行的。我们平常体检要到专门的地方去，动车组也是一样的，也需要专门的场所，因为需要用到很多专用设施。一般会在车站附近建专门的动车所。终到车次车站下客后，开到动车所进行日常维护及故障处理。

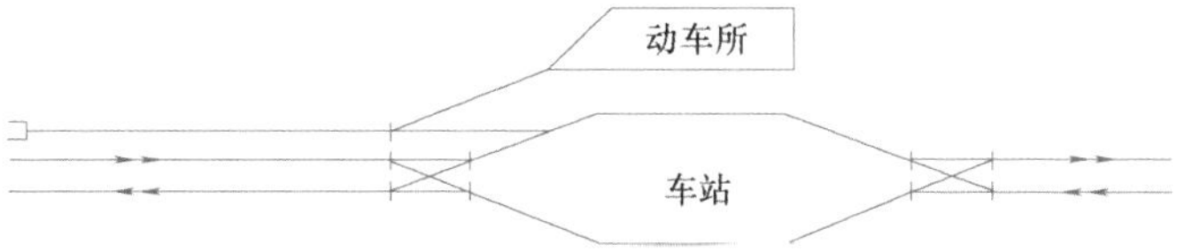

图 16—2

16.2.1　运用维修

动车组一般白天运行，仅夜间有检修时间，所以动车所检修大头在夜班，特别是检修能力紧张的动车所，夜阑人静的时候正是动车所里热火朝天的时候，大部分的工作人员需要熬夜。

16.2.1.1　一级修——例行检查

一级修以动车组技术状态例行检查为主，并加入各种故障的处理。

一级修对动车组做一个总揽性的检查，借助三层工作平台，完成涵盖车顶、车内、两侧、车下的检查，重点为走行、车顶高压、制动等，其作业内容还包括触发车组的试验程序、使车组进行自诊断以及吸污上水、车内外保洁等整备作业。

图 16—3　动车组三层检修平台

检修股道接触网的供断电对一级修作业影响较大，一般据此给一级修作业划分节点。入库后整个流程包括有电预检、无电检修、有电检修及联检作业。整个一级修的一般流程如下图所示。

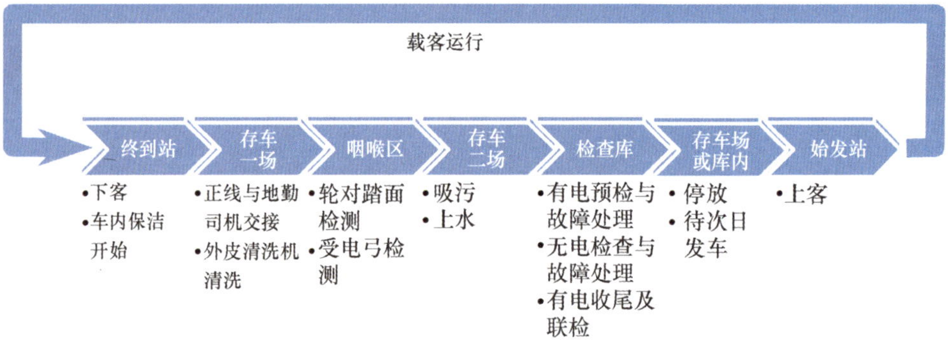

图 16—4

为提高检修效率，在动车所除设置了三层检修平台等各种便于检修的基础设施外，还设置了多种自动化的检修设备，如洗车机、轮对踏面检测装置等等。

图 16—5　自动洗车机

动车组故障时，还需要很多特殊的设备，如恢复轮对踏面形状用的镟轮机、更换轮对用的落轮机、更换转向架用的落架机等，也有如传统的天车等通用设备，这里略述。

16.2.1.2　二级修——专项维修

除了例行的巡检外，动车组各零部件根据实际需要，日常运用中还有一些更细致的维护保养工作。把这些例行维护作业全部罗列出来，就构成二级（专项）修。一般在生产组织上会根据需要分成若干个工作包。

二级（专项）修比一级修检查更为深入，一般要打开各检修罩板。它含有大量的清洁、润滑及测试作业，重点项目有空心轴探伤、踏面修形等。

图16　6　动车组空心轴探伤作业

16.2.2　高级修

转向架是动车组安全的核心，动车组三级维修重点是转向架分解检修，此外对制动系统等进行状态检查和功能测试。

三级修时转向架全部需要落下来检修，所以一般配备有落架机，比较先进的车间配有整列架车机，将所有的转向架与车体的分离工作一次完成，并将车体架起，如图16—7所示。

四级维修进一步扩大分解检修系统的范围，除转向架外，包含制动系统、电机的分解检修等。五级修则对全车进行分解检修，有动车组分解、清洗、检查、修复几大块，最后还对车体进行油漆，整装待发。

图 16—7　整列架车机

讨　　论

1. 什么叫计划性预防修?
2. 为何动车组不直接在车站进行维修?
3. 动车组各级检修周期的里程是怎么定出来的?
4. 简述一到五级修中各级修的特点。

第 17 章
动车组整体设计理念与框架

从前面的讨论中我们可以看到，动车组集成了多个系统，每个系统下又集成了很多的部件，部件下还有数量庞大的各种元件。我们按照本书中讨论的顺序将各系统标志于下图中。

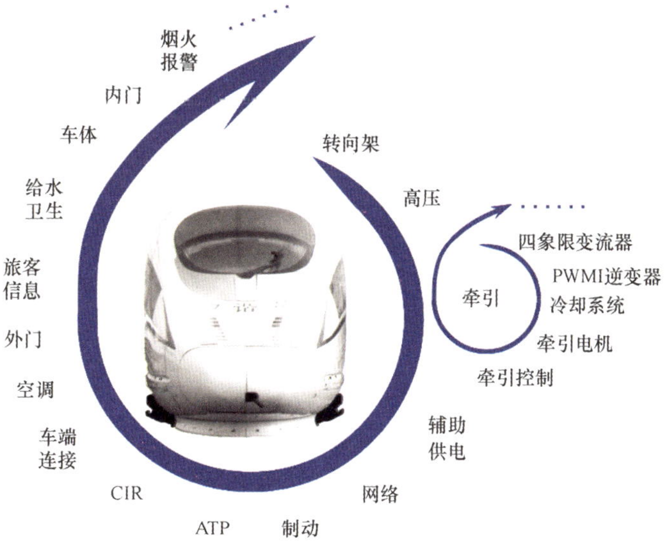

图 17—1　系统集成示意图

当系统的规模大到一定程度以后，会出现一些新的特征，在设计上有新的理念，使用一些习以为常的思路去设计这样的系统会产生很多问题。本章讨论动车组整体设计的理念问题。

17.1 动车组必然是不完美的

我们去看任何一种 CRH 动车组的技术资料，都有这样的情况，各系统的资料风格差异很大。以电路图为例，除了有整车级的电路图外，各子系统还各有各的电路图，版式不同，编制规则也不一样，甚至连元件符号都不一致。刚刚接触这些资料的人对这种情况感到恼火，为什么设计时不统一一下？

会有这样的困惑，一般是一开始还不理解大系统集成理念的缘故。实际的情况就是不好统一而且也没有必要统一。

动车组集成了来自世界各地的产品，各个厂家有自己的历史积淀和风格。如果你要强行在一种车型上统一，那么每个供应商就要修改自己原有的资料了。这样要花费较大的人力物力，最后这些额外工作就由提出此需求的用户来买单。造价上扬但却没有使得动车组功能有多大改善，最后连你自己都可能考虑不改了。同时，这些供应商可能还给其他客户的动车组提供产品，如果听从你的意见，更改了他们放在这组车上的产品的图纸，那么这种产品就会和他们的其他产品不一致，管理起来麻烦些。一环套一环，你认为需要统一，但是其他人认为没有必要统一，到底听谁的？

所以，只有迫不得已的关键部分，才进行统一。尽管这样的电路图一开始给相关人员的使用带来一定的困难，但是经过一定的努力，最后还是能够看懂。基本上满足了使用的要求，这种困难还不够“关键”，没有必要统一。在 CRH3C 型动车组上，整车级电路图和辅助变流器的电路图来自同一家公司，你会发现它们已经开始不一样了，这种现场很正常，因为它们的作者是同一个公司下的两群人。

前面的电路图问题只是举了一个例子说明，由点及面，不管你怎么做，总是有一些地方不可能完全统一。

既然如此，我们也可以反过来讲如果你拿一个不重要的原则去考究动车组，也可以说成它存在很多小问题，它一定不是完美的，我们再举几个例子。

比如对于司机而言，他希望他所需要使用到的全部设备操作规则统一。但是一看驾驶台，单单是显示屏就已风格各异，五花八门。如图 17—2 所示，ATP、LKJ、车辆显示屏以及 CIR 显示屏，菜单设置方式各式各样，每样都要学，是挺麻烦。

图 17—2　CRH1A 型动车组驾驶台各显示屏

又比如给水卫生系统和制动系统的电磁阀品牌不统一，各系统使用的控制计算机性能、生产厂也不一样，各系统检修用的服务软件也是品种丰富。如果型号一致，那么物流中心可以减少多少的库存？

再比如，动车组 CIR 系统还保留着列尾风压的显示，如图 17—3 所示。此功能原使用于既有列车，目前动车组中并没有启用。这种情况给初学人员带来一定的误解。动车组上面安装了一个设备，这个设备设有风压显示功能，目前显示内容为空，是否表示现在列尾风压是 0，车组正在上着紧急制动？核查完确认动车组又没有上紧急，这又是怎么回事？

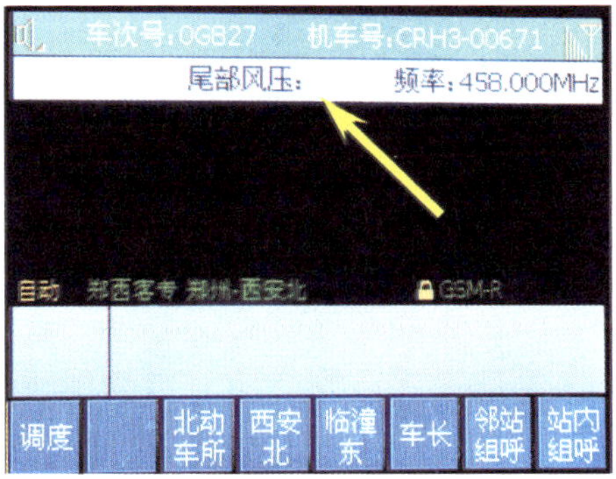

图 17—3

总而言之，因为系统太大了，涉及人太多了，很难改掉他们原来所形成的所有习惯，不能太较真。应该根据市场的规律，形成性价比合适、满足用户需要的产品就已经到达最优境界了。

那哪些叫关键，哪些叫不关键呢？好像都挺关键啊？所以这个东西是比较模糊的，要结合前期其他车组的设计经验判断。这一点类似于中医，中医对人体的整体模糊的认识是有道理的，因为人体就是一个超大规模的集成系统。

一旦确定了一些关键的设计协议以后，就要严格遵守了。我国在引进消化吸收的基础上研制了一些改进车型。做改进时需要很谨慎，否则很容易产生重复开发或者无意中带来了对其他地方的影响，结果可能会改善一些东西，同时也搅乱了一些东西，整体性能来说并没有很大提升。

理解了这些事情，就能"见小怪不怪"了，这个其实是抓大放小的例子。

图 17—4

17.2　分布式计算机控制系统

抓大放小的另外一个重要问题是控制系统的权限分配的问题。

我们一般会认为，对于一个系统，最好所有的资源能够由一个中央计算机统一调配，这样资源的优化配置才能做到最好。这种模式是传统思想中的最优控制模式，我们可能没有意识到这种模式对动车组来说用起来是有问题的。

当系统的规模大到一定程度的时候，由中央计算机统一资源控制的模式不可行。

第一，我们会发现这个大脑的能力相对越来越不足。如果对于一个国家，任何事情甚至连每组动车组几点出库都由总统先生一人亲自安排，那么任何人担当这个总统，他的生物"计算机"都要崩溃。因为系统规模增大一倍，所含的信息量并不是增大一倍而已，信息之间还有各向关联，信息量与原来相比远远不是翻倍，而是膨胀得越来越快。所以基本上每个公司都设经理，然后下设部长，再往下设车间主管，最后是普通员工。这种模式次一级人员相对于上一级的数量的增长速度就是与系统信息规模的增长速度相同步的，所以是一种较为合理的架构。

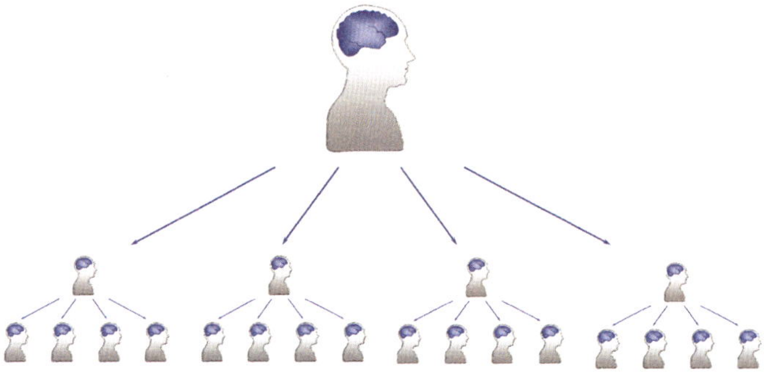

图 17—5　控制中心数量分配与系统信息规模成正比

第二，集控模式中央计算机的故障会导致整个系统崩溃，系统不稳定。所以必须采用多个计算机联合工作的分布式计算机系统。设定好各个计算机的接口信息，重要的信息主控计算机把把关，不重要就留在子计算机控制的范围内。当有计算机故障时其他计算机按照缺省模式工作，系统不至于全部瘫痪。分布式计算机系统各个部分减少了相互依赖，提高了系统整体的稳定性。

这种方式类似于市场经济，各搞各的，看似一片混乱但生机勃勃，关键问题政府再宏观调控一下，抓大放小。

所以与小系统相比，对于超大系统的管理，需要在一定程度上弱化主机的管理权限，提高子系统计算机的自主性。这种理念与我们在生产班组中所提倡的创建"自控型"班组是一致的，这样，既能够保证生产的有条不紊，管理人员又能够从中解脱出来。换句话说，一定程度上降低了"主控计算机"的性能要求。

17.3　尽量减少系统间的耦合

减少系统间的耦合不只是考虑系统稳定性的要求，它在使得系统容易理解的同时降低了系统设计难度。各系统之间结合太紧密，后期的改造会很困难。经常这个系统一有变更，其他系统跟着变，这种困难甚至可以大到把原设计人员弄糊涂的程度。比如软件升级，编写人员根据需要更改了软件的某些部分。但是系统太庞大，编写人员也未必能够完全了解整个系统，尤其是那些信息交互特别多的两个系统。偶尔要出现改了 A 影响了 B 却浑然不知的情况，这是一个安全风险点。所以每次软件升级，都要重做安全测试，就是怕一些出乎意料的情况出现，从制度上把把关。

又比如，设计中减少辅助供电系统与餐饮服务系统之间的耦合，适当提高辅助电源容量，可增加后期用电设备变更的灵活度。如果辅助电源容量计算非常精确，可能只在厨房增加一个微波炉就要连辅助供电系统一起变更了。不过，这些备用的能力在未真正投入使用时看起来像是一种浪费。所以系统规模大了以后，为了优化系统性能，需要牺牲一些资源的利用率。在资源分配的最优值方面有新的限制，这个值比我们原预期值要低，这一点很多人直觉上是难以理解的。

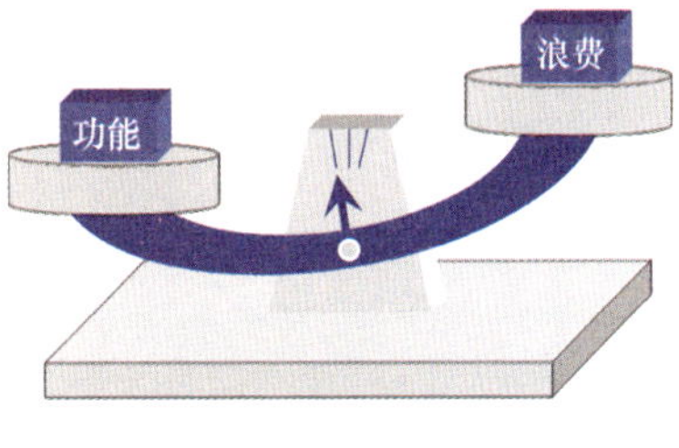

图 17—6

减少系统间的耦合，在实际故障处理中也可以避免一些麻烦。比如动车组时速 300 km/h 运行时过分相通知信息由列控系统提供。如果发生故障，往往得先诊断到底是车辆设备还是电务设备的问题。实际工作中人员参差不齐，不可能所有的人对整个系统都非常了解，这样会出现很多不同的意见和看法。所以确定系统间的分割面时也要注意挑选耦合面最小的地方。

17.4 分工合作——高速列车没有必要全盘消化吸收

根据前面的讨论，动车组包括如此多的系统。每个厂家专注一样产品，才能做深做好，提高生产效率。你负责受电弓，我负责厕所，还有一家负责集成，讲究分工合作，方能降低整体成本。加上全球一体化的情况下，物流系统越来越发达，运输成本越来越低。如果采购件比自产件成本低质量好，很多厂家即使自己有生产能力，也会选择外购，很多公司如庞巴迪都设有庞大的采购系统。

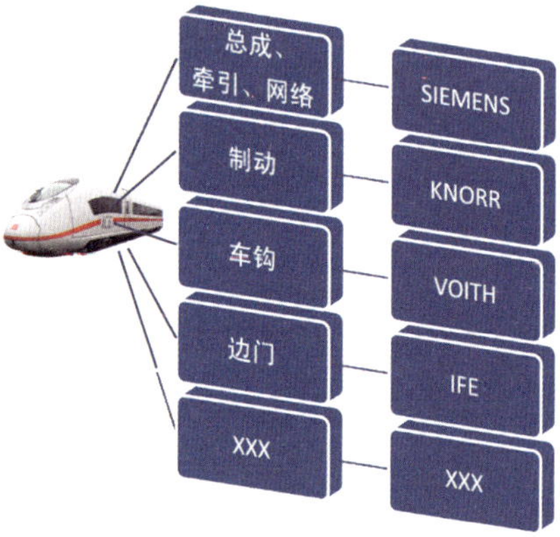

图 17—7　Velaro D 动车组系统集成

任何一款动车组，即使是其技术原产方基本上也不是只来自于一个公司，都大量的集成了来自全世界人民的智慧。德国 Siemens 公司生产的 VelaroD 高速列车，车上一样有来自 Knorr、Voith 等等一大堆不是 Siemens 公司，甚至不是其本国的产品。

所以动车组的国产化率是没有必要很高的，在这样一种社会化大生产的背景下，关键是要有几样自己的东西，有自己的竞争力。

图 17—8

17.5 长期试用与反复改进

设计这种规模超大的系统，牵扯面太广。它不仅仅是技术问题，还要考虑非常多的具体情况，如文化习惯等因素，所以必须经过反复实践检验，否则很难确认其可用性与成熟性。很多时候产品质量不高并非纯粹的技术问题，而是缺乏这个反复整改的过程。像德国、法国、日本的高速列车，都是经过了多少年的反复改进才能做到目前这个水平。本来可能不难，但当他们把多少年的改进全部累积起来以整体的形式一次呈现就变得很复杂，不容易看懂了。

以磁浮列车为例，看看这些早期的试验车，一样是从很粗放开始，一样有过很多的问题。所以对动车组设计技术的攻关，需要生产出一个车来，不断去改进才能得到一个较成熟的产品。

讨　论

1. 为什么动车组各种电路图没有必要统一样式?
2. 为什么大规模系统需要采用分布式计算机控制?
3. 为什么动车组没有必要全盘消化吸收?

参考文献

[1] 中华人民共和国铁道部运输局. CRH1 型动车组途中应急故障处理手册[M]. 北京:中国铁道出版社,2010
[2] 中华人民共和国铁道部运输局. CRH2 型动车组途中应急故障处理手册[M]. 北京:中国铁道出版社,2010
[3] 中华人民共和国铁道部运输局. CRH380A/AL 型动车组途中应急故障处理手册[M]. 北京:中国铁道出版社,2010
[4] 中华人民共和国铁道部运输局. CRH3 型动车组途中应急故障处理手册[M]. 北京:中国铁道出版社,2013
[5] 中华人民共和国铁道部运输局. CRH380BL 型动车组途中应急故障处理手册[M]. 北京:中国铁道出版社,2011
[6] 中华人民共和国铁道部运输局. CRH5 型动车组途中应急故障处理手册[M]. 北京:中国铁道出版社,2011
[7] 刘作琪,盛健龙等. CRH1 型动车组随车机械师应知必会手册[M]. 北京:中国铁道出版社,2010
[8] 刘作琪,盛健龙等. CRH2 型动车组随车机械师应知必会手册[M]. 北京:中国铁道出版社,2010
[9] 刘作琪,盛健龙等. CRH3 型动车组随车机械师应知必会手册[M]. 北京:中国铁道出版社,2010
[10] 刘作琪,盛健龙等. CRH5 型动车组随车机械师应知必会手册[M]. 北京:中国铁道出版社,2010
[11] 张曙光. CRH1 型动车组[M]. 北京:中国铁道出版社,2008
[12] 张曙光. CRH2 型动车组[M]. 北京:中国铁道出版社,2008
[13] 张曙光. CRH5 型动车组[M]. 北京:中国铁道出版社,2008
[14] 张曙光. 铁路高速列车应用基础理论与工程技术[M]. 北京:科学出版社,2007
[15] 杨中平. 漫话高速列车[M]. 北京:中国铁道出版社,2009

[16] 任尊松．车辆动力学基础[M]．北京:中国铁道出版社,2009
[17] 商跃进．动车组车辆构造与设计[M]．成都:西南交通大学出版社,2010
[18] 王学明等．机车转向架技术[M]．成都:西南交通大学出版社,2009
[19] 吴祥明．磁浮列车[M]．上海:上海科学技术出版社,2011
[20] 吴积钦．受电弓与接触网系统[M]．成都:西南交通大学出版社,2010
[21] 郭世明,郭小舟．电力电子技术[M]．成都:西南交通大学出版社,2008
[22] 李永东．现代电力电子学－原理及应用[M]．北京:电子工业出版社,2011
[23] 王松文,王月明．动车组制动技术[M]．北京:中国铁道出版社,2010
[24] 彭俊彬,胡准庆．动车组牵引与制动[M]．北京:中国铁道出版社,2009
[25] 应夏晖．高速铁路行车工作[M]．北京:中国铁道出版社,2011
[26] 郑州铁路局．高速铁路动车组[M]．北京:中国铁道出版社,2012
[27] 顿小红等．动车组空调系统检修与维护[M]．成都:西南交通大学出版社,2011
[28] 丁莉芬．动车组工程[M]．北京:中国铁道出版社,2007
[29] 李学伟．高速铁路概论[M]．北京:中国铁道出版社,2010
[30] 张曙光．HXD1 型电力机车[M]．北京:中国铁道出版社,2009
[31] 张曙光．HXD3 型电力机车[M]．北京:中国铁道出版社,2009
[32] 张曙光．超大规模工程系统集成理论与实践[M]．北京:科学出版社,2007
[33] 张曙光．CTCS－3 级列控系统总体技术方案[M]．北京:中国铁道出版社,2008
[34] 张曙光．京沪高速铁路系统优化研究[M]．北京:中国铁道出版社,2009
[35] 张曙光．京津城际高速铁路系统调试技术[M]．北京:中国铁道出版社,2008
[36] 张曙光．高速列车设计方法研究[M]．北京:中国铁道出版社,2009
[37] 路小娟．动车组控制技术[M]．成都:西南交通大学出版社,2011
[38] 王元良等．高速列车铝合金车体的焊接技术[M]．成都:西南交通大学出版社,2012
[39] 钱立新等．图解国外高速铁路[M]．北京:中国铁道出版社,2009
[40] 刘孝凡等．高速铁路列控车载设备[M]．北京:中国铁道出版社,2011
[41] 李向国．高速铁路技术[M]．北京:中国铁道出版社,2008
[42] 钱仲侯．高速铁路概论[M]．北京:中国铁道出版社,2011
[43] 沪杭铁路客运专线股份有限公司．沪杭高速铁路[M]．北京:中国铁道出版

社,2011

[44] 京沪高速铁路有限公司．漫话京沪高速铁路[M]．北京:中国铁道出版社,2011

[45] 侯卫星．0 号高速综合检测列车[M]．北京:中国铁道出版社,2010

[46] 董锡明．高速列车维修及其保障技术[M]．北京:中国铁道出版社,2008

[47] 李益民等．动车组制动系统[M]．成都:西南交通大学出版社,2008

[48] 张卫华．动车组总体与转向架[M]．北京:中国铁道出版社,2011

[49] 王伯铭．动车组运用与检修[M]．北京:中国铁道出版社,2011

[50] 刘建国等．高速铁路概论[M]．北京:中国铁道出版社,2010

[51] 铁道部运输局．CRH 系列动车组实用技术教程[M]．北京:中国铁道出版社,2008

[52] 铁道部人才服务中心．动车组司机[M]．北京:中国铁道出版社,2009

[53] 张宝林．高速铁路 CRH1 型动车组操作技术[M]．成都:西南交通大学出版社,2008

[54] 铁道部运输局．CRH 系列动车组实用技术教程[M]．北京:中国铁道出版社,2008

[55] 铁路职工岗位培训教材编审委员会．CRH1 型动车组司机[M]．北京:中国铁道出版社,2009

[56] 铁路职工岗位培训教材编审委员会．CRH2 型动车组司机[M]．北京:中国铁道出版社,2009

[57] 铁路职工岗位培训教材编审委员会．CRH5 型动车组司机[M]．北京:中国铁道出版社,2009

[58] 铁路职工岗位培训教材编审委员会．CRH1 型动车组机械师[M]．北京:中国铁道出版社,2009

[59] 铁路职工岗位培训教材编审委员会．CRH2 型动车组机械师[M]．北京:中国铁道出版社,2009

[60] 铁路职工岗位培训教材编审委员会．CRH5 型动车组机械师[M]．北京:中国铁道出版社,2009

[61] 宋永增．动车组制造工艺[M]．北京:中国铁道出版社,2007

[62] 任尊松．车辆系统动力学[M]．北京:中国铁道出版社,2007

[63] 丁莉芬．动车组工程[M]．北京:中国铁道出版社,2007

[64] 彭俊彬．动车组牵引与制动[M]．北京:中国铁道出版社,2009

[65] 宋雷鸣．动车组传动与控制[M]．北京:中国铁道出版社,2007

[66] 刘志明等．动车组装备[M]．北京:中国铁道出版社,2007

[67] 李强等．动车组设计[M]．北京:中国铁道出版社,2008

[68] 张中央,何成才,黄秀川．动车组网络技术[M]．成都:西南交通大学出版社,2009

[69] 罗伟．动车组辅助设备[M]．成都:西南交通大学出版社,2009

[70] 王连森,连苏宁．动车组维护与检修[M]．成都:西南交通大学出版社,2010

[71] 张中央,李瑞荣．动车组操纵与安全[M]．成都:西南交通大学出版社,2008

[72] 李益民,张维．动车组制动系统[M]．成都:西南交通大学出版社,2008

[73] 李晓村,侯梅英．动车组构造[M]．成都:西南交通大学出版社,2009

[74] 张龙．动车组电机与电器[M]．成都:西南交通大学出版社,2009

[75] 刘转华,唐阳．动车组技术[M]．成都:西南交通大学出版社,2010

[76] 郭世明．动车组检测与故障诊断技术[M]．成都:西南交通大学出版社,2008

[77] 倪文波,王雪梅,李芾．高速列车网络与控制技术[M]．成都:西南交通大学出版社,2010

[78] 王伯铭．高速动车组总体及转向架[M]．成都:西南交通大学出版社, 2008

[79] 李映红．高速铁路信号系统[M]．成都:西南交通大学出版社, 2009

[80] 李芾,卜继玲,傅茂海．动车组结构可靠性与动力学[M]．成都:西南交通大学出版社, 2009

[81] 李芾,安琪,王华．高速动车组概论[M]．成都:西南交通大学出版社,2008

[82] 刘刚,彭俊彬．动车组牵引与制动[M]．北京:中国铁道出版社,2009

[83] 王星明,刘志明．动车组设备[M]．北京:中国铁道出版社,2010

[84] 姬惠刚,沈本荫．牵引电机[M]．北京:中国铁道出版社,2010

[85] 傅选义,佟立本．铁道概论[M]．北京:中国铁道出版社,2010

[86] 冯晓云．电力牵引交流传动及其控制系统[M]．北京:中国铁道出版社,2009

[87] 孙永才,鲍维．千机车总体及转向架[M]．北京:中国铁道出版社, 2010

[88] 王松文,王月明．动车组制动技术[M]．北京:中国铁道出版社,2010

[89] 王祖峰,董昭德．接触网[M]．北京:中国铁道出版社,2010

[90] 穆建成,程荫杭．铁路信号可靠性与安全性[M]．北京:中国铁道出版社,2010

[91] 覃燕,郭进．铁路信号基础[M]．北京:中国铁道出版社,2010

[92] 郑健,周孝文,苏全利．铁路旅客车站设计集锦[M]．北京:中国铁道出版社,2006

[93] 贾俊芳. 高速铁路客运服务[M]. 北京:中国铁道出版社,2009
[94] 饶忠. 列车制动[M]. 北京:中国铁道出版社,2010
[95] 张曙光,卜继玲. 动车组系统动力学与结构可靠性[M]. 北京:中国铁道出版社,2009
[96] 林建辉. 动车组检修技术与设备[M]. 北京:中国铁道出版社,2010
[97] 宋雷鸣. 动车组传动与控制[M]. 北京:中国铁道出版社,2009
[98] 莫志松,李开成. 现代铁路信号中的通信技术[M]. 北京:中国铁道出版社,2010
[99] 饶忠,焦风川. 列车牵引计算[M]. 北京:中国铁道出版社,2011
[100] 焦风川,王斌杰. 动车组运用与维修[M]. 北京:北京交通大学出版社,2012
[101] 宋永增. 动车组概论[M]. 北京:北京交通大学出版社,2012
[102] 王文静. 动车组转向架[M]. 北京:北京交通大学出版社,2012
[103] 胡准庆. 动车组制动系统[M]. 北京:北京交通大学出版社,2012
[104] 郭北苑. 动车组司机室[M]. 北京:北京交通大学出版社,2012 年
[105] 宋雷鸣. 动车组供电牵引系统与设备[M]. 北京:北京交通大学出版社,2012
[106] 吴作伟,丁莉芬. 动车组车体结构与车内设备[M]. 北京:北京交通大学出版社,2012
[107] 张欣欣. 动车组运行控制系统[M]. 北京:北京交通大学出版社,2012
[108] 邱成. 动车组辅助电气系统与设备[M]. 北京:北京交通大学出版社,2012
[109] 何涛. 动车组车内环境控制系统 [M]. 北京:北京交通大学出版社,2012
[110] 史红梅,苏树强,温伟刚. 动车组控制与管理系统[M]. 北京:北京交通大学出版社,2012 年
[111] 宋晓风. 浅析武广列控系统自动过分相的升级方案[J]铁道通信信号,2011,47(9)
[112] 钱立新. 速度350 km/h 等级世界高速列车技术发展综述[J]中国铁道科学,2007,28(4)
[113] 陈锋华. 列控系统安全通信研究[J]铁路通信信号工程技术,2006,3(1)
[114] British Standards Institution. Railway applications – Current collection systems – Technical criteria for the interaction between pantograph and overhead line (to achieve free access)[S]BS EN 50367:200

致　谢

首先要感谢我深爱着的广铁集团公司广州动车段，没有她的哺育就没有本书的诞生，感谢集团公司韩希平副总经理暨动车段甘伟新段长、吴学森书记等全体领导班子的亲切关怀。此外，本书十分荣幸地得到了集团公司人事处、车辆处等多位领导的关心，十分荣幸地得到运输局车辆部领导的肯定。

特别感谢广州动车段许迎杰副段长在广州东运用所期间给我创办所刊《启程》的机会，培养了我将现场工作与技术培训教材编写相结合的能力。感谢总工程师曾旗及王晓东科长的大力支持。感谢广铁集团公司车辆调度所车辆调度主任罗果一直以来的关心和鼓励。感谢上海铁路局车辆处叶丹副处长、四方股份余延尊老师、西门子CRH3售后服务专家Nico、唐车公司原广州服务站高方站长、北车技术专家余海游、西门子中国广州服务站工程师们等多位领导和亲朋好友们对本书提出的宝贵意见和建议。

在成书过程中，感谢丁阳春高级工程师对本书的倾力帮助与亲切关怀。感谢工程师刘雨以及检测车间师弟们的热情帮助。图片后期制作过程中还得到了家人的倾力帮助。

中国铁道出版社科普编辑部许士杰主任及宋薇编辑、美术编辑邓洁为本书付出了很多的心血，在此一并感谢他们。

成书过程中，部分图片引用了运输局装备部编制的动车组技术系列挂图。此外，还有几张图片来源于网站，作者不详，实在难以署名，在此特别对原作者表示由衷的感谢。最后，特别感谢“铁侠客”等多位网友的好摄影作品，没有你们的支持，本书很难写到现在这个样子。

让我们携手推进高速动车组知识的普及工作。

作 者 简 介

陈振虹，又名陈振煌，广州铁路（集团）公司广州动车段技术科工程师。

2007年毕业于西南交通大学首届茅以升电气班，学习高速常导磁浮列车。签约原铁道部动车组“3+1”项目，在校学习了CRH2A型动车组。到广州东运用所后检修CRH1A型动车组。检修班期间处理了多起疑难故障，创办了技术性所刊《启程》，后转乘务队担当随车机械师，使用Excel帮助乘务队实现排班、积分及乘津计算自动化，替代原用的Access数据库。2009年调广州动车基地技术部，参与整章建制工作。

2010年任广州动车基地技术部CRH3C型动车组故障分析组带头人，到车间跟从外方专家通宵达旦学习检修技术，后带队包车处理故障，培养了一大批业务骨干。在动车组运用检修技术上提出多项新改进。2010年7月提出批文件在CRH3C型动车组运用检修中可发挥极大作用的新思路并进行系统攻关，成果扫除了批文件的实用性障碍，直接促进了业内批文件的广泛应用，极大降低了人机对话的难度。2011年5月提出将横向加速度超限报警原设置故障开关方案变更为使用复位计数器的方式，被设计方采纳，目前已在CRH3系列动车组上实现；提出利用轴温双信道一致性作为轴温预警误报复位的新判据，被广铁集团采纳，并在武广客运专线得到运用等。

熟悉动车组专业英语，2011年通过西门子CRH3C型动车组运用检修电气培训师培训并在牵引课程期间承担了口译工作。

作为骨干力量，承担了大量的动车组技术培训工作，编写了大量的教学材料。多次承担CRH3C型动车组局段技术比武的理论及故障诊断部分的命题，参加了CRH3C型动车组应急故障处理手册的修订、行业技术比武题库编写及评审、原铁道部动车组运用检修科普教材的修订等。